HISTOIRE

des

EXPÉDITIONS MARITIMES

DE CHARLES-QUINT

EN BARBARIE.

Par A. G. Chotin,

Bruxelles,
TARRIDE, Libraire-Éditeur.
Longue rue de l'Écuyer, 8

Tournai,
H. MITTE, Libraire.
Grand'Place, 14.

1849.

EXPÉDITION CONTRE TUNIS.

(1535.)

*Cosrrunt Maurigos [illisible], Numidesque Arabesque
Et Tunete urbem vidi, captosque [illisible]
Ariadenos atros.*

CLAUD. STELLA.

Situation des États Barberesques au commencement du seizième siècle. Barberousse, roi d'Alger, et Soliman-le-Magnifique, Empereur de Constantinople, inquiétent la chrétienté. Leur flotte ravage les royaumes de Naples, de Sicile et autres États chrétiens. Barberousse s'empare de Tunis. Il menace Tripoli. De partout on fait un appel aux armes de Charles-Quint, pour réprimer les brigandages de ce corsaire. L'expédition contre Tunis est décidée. Son but, ses préparatifs. Charles-Quint veut la commander en personne. Elle est considérée comme une croisade. Naissance, caractère et portraits de Charles-Quint. Il a été mal jugé par les écrivains belges. Immenses armements, embarquement des troupes. Charles-Quint se rend à Barcelone pour accélérer les préparatifs. Contingent de chaque nation dans cette expédition. La Belgique fournit soixante baleinières, des rameurs, des officiers de terre et de mer. L'amiral André Doria est revêtu du commandement suprême des forces navales. Le Pape lui fait des présents magnifiques et vient bénir son escadre au port de Civita-Vecchia. Exemple de sévérité de la discipline marine. Départ de la flotte expéditionnaire du port de Barcelone.

La partie du continent d'Afrique qui borde les côtes de la Méditerranée et qui formait autrefois les royaumes de Mauritanie, de Massylie et de Carthage, venait de subir au commencement du

XVIe siècle une révolution qui avait rendu les États Barbaresques redoutables aux Européens.

Khair-Eddyn ou Chairadin surnommé Barberousse, simple pirate de Lesbos, sans nom, sans aïeux, mais dont les brillantes qualités militaires avaient fait oublier la bassesse de son extraction, était monté sur le trône d'Alger par la mort de son frère Horruc qui lui-même l'avait conquis sur des princes africains.

Le nouveau Dey d'Alger ne devait toute sa fortune qu'à ses brigandages; toute son élévation, qu'à ses crimes. Aussi, dans la crainte que ses pirateries et ses conquêtes n'attirassent un jour sur lui les armes des chrétiens, il avait mis ses états sous la protection du Grand Seigneur Soliman-le-Magnifique. Il en avait même obtenu des troupes turques, pour se protéger contre l'agression étrangère et les révoltes de l'intérieur.

Soliman avait fait plusieurs irruptions en Hongrie. En 1532, il s'était de nouveau mis en marche avec une armée de 300,000 hommes pour attaquer l'Autriche. Mais il avait dû se retirer devant Charles-Quint et abandonner une entreprise à laquelle il s'était préparé pendant le long espace de trois ans. L'arrivée en Morée de Doria amiral de Charles-Quint, contribua puissamment à la retraite de Soliman; car il craignait que les Grecs soutenus par les impériaux ne courussent aux armes pour recouvrer leur liberté.

Doria avait pris Coron et Patras sous les yeux de la flotte turque et Argel en Barbarie. La supériorité des chrétiens sur mer, suite nécessaire de ces victoires, fut pour ce prince orgueilleux une chose insupportable, et depuis ce temps il imagina tout pour l'abaisser. Barberousse, dont la renommée croissait de jour en jour, parut être l'homme propre à favoriser ses desseins. Il résolut donc de s'en servir pour se frayer de l'Afrique une route vers l'Espagne et l'Italie. A cet effet il l'investit du commandement de sa flotte avec le titre de Bacha, comme étant le seul marin qui, par son expérience et sa valeur regardée comme invincible, méritât d'être opposé à Doria le plus grand amiral de son siècle.

Au printemps de l'année 1534, pendant que Soliman lui-même faisait en Perse la conquête de Tauris et de Bagdad, l'audacieux corsaire parti de Constantinople avec sa flotte ottomane composée de trois cents voiles, tant galères que brigantins et autres vaisseaux puissamment équipés, ravagea les côtes de la Pouille et de la Calabre; répandit la terreur et l'effroi dans Naples et Gaëte, et, après avoir crucifié les bourgs et les villages, emmené en esclavage un grand nombre d'habitants et laissé partout de tristes traces de sa brutale fureur, il passa le phare de Messine, exerçant les mêmes cruautés le long des côtes de Sicile où il s'empara même de Santa-Lucia. De là il était allé débarquer à Terracine, dans les États-Romains, et ayant trouvé cette ville déserte, par la peur dont il avait frappé ses habitants, furieux de ne point y trouver d'or, il l'avait réduite en cendres (1). C'était dans les ports de Barbarie que d'ordinaire les caraques de l'écumeur allaient vendre le butin fait sur les Chrétiens. Il était bien reçu par les hommes de ces contrées à qui il n'eut point de peine d'inspirer son esprit de piraterie, surtout aux Maures Grenadins qui, chassés de l'Espagne par Ferdinand, ne respiraient que vengeance.

Après avoir plongé la ville éternelle dans une mortelle inquiétude, répandu dans la Sicile la terreur de son nom, désormais sujet d'effroi pour les peuples maritimes, l'heureux corsaire dont la flotte était chargée de richesses et de captifs, parut inopinément

(1) Turcici exercitûs imperator primarius creatus, omnem Italiæ, Sardiniæ, Siciliæ atque Hispaniæ oram legens, adeò sævis latrociniis eam ubiquè spoliavit, ut etiam mediterraneis civitatibus non parvum timorem incuteret.
DIARIUM EXPED. Tunet. page 5.

devant Tunis, s'en empara, partie par force, partie par ruse sur Muley-Assan (1), y fit reconnaître Soliman pour souverain et lui pour vice-roi.

Enhardi par tant de succès, Barberousse continua ses cruelles déprédations contre les États Chrétiens, et poussa encore plus loin et avec plus d'impunité le meurtre et le pillage, à l'aide de deux terribles forbans qu'il s'associa comme lieutenants. C'était Khair-Eddyn, turc de la province de Caramanie à qui sa fureur et sa cruauté valurent le surnom de *Chasse-Diables*, et un juif rénégat de Smyrne, connu sous le nom turc de Sinan. Aussi braves mais moins cruels peut-être que Barberousse, ces deux pirates déterminés firent naître un fléau jusqu'alors ignoré: *la traite des blancs*. Ils étaient les maîtres et les tyrans de la Méditerranée, et la glaçaient de terreur du détroit de Gibraltar au dernier rivage des Dardanelles.

La flotte de Barberousse parut enfin devant Tripoli en Barbarie et la menaça d'un siége. C'est alors que le grand-maître de la religion de Malte, Pierre Dupont, jugeant bien que sans des forces supérieures et une puissance au-dessus de celle de son ordre, ses chevaliers ne pourraient pas se maintenir dans cette ville, envoya à l'Empereur Charles-Quint, en ambassade, le commandeur Ponce de Léon, grande-croix, pour le solliciter de faire passer en Afrique une armée capable de maintenir ses chevaliers dans Tripoli et d'arrêter les progrès effrayants de Barberousse, qui à force de faire le métier d'écumeur avait appris celui de conquérant.

Il ne se passait point de jour que Charles-Quint ne reçût aussi d'Italie, d'Espagne et des Deux-Siciles, des plaintes sur les outrages continuels que commettaient les caraquons du terrible

---

(1) Muley n'est qu'un titre de noblesse qui répond au mot turc *sultan*.

pirate. Sa tyrannie maritime devenait de plus en plus oppressive. Toute la chrétienté émue et tremblante de la plus cruelle anxiété, jetait les yeux sur Charles comme la montagne d'où devait venir le secours. De partout on faisait un appel à sa force réparatrice. C'était, disait-on, « au potentat le plus puissant et le plus heu- » reux qui régnât alors en Europe, à mettre fin à ce genre d'op- » pression si odieux et si nouveau ! » Charles en possession du vaste héritage paternel étendait, en effet, sur une grande partie des deux mondes les sceptres de ses aïeux. Sa puissance ne con- naissait point d'égale en Europe, et seul, par la situation de ses états, il pouvait fermer le monde civilisé aux barbares de l'Afrique et de l'Asie.

De son côté, Muley-Assan chassé de Tunis implora la protec- tion de Charles-Quint contre l'usurpateur de son trône. Les inquié- tudes que Charles concevait pour les royaumes de Naples et de Sicile lui étaient inspirées moins encore par Barberousse que par les influences secrètes qui le faisaient agir. Il avait à cœur de ré- tablir la navigation de la mer entre l'Espagne et l'Italie, et comme il était jaloux en même temps de paraître le protecteur d'un prince malheureux, obéissant en quelque sorte à une inspiration divine (1), il déféra cette importante affaire à son conseil. Après qu'elle eût été examinée devant lui par ses ministres et ses géné- raux les plus habiles, on résolut de porter la guerre en Afrique où déjà les troupes impériales, sous le commandement du marquis de Gomarés, gouverneur d'Oran, avaient, l'année précédente, triomphé d'un autre Barberousse. Le vœu national était satisfait. « Foi d'homme de bien (c'était son jurement) avait dit Charles-

---

(1) Velut divino admonitus oraculo.

» Quint, en levant l'assemblée, j'irai détruire jusqu'au dernier ces
» repaires de brigands. »

Charles-Quint tint parole et dans l'exécution de ce vaste projet, auquel il fut poussé par de puissantes raisons politiques, ce prince d'élite fit preuve de cette prévoyance, de cette fermeté et de cette valeur héroïque qui ont jeté tant d'éclat sur toutes ses actions.

Purger la mer des écumeurs qui l'infestaient, et rendre par ce moyen la sécurité au commerce maritime de ses royaumes; châtier les ennemis de la foi; maintenir la religion de Malte, sa noble pupille, en possession de Tripoli; mais surtout combattre dans la personne de Barberousse Soliman lui-même, l'influence de la porte ottomane et les intrigues de la cour de France: tel était donc le but que Charles-Quint se proposait d'atteindre en partant pour l'Afrique.

Mais avant de recourir à la force, cet adroit politique qui tirait souvent plus d'avantage de ses négociations secrètes que de ses armes, tâcha de gagner le vice-roi de Tunis. N'ayant point réussi dans ce dessein, il se détermina pour lors à une guerre ouverte; et renvoyant l'ambassadeur à Muley-Assan, il le chargea de rassurer ce prince qu'il irait lui-même à la tête d'une puissante armée le rétablir sur le trône de ses aïeux.

Charles-Quint fit aussitôt fortifier les principales places du royaume de Naples et de Sicile. Il garnit de troupes, de vivres et de munitions les frontières de France dans la crainte que pendant son absence François Ier ne voulût former de ce côté-là quelqu'entreprise. Après avoir pris toutes ces précautions, il s'occupa d'ordonner les apprêts de la grande expédition dont le départ fut fixé au printemps prochain. Persuadé d'un côté que la présence seule du souverain fait surmonter les plus grandes difficultés, d'un autre avide de réputation militaire et jaloux de recueillir à lui seul toute la gloire qu'on attachait alors à une guerre contre les infidèles, il voulut la commander en personne (1). L'entreprise d'ailleurs souriait d'autant plus au cœur de Charles, qu'il croyait, en la faisant, payer à la religion une dette de famille, et accomplir enfin le vœu de Philippe-le-Bon et de Charles de Bourgogne, ses aïeux.

La descente de Charles sur les côtes de Barbarie fut aussi considérée comme une guerre sainte et nationale surtout en Espagne. On pourrait, ce nous semble, l'appeler la *dernière croisade*. En effet n'était-ce point une autre croisade que cette guerre, où avec les mêmes idées religieuses, quoique dans un but un peu différent et plus utile, qu'autrefois Godefroi, Baudouin de Constantinople et Saint-Louis, Charles roi catholique enflammé du zèle le plus pur, allait sur une terre étrangère et barbare exposer, pour le nom et la gloire de Dieu, sa gloire et son nom, et trouver, peut-être, comme ses illustres devanciers, au lieu de la palme de la victoire, la couronne du martyre? et en quel temps croisade avait-elle été plus légitime et plus nécessaire ? alors ce n'était plus dans le lointain, au-delà des mers, dans les plaines de la Syrie et de la Palestine que grondait l'orage, mais sur les marches mêmes des terres impériales, sur tout le littoral de l'Italie, de la Sicile et de l'Espagne.

Ainsi, si l'on considère cette grande entreprise au point de vue moral et politique, son urgence et son utilité se justifient d'elles-mêmes par l'exposé des faits qui précèdent. Féconde en résultats heureux, elle purgea la mer de tous les pirates qui la tyranni-

---

(1) Voluit in eâ expeditione, ut aiunt, proram esse et puppim.
                                        DIAR. EXP. TUNET. p. 5.

saient, favorisa l'extension et la liberté du christianisme, frappa de terreur les rois voisins et les obligea de conclure des traités avec le vainqueur de Tunis.

Considéré comme fait d'armes, c'est sans-contredit l'un des plus intéressants épisodes qui émaillent l'histoire militaire de Belgique. En jetant les yeux sur la colonne de nos fastes nationaux à l'an 1535, nous avons cru remarquer une grande lacune, une large pierre polie et sans relief. Si nous approchons le ciseau et la boucharde de cette pierre, c'est moins avec la prétention de remplir le vide que dans le dessein de le signaler à des mains plus habiles.

J'ai conquis en moins de deux ans, disait Napoléon, le Caire, Milan, Paris, eh bien! si je mourais demain, je n'aurai pas une demi-page dans l'histoire universelle. Charles-Quint a conquis Tunis, Monaster, Susa, Afrique, et ces brillants faits d'armes trouvent à peine une date dans l'histoire du pays qui l'a vu naître et dont il est la gloire. Cependant les événements que nous allons essayer de décrire, méritent bien d'être connus, car ce sont eux qui relient l'histoire politique des États Barbaresques aux annales de la Belgique, ce sont eux qui ont amené le traité de paix de Tunis entre Charles-Quint et Muley-Assan, par suite duquel des relations commerciales de la plus haute importance s'établirent bientôt entre l'Afrique et les vastes royaumes du roi catholique.

Nous allons donc rapporter dans ses principaux détails cette campagne d'outre-mer qui fixa l'attention du monde, dont l'Europe a goûté longtemps les heureux fruits, qui fut conduite par le plus grand de nos rois, et où le nom Belge acquit tant de renom sur le sol brûlant d'Afrique, dans ce pays d'un peuple qui fut si bon juge de la valeur. Nous aussi nous aimons la liberté et tout ce qui fait la gloire de notre pays!

Nos récits n'offriront pas, sans doute, l'attachement et le charme que présentent les brillantes narrations de l'historien des croisades et du chantre suave de la Jérusalem délivrée, mais ils sauveront de l'oubli bien des noms dont la gloire nous intéresse. Or l'histoire est faite pour conserver les grands noms et les pensées du génie, et l'écrire, c'est s'acquitter d'un devoir filial envers la patrie.

Et plus est patriæ facta referre labor !

Le souvenir des héros et des monarques, dit un de nos plus élégants et spirituels littérateurs, M. Alfred Michiels, l'histoire de leurs actions brillantes seraient depuis longtemps anéanties sans les écrivains. L'abîme du passé garde à jamais ce qu'il dévore. Il est si profond que l'œil n'aperçoit rien dans ses ténèbres. Supposez donc les livres détruits, les peuples végéteraient comme des enfants qui oublient chaque matin leurs ébats de la veille. La littérature est la conscience et la mémoire de l'humanité; elle seule rend le progrès possible, et, dépourvus de cet indispensable moyen, nous tomberions dans l'uniformité de la vie animale (1).

Si le sujet qui nous occupe, tout national et susceptible d'exciter le plus vif intérêt par sa nouveauté, n'a point jusqu'ici exercé la plume de nos littérateurs, il faut encore moins s'attendre à le voir effleurer par les étrangers.

Châteaubriand, qui aime tant à exhumer tout souvenir historique qui flatte la gloire française, ce touriste aussi éloquent qu'instructif qui s'est promené à pas mesurés et tranquilles sur les ruines de Carthage, ne donne pas le moindre détail sur la conquête de Tunis par Charles-Quint. Et cependant ce prince dont il prononce à peine le nom et comme à regret, triompha sur cette même

(1) SOUVENIRS D'ANGLETERRE. Bruxelles, 1846. pag. 80.

plage punique où St.-Louis, dont il discourt si longuement, ne fit que débarquer et mourir!

Voici ce que dit cet écrivain : « On sait, au reste, que Tunis fut attaquée (1) par St.-Louis en 1270 et prise par Charles-Quint en 1535. Comme la mort de St.-Louis se lie à l'histoire de Carthage, j'en parlerai ailleurs. Quant à Charles-Quint, il défit le fameux Barberousse et rétablit le roi de Tunis sur son trône en l'obligeant toutefois à payer un tribut à l'Espagne. »

On se demande ici pourquoi la brillante conquête de Charles-Quint serait moins du domaine de l'histoire punique, que la malheureuse expédition de Saint-Louis ? si Châteaubriand avait dit que la mort de Saint-Louis se lie non l'histoire de Carthage (effacée du globe lors de la descente de ce prince en Afrique) mais à celle de France, ce qui est moins contestable, nous trouverions assez rationnel et même conséquent qu'il s'étende sur Saint-Louis et passe sous silence les hauts faits d'armes d'un prince belge. Toutefois une pareille assertion ne serait point à l'abri d'une critique fondée, car Charles-Quint, comme descendant de Saint-Louis, n'est point aussi étranger à la France que le pensait cet écrivain ; et, l'eût-il été tout-à-fait, il avait des droits à sa plume à cause de la grandeur de son entreprise, de sa réussite, de ses immenses résultats ; car la commémoration des héros et des bienfaiteurs de l'humanité doit être de toutes les nations, comme celle des morts est de toutes les religions, toutes deux étant dans la nature.

La Méditerranée purgée pour longtemps des écumeurs qui l'infestaient, 20,000 esclaves de tout pays, dont bon nombre de France, rendus à la liberté, c'est-à-dire à la vie ; tant de bienfaits n'arrachent point en faveur de leur auteur la moindre louange à

---

(1) *Attaqué* n'est pas le mot, menacé le serait à peine.

et écrivain. Cela ne doit point étonner. Leur libérateur n'avait point vu le jour sur le sol français ! par contre Châteaubriand écrivant sur les ruines du palais de Didon, occupe ses lecteurs d'un certain M. Violet, maître de danse français, qui faisait danser sur l'air de Magdelon Friquet, les Iroquois qu'il appelait *ces messieurs les sauvages et ces dames les sauvagesses.* C'était bien le lieu de nous raconter ces niaiseries, ou bien est-ce que par hazard l'histoire de M. Friquet et des Iroquois se lierait à celle de Carthage ?

Si dans son itinéraire de Paris à Jérusalem Bauduin et Godefroi de Bouillon trouvent en lui un panégyriste, c'est que dans sa bonhomie Châteaubriand les prend pour des princes français, ou que par un hardi larcin son égoïsme les donne à la France. Écoutez plutôt : « Je ne sortis point de l'enceinte sacrée, sans m'arrêter
» aux monuments de Godefroi de Bouillon et de Bauduin. Je
» saluai les cendres de ces rois chevaliers qui méritèrent de re-
» poser près du grand sépulcre qu'ils avaient délivré. *Ces cendres*
» *sont des cendres françaises* et les seules qui soient ensevelies à
» l'ombre du tombeau de Jesus-Christ. Quel titre d'honneur pour
» ma patrie ! »

Je doute que du fond de leur tombe, nos héros belges acceptent cette naturalisation posthume qu'on leur impose. La patrie des Pepin, des Clovis, des Charlemagne n'a rien à envier à l'étranger.

Nous dirons quelques mots du caractère et des vertus du héros dont nous allons rapporter un des plus beaux faits d'armes. Nous placerons, en quelque sorte, en tête du sujet son portrait tracé par les mains habiles qui ont écrit son histoire. En voici la raison.

Charles-Quint, né parmi nous, n'a pas trouvé jusqu'ici un seul historiographe dans les descendants de ces Belges qu'il a tant aimés et rendus si prospères. Car n'oublions pas que ce fut sous le règne

de ce monarque, maître des deux mondes, qu'Anvers devint la reine du commerce de l'univers. Au XVIe siècle, cette autre Sidon, cette moderne Carthage des Phéniciens du Nord, surpassa par son immense négoce la puissante Venise qu'elle fit oublier. C'était là que les navires portugais et espagnols venaient verser les richesses de l'Asie et de l'Amérique, qui se répandaient ensuite de ce port dans toute l'Europe ! « Malgré la sévérité dont il châtia parfois les
» résistances de ses sujets, dit un célèbre écrivain, ce prince, à la
» pensée haute et forte, a laissé néanmoins parmi nous un nom
» populaire et des souvenirs qui le mettent sur la même ligne que
» Henri IV. » (1) Ajoutons ici qu'il joua toujours le premier rôle sur le théâtre de l'Europe. Par une fatalité déplorable, le peu d'écrivains qui ont touché de ce grand homme dans des ouvrages didactiques où la jeunesse des collèges, trop disposée à jurer sur la parole du maître, puise, avec ses premières notions, ses premiers jugements en histoire, se sont exprimés à l'égard du noble gantois d'une manière aussi injuste qu'inconvenante. Sans examiner quel il a été au printemps et à l'été de son âge, on a jugé ce prince à l'automne de ses ans. Sans tenir compte des usages, des mœurs du siècle où il a vécu et auquel son génie politique a donné tout l'éclat de ses couronnes, ces historiens l'ont jugé avec les yeux d'un écrivain du XIXe siècle. Presque tous ont été l'écho d'écrivains flatteurs de François Ier son rival.

N'a-t-on pas écrit que *Charles-Quint perdit la tête dans sa retraite au monastère de St.-Juste, et qu'il y planta des choux? Que son expédition tentée contre Tunis fut romanesque, et qu'il n'était pas impunément le fils de Jeanne la Folle?* C'est ce qu'avait dit

---

(1) M. le baron de Reiffenberg dans les *Nouv. Mémoires de l'Académie royale*, tome VIII.

Voltaire. On crut qu'il y avait de l'esprit à le répéter et l'on consacera ainsi une grande erreur, une absurdité.

Il convient de réfuter ces inepties, de détruire ces jugements iniques. Nous le ferons en peu de mots, afin d'effacer de l'esprit de la jeunesse belge l'impression fâcheuse que ces lignes impies ont pu y laisser subsister. Avant tout l'exactitude historique.

Certes il est un fait acquis à l'histoire : c'est qu'en portant ses armes au-delà de la Méditerranée, Charles-Quint cédait moins aux inspirations de son ardeur belliqueuse et romanesque qu'à celles de l'humanité, qu'aux supplications de ses peuples qui lui demandaient une intervention charitable, une entreprise sérieuse et susceptible, sous sa main puissante, de porter les fruits les plus salutaires. Il est donc souverainement déraisonnable de blâmer ce prince d'avoir secouru ses sujets et obéi à une nécessité politique. Et l'on est forcé de reconnaître que, eu égard aux brillants avantages qu'il recueillit, son rôle, dans l'expédition qui nous occupe, n'a eu rien que de beau et de grand.

Cette vérité que Charles-Quint a été mal jugé par ses compatriotes, commence à être comprise chez nous. Déjà plusieurs des historiens auxquels nous faisons allusion plus haut, se sont amendés. Tous les vœux, tous les efforts tendent à faire réhabiliter sa grande mémoire.

« Charles-Quint, dit un laborieux écrivain, M. Gachard, a été
» la gloire de la Belgique; à aucune époque le nom belge ne brilla
» d'un plus vif éclat que sous son règne : c'étaient des belges qui
» étaient à la tête de ses armées, de ses conseils, qui secondaient
» sa politique dans la plupart des cours étrangères. L'histoire du
» grand empereur que Gand s'enorgueillira toujours d'avoir vu
» naître dans ses murs, est pourtant bien mal connue, même chez
» ses compatriotes si intéressés à la connaître. Aussi comme le

» proclamait une voix éloquente dans une occasion récente et
» solennelle (1), comme je m'étais permis moi-même de l'annon-
» cer précédemment, n'est-elle parvenue jusqu'à nous que défi-
» gurée par l'ignorance et l'esprit de parti. Rétablir, compléter
» les faits de ce règne glorieux, est une tâche qui semble dévolue
» aux écrivains dont la Belgique s'honore : le gouvernement
» concourra à cette œuvre patriotique en faisant rechercher et
» rassembler les documents propres à en faciliter l'exécution. »

Né à Gand le 24 février de l'an 1500, Charles-Quint y fut baptisé le 7 mars suivant. Il fut porté du palais appelé *La Cour des Princes* où il avait vu le jour, en l'église de St.-Jean, aujourd'hui St.-Bavon, pour y être présenté aux fonds baptismaux.

Le cortége passa sous un portique élevé qui allait depuis le palais jusqu'à l'église.

Le grand prévot, les échevins et les conseillers de la ville au nombre de trois cents, ouvraient la marche, des torches à la main ; puis venaient le président et le sénat de Flandre, la noblesse et les chevaliers de la toison d'or.

Marguerite d'Yorck, sœur d'Edouard V roi d'Angleterre et veuve de Charles-le-Téméraire, portait l'enfant dans ses langes. Elle était accompagnée de deux princes et suivie de Marguerite d'Autriche tante du nouveau-né. Puis on voyait venir la jeune princesse Éléonore, sœur de l'enfant Charles, portée à bras.

Quatorze personnages mitrés furent préposés à la cérémonie du baptême. On remarquait parmi eux l'évêque des Nerviens. C'est lui qui versa l'onde lustrale, parce qu'il était l'évêque diocésain du nouveau-né.

Charles de Croy, prince de Chimai et le comte de Berg, tous

(1) M. de Gerlache.

deux chevaliers de la toison d'or, tinrent le royal enfant sur les fonds de baptême et en furent les parrains. Les deux princesses dont on vient de parler en furent les marraines.

Le jeune prince reçut le nom de *Charles* à la demande de l'évêque de Tournai.

On fit sous la voûte même du temple sept présents au nouveau-né : Philippe son père, l'investit du duché de Luxembourg et lui donna le collier de la toison d'or. Charles de Croy lui fit présent d'un casque d'argent sur lequel on voyait un phénix d'or d'un travail admirable. Le comte de Berg lui donna une épée d'or, Marguerite d'Yorck, une grande coupe pleine de pierres précieuses; Marguerite d'Autriche, un semblable présent; la ville de Gand un navire d'argent massif, artistement fait, du poids de cinquante livres. Enfin, le clergé lui donna l'Ancien et le Nouveau Testament sur lequel on lisait ces mots : *Scrutamini scripturas.*

Charles-Quint comptait pour aïeux sept empereurs romains, dix rois dans la deuxième race des Capétiens et deux dans la deuxième branche dite de Valois. Il descendait en ligne droite de St.-Louis. Voici comment : Philippe-le-Hardi, fils et successeur de St.-Louis, eut pour successeur 1°. son fils Philippe-le-Bel, 2°. son autre fils Philippe V dit de Valois, 50° roi de France et premier de la branche de Valois.

A Philippe de Valois succéda son fils Jean II, dont un fils, Philippe duc de Bourgogne, épousa Marguerite fille unique du comte de Flandre Louis de Mâle.

Philippe duc de Bourgogne et comte de Flandre, mort en 1404, eut pour successeur Jean-sans-Peur assassiné à Montereau en 1419, et celui-ci, Philippe-le-Bon son fils. A Philippe-le-Bon succéda son fils Charles-le-Téméraire tué devant Nancy en 1477. Il laissa pour unique héritière Marie épouse de Maximilien. De cette union sortit Philippe-le-Beau, père de Charles-Quint.

Le jeune comte de Flandre eut pour précepteur Adien Floriszoon d'Utrecht, docteur de Louvain qui parvint à la tiare; pour gouverneur, Guillaume de Croy, seigneur de Chièvres en Hainaut. Les historiens lui ont donné beaucoup d'éloges comme gouverneur, de grands blâmes comme favori. Avant tout il avait inspiré à son illustre disciple l'amour de Dieu et de la paix. L'étude des langues, mais surtout les exercices militaires, qui faisaient encore au commencement du seizième siècle presque l'unique étude de la noblesse et des princes, remplirent la plus grande partie de son éducation. Marguerite d'Autriche, sa tante, et Marguerite d'Yorck, deux princesses aux sentiments élevés, douées de grands talents et d'une piété éclairée et solide, s'étaient chargées du soin si délicat de former son enfance. Jamais peut-être berceau royal n'avait été entouré par plus de vertus, de prudence et de pieuse tendresse. Sous l'heureuse influence de ces habiles institutrices, le cœur et l'esprit du jeune prince ne tardèrent point à se développer et à s'ouvrir d'eux-mêmes pour recevoir le germe des grandes choses, des généreuses inspirations, des plus nobles pensées. De bonne heure des hommes d'un esprit pénétrant devinèrent l'homme dans l'enfant et aperçurent en lui des étincelles de génie. Mais deux choses surtout firent concevoir de belles espérances pour l'avenir.

En 1517, Charles se rendit en Espagne pour prendre possession de ses États dans ces contrées. C'était en quelque sorte son entrée dans le monde. Pour consacrer le souvenir de son arrivée en Espagne, on célébra un tournoi solennel à Valladolid. Le jeune Charles y parut armé de pied en cap, selon l'usage de la chevalerie. Les sires de Croy, de Beaurain, de Zanzelle et de Fiennes signalèrent leur adresse dans une joute terrible qui s'engagea entre

eux et leurs suivants. « Les plumets voloient en l'air, dit un au-
» teur, les armures tomboient par terre, le sang des hommes et
» des chevaux ruisseloit de tous côtés, les spectateurs crioient :
» *Jésus! Jésus!* les dames crioient et pleuroient de pitié. »

Bientôt ce fut le tour de Charles. Son écuyer eut la permission de l'attaquer une fois à son tour. Il attaqua quatre fois l'écuyer et lui rompit trois lances. Tout le monde admira dans Charles, qui entrait dans sa dix-septième année, la force, l'adresse, l'air mâle et l'habileté qu'il montra en cette occasion. Le mot latin *nundum* (pas encore), tracé sur son écu blanc et poli, excita aussi l'attention des nombreux spectateurs. C'était une énigme. Chacun crut en trouver le mot, chacun l'expliqua à sa manière. La plupart comprirent que Charles voulait dire par là que jusqu'alors ce n'était point la volonté qui lui avait manqué pour faire de grandes choses, mais le temps et l'occasion (1).

D'importants événements ont rendu remarquable la première moitié du seizième siècle. Presque tous sont le résultat de la rivalité qui a existé entre Charles-Quint et François Ier roi de France. François Ier avait dit à son compétiteur : « Nous faisons la cour
» tous les deux à la même maîtresse. Employons l'un et l'autre
» tous les moyens pour réussir, mais dès que le sort aura nommé
» le rival heureux, c'est à l'autre à se soumettre et à rester en
» paix. » Eh bien! qu'on fouille dans les replis de la politique qui a suscité et conduit tous ces événements, et l'on n'aura point de peine à se convaincre de quel côté furent la sincérité et l'honneur, de quel côté furent l'intrigue et les torts. Le parallèle entre ces deux monarques dépasserait les limites que nous nous sommes circonscrites dans cet ouvrage. Nous nous bornerons à soumettre

(1) Petrus martyr de Angleriâ. Epist. 609.

ici quelques considérations sur les causes premières de leurs grandes querelles. Ceci est nécessaire pour l'intelligence de certains faits qui seront rapportés dans l'expédition contre Tunis.

Après que Charles eut posé sur sa tête la couronne même de Charlemagne, dont aucun prince ne rappelle mieux que lui le glorieux souvenir, François Ier ne laissa échapper aucune occasion d'entretenir la jalousie qui s'était élevée en Europe contre la puissance de son rival, et conséquemment de lui susciter partout des ennemis. La prospérité de Charles-Quint et sa grandeur étaient pour lui un supplice. Il passa toute sa vie à les combattre. Delà aussi la vie active qui dévora si vite Charles-Quint. On peut remarquer à ce sujet que la fortune fait surgir mille obstacles sur la route du prince qu'elle veut agrandir, et par cette échelle le fait monter au plus haut degré de puissance. François Ier eut des intelligences avec les Turcs, souleva contre Charles ses propres sujets aux Pays-Bas, en Espagne, en Italie, et jusqu'aux luthériens assemblés à Smalkade, près de qui il eut la bassesse de s'excuser de ce qu'il avait fait exécuter en France quelques-uns de leurs co-réligionnaires, lesquels avaient été brûlés à petit feu en présence du roi et de toute la cour (1). Honteuses et indignes menées, funestes propagandes politiques par lesquelles le repos, le bonheur et la prospérité des nations ont été maintes fois troublées et même anéanties depuis lors !

Les premières guerres que Charles-Quint eut à soutenir contre François Ier lui furent donc suscitées par ce prince. Partout la justice et l'aigle impériale triomphèrent. En Italie, François Ier fait prisonnier remet sa noble épée à De Lannoy, gouverneur de

---

(1) François Ier, dit Michelet dans son *Précis sur l'Histoire de France*, élève les premiers bûchers où soient montés les protestants de France, pour excuser aux yeux de ses sujets et aux siens ses liaisons avec Soliman et les luthériens.

Tournai. Plus tard il achète sa liberté par la promesse de restituer à Charles le Duché de Bourgogne, et redevenu libre, il fausse sa parole. Charles indigné de sa mauvaise foi tient ce langage à son ambassadeur : « dis à ton maître qu'il viole la foi et la promesse » qu'il m'a données publiquement et en particulier à Madrid dans » nos entretiens familiers; et que sa conduite est indigne d'un » honnête homme, d'un gentilhomme et d'un prince : que s'il » veut le nier, je lui déclare que je prouverai la vérité par les ar- » mes, et qu'un duel décidera l'affaire entre nous deux. »

Charles choisit pour cet endroit la plaine qui est entre Fontarabie et Andaye où François avait reçu la liberté. Le monarque français, au grand étonnement des Espagnols, n'accepta point le défi, et l'on conclut de là que François parjure, accusé par ses remords n'osait risquer le duel (1). Ce reproche sanglant de Charles qui fut connu de toute l'Europe ulcéra pour toujours le cœur de son rival. De là toute la colère de celui-ci, de là toutes leurs guerres !

En 1526 Charles-Quint célébra à Séville son mariage avec Isabelle, fille du feu roi de Portugal Emmanuel, et sœur de Don Juan III, son successeur au trône. Il vécut dans la plus intime union avec cette princesse et la traita en toute occasion avec autant d'égards que de distinctions.

Charles-Quint fut un grand homme, dit un célèbre auteur hollandais. Il l'eut été encore dans un rang moins élevé, parce que c'était de la nature qu'il tenait ses talents. Sa politique égalait sa valeur, son activité ne peut se décrire, et quelques efforts que fassent les historiens français pour obscurcir ses belles qualités, François 1er qu'ils lui opposent, ne peut nullement soutenir le

---

(1) Sepulveda, lib. VIII, page 235.

parallèle avec lui, sous le rapport des vertus qui font les grands rois. Charles était né belge, et sa carrière peut nous convaincre de cette vérité que le caractère de cette nation, à cause de sa modération innée, n'a que la juste mesure de ce feu si nécessaire à l'exécution des grandes choses. S'il n'avait pas été entraîné dans un si grand nombre de guerres, tantôt contre la France et l'Angleterre, tantôt contre l'État Romain, souvent même contre les Turcs, peut-être que les Belges qu'il chérissait comme ses compatriotes eussent été plus heureux sous son règne. Un grand nombre de ses institutions prouve qu'il eut une profonde connaissance des vertus et des défauts de notre caractère national et qu'il savait prendre des mesures en harmonie avec l'utilité publique. Malheureusement son règne fut trop agité... Si, lorsque la chance des combats commença à lui être moins favorable, il avait pu se contenter de la paisible administration de ses états; s'il avait eu assez de courage pour jouir du bonheur qu'il s'était procuré; sa modération naturelle, sa sagesse, son esprit pénétrant n'eussent point manqué de lui faire obtenir de la postérité la plus reculée, le premier rang parmi les meilleurs princes et parmi les guerriers les plus fameux. Ainsi parle le Montesquieu de la Hollande (1).

Voici le portrait que le cardinal Cajetan faisait au Pape Léon X du jeune empereur d'Allemagne.

Ce jeune prince est d'un louable et généreux naturel, robuste et vaillant de sa personne, exercé aux travaux, patient au labeur et fâcherie, facile et affable à donner audience, courtois en ses réponses, éloigné de toute cruauté; libéral, courageux et magnanime, et surtout ayant une grande vivacité d'esprit et orné

---

(1) SIMON STYL. Opkomst en bloei der ver. Nederland. Bladz 98.

d'un divin et merveilleux entendement, (1) et ailleurs : il est sage et prudent, plus que ne porte son âge, ayant un esprit vif et aigu, vaillant et hardi, libéral et constant.

Nous n'invoquerons pas ici le témoignage d'Ulloa, de Louis Dolce, de Bernard le Tasse, de Guillaume Malinœus, de Paul Jove, évêque de Nocère, et du chroniqueur de Charles-Quint, Prudent de Sandoval, évêque de Pampelune. Comme sujets et contemporains de l'empereur leur langage pourrait paraître suspect. Pour les mêmes motifs nous passerons sous silence les portraits que les historiens sujets de François 1er ont laissés de son rival.

Voici comment le célèbre Mélanchton, témoin certainement irréprochable, puisque tous les efforts de Charles tendaient à détruire en ce moment sa secte luthérienne, parlait de lui non dans un discours public, mais dans une lettre à un ami. « Ce qu'il y a de plus remarquable dans cette assemblée (celle d'Augsbourg), dit-il, c'est assurément l'empereur lui-même. Son bonheur non interrompu aura sans doute excité aussi l'admiration dans vos contrées. Mais ce qui est surtout digne d'admiration et de respect, c'est qu'après des succès qui semblent avoir couronné tous ses désirs, il conserve une si grande modération, qu'on n'a jamais remarqué en lui une parole ou une action qui sorte des bornes de la modestie. Quel roi ou quel empereur me montrerez-vous dans l'histoire, dont la fortune n'ait pas changé les sentiments? Celui-ci est le seul sur le caractère duquel elle n'ait pu faire aucune impression. On ne trouve en lui aucune trace de passion, d'orgueil, de cruauté. Sa vie privée est pleine de traits admirables de retenue, de modération et de sobriété. La discipline domestique, si sévère autrefois chez les Allemands, ne se trouve plus maintenant que dans la famille impé-

---

(1) RUSSELLI. Épîtres des Princes, pag. 119 et 126.

riale. Aucun homme vicieux ne peut s'insinuer auprès de lui. Il n'a pour amis que les plus grands hommes, et il les a choisis à cause de leur vertu. Vous pourrez juger par là quels doivent être les sentiments et les mœurs de l'Empereur. Toutes les fois que je l'ai vu, il m'a semblé voir devant moi un de ces demi-Dieux qu'on dit avoir vécu jadis parmi les hommes. Voilà ce que j'ai à vous mander de l'empereur, et vous en serez sûrement charmé. Car, qui est-ce qui ne se réjouit pas de voir réunies dans un si grand prince, les vertus les plus belles et les plus éclatantes ? » (1).

Tel est maintenant le jugement que Robertson, historien anglais, a porté de ce prince.

Comme Charles fut par son rang et sa dignité le premier souverain de son siècle, le rôle qu'il joua fut aussi le plus brillant, soit que l'on considère la grandeur, la variété ou le succès de son entreprise. Ce n'est qu'en observant avec attention sa conduite, non en consultant les louanges exagérées des Espagnols ou les critiques partiales des Français, qu'on peut se former une juste idée du génie et des talents de ce prince. Il avait des qualités particulières qui marquent fortement son caractère, et qui non seulement le distinguent des autres princes ses contemporains, mais encore expliquent cette supériorité qu'il conserva si longtemps sur eux. Dans tous les plans qu'il concerta, il porta toujours une prudence et une réserve qu'il tenait de la nature autant que de l'habitude. Né avec des talents qui se développèrent lentement et ne parvinrent que tard à leur maturité, il s'était accoutumé à peser tous les objets qui l'intéressaient avec une attention exacte et réfléchie. Il y portait toute l'activité de son âme ; il s'y arrêtait avec l'application la plus sérieuse, sans se laisser distraire par le plaisir, ni

(1) *Epist. select.* Philip. Melancthonis. 1565, p. 363.

refroidir par aucun amusement; et il roulait en silence son objet dans son esprit. Il communiquait ensuite l'affaire à ses ministres et après avoir écouté leurs opinions, il prenait son parti avec une fermeté qui accompagne rarement cette lenteur dans les délibérations. Aussi toutes les opérations de Charles, bien différentes des saillies brusques et inconséquentes de Henri VIII et de François Ier avaient l'air d'un système lié, dont toutes les parties étaient combinées, tous les effets prévus, et où l'on avait même pourvu aux accidents. Sa célérité dans l'exécution n'était pas moins remarquable que sa patience dans la délibération. Il consultait avec phlegme, mais il agissait avec activité; et il ne montrait pas moins de sagacité dans le choix des mesures qu'il avait à prendre, que de fécondité de génie dans l'invention des moyens propres à en assurer le succès. Il n'avait point reçu de la nature l'esprit guerrier, puisque dans l'âge où le caractère a le plus d'ardeur et d'impétuosité, il resta dans l'inaction; mais lorsqu'enfin il prit le parti de se mettre à la tête de ses armées, son génie se trouva tellement fait pour s'exercer avec vigueur sur quelqu'objet qu'il embrassât, que bientôt il acquit une connaissance de l'art de la guerre et des talents pour le commandement, qui le rendirent l'égal des plus habiles généraux de son siècle. Charles possédait surtout au plus haut degré la science la plus importante pour un roi, celle de connaître les hommes, et d'adapter leurs talents aux emplois divers qu'il leur confiait. Depuis la mort de Chièvres jusqu'à la fin de son règne, il n'employa aucun général, aucun ministre, aucun ambassadeur, aucun gouverneur de province, dont les talents ne fussent pas proportionnés aux services qu'il en attendait. Quoique dépourvu de cette séduisante aménité de mœurs qui distinguait François Ier et lui gagnait les cœurs de tous ceux qui l'approchaient, Charles n'était point privé des vertus qui assurent la fidélité et l'attachement. Il avait une confiance sans bornes dans ses généraux ; il récompensait avec magnificence leurs services, il n'enviait point leur gloire et ne paraissait point jaloux de leur pouvoir. Presque tous les généraux qui commandaient ses armées peuvent être mis au rang des plus illustres capitaines : les avantages qu'il remporta sur ses rivaux furent évidemment l'effet des talents supérieurs des officiers qu'il leur opposa. Cette circonstance pourrait, en quelque sorte, diminuer son mérite et sa gloire, si l'art de démêler et d'employer les meilleurs instruments, n'était point la preuve la moins équivoque du talent de gouverner (1).

On remarque que plus les historiens s'éloignent du temps où Charles-Quint a vécu, plus ils abjurent les injustes préventions des historiographes contemporains de François Ier et le jugeant d'après ses actes, portent sur Charles un jugement plus équitable. Écoutons Michelet. Comparant à Léon X et François Ier notre grand Charles-Quint, il s'exprime en ces termes : Charles-Quint se présente à nous sous un aspect plus sévère, entouré de ses hommes d'État, de ses généraux, entre Lannoi, Pescaire, Antonio de Leyva et tant d'autres guerriers illustres. On le voit traversant sans cesse l'Europe pour visiter les parties dispersées de son vaste empire, parlant à chaque peuple sa langue, combattant tour à tour François Ier et les protestants d'Allemagne, Soliman et les Barbaresques. *C'est le véritable successeur de Charlemagne, le défenseur du monde chrétien !* Cependant l'homme d'État domine en lui le guerrier. Il nous offre le premier modèle des temps modernes ; François Ier n'est qu'un héros du moyen-âge.

Nous croyons faire chose agréable à nos lecteurs en donnant à la fin de cet ouvrage les magnifiques obsèques que le roi Philippe II

---

(1) ROBERTSON, *Hist. de Charles-Quint*, vol. 0, p. 101.

fit faire à son père en la ville de Bruxelles, les jeudi et vendredi 29 et 30 décembre de l'an 1558.

Nous avons traduit de l'histoire de Charles-Quint par Don Prudentio de Sandoval la description de cette intéressante cérémonie. Celle qu'en donne le Ms. de Van den Es, n° 17,444 de la Bibliothèque Royale de Bourgogne, n'est point aussi complète.

L'auguste et glorieux César (1) voulant disposer pour cette grande expédition d'une flotte puissante et la mieux équipée qu'il fût possible de voir, en décréta la confection. Cet armement était le plus considérable qu'eût fait la chrétienté contre les infidèles depuis les croisades. A cet effet il fit passer ses ordres à tous les gouverneurs, commandants des îles, des ports, des citadelles de ses royaumes, ainsi qu'à la cité de Gênes, au prince de Melphi, André Doria, amiral de cette république, leur ordonnant de faire construire, équiper et armer en toute diligence toute sorte de galères, galiotes, caraques et autres vaisseaux de guerre. Il manda à Louis Hurtado, marquis de Mondéjar, capitaine-général du royaume de Grenade, de recueillir dans l'Andalousie tout ce qu'il put d'hommes et de vaisseaux, et de les tenir prêts dans les ports de ce royaume. Tello de Guzman, qui s'était rendu à Gênes, près d'André Doria, fit aussi, au nom de l'Empereur, une démarche solennelle près du collége des cardinaux et du pape Paul III, dont l'autorité ébranlée en Allemagne par les doctrines de Luther avait tout récemment trouvé dans sa personne un puissant protecteur, pour l'engager à seconder les pieux efforts et à l'aider dans cette sainte entreprise, dont une constante prospérité lui garantissait

(1) Charles-Quint avait reçu des Allemands le titre de César, 12 ans après la mort de son père, Philippe-le-Beau, quatre ans après qu'il eût commencé à régner sur l'Espagne.

en quelque sorte le succès. Quant à la Religion de Rhodes (1) qui avait elle-même invoqué le secours de ses armes, il lui écrivit également pour lui demander qu'elle l'aidât de ses vaisseaux. Il chargea son ambassadeur, sire Jean Hannart, vicomte de Lombeke, de faire connaître ses projets au roi de France et de l'engager à s'y associer, mais ce monarque, toujours prêt à traverser les desseins de Charles, s'excusa d'y prendre part, donnant pour prétexte qu'il y avait trêve (2) entre lui et Barberousse, l'implacable ennemi du nom chrétien. Dans l'instruction donnée au nom de l'Empereur à Frédéric, comte Palatin, à son départ de Barcelone, le 10 avril 1535, on lit ce qui suit :

Que quant à la résistance contre le Turc, sa dite Majesté eut

(1) C'est ainsi qu'on appelait encore à cette époque cet Ordre militaire, quoiqu'il fût établi à l'île de Malte.
Les religieux hospitaliers de St.-Jean de Jérusalem résidaient depuis l'an 1310 dans l'île de Rhodes, en Asie, quand Soliman-le-Magnifique résolut de les chasser de cette possession. Il assiégea, l'an 1521, en personne, avec une armée de 200,000 Turcs et une flotte de 450 voiles, cette île qui ne comptait pour défenseurs que six cent quatre-vingt chevaliers, 4,000 habitants et quelques troupes vénitiennes.
Le grand Maître de l'Ordre Villiers de l'Ile-Adam, capitaine qui avait vieilli dans l'exercice des armes, opposa une défense énergique et admirable. La plupart de ses chevaliers y trouvèrent un glorieux trépas. Après un siège meurtrier de deux mois, la Religion ne recevant aucun secours des princes chrétiens, fut forcée de capituler et se retira sur sa flottille. Cette flottille, unique et dernier asile des chevaliers, erra pendant dix ans au gré des vents, à la recherche de quelqu'île où ils pussent se fixer de nouveau, abordant tantôt dans l'île de Candie, tantôt en Sicile et au royaume de Naples :

Incerti quo fata ferant, quo sistere detur
Errabant, acti fatis maria omnia circum !

jusqu'à ce qu'enfin, après avoir subi les plus grandes infortunes, la Religion de Rhodes obtint de la libéralité de Charles-Quint en fief noble, libre et franc l'île de Malte, ancienne Melita où elle se fixa ; avec Goze, la ville et château de Tripoli en Barbarie. Cette donation remonte à l'an 1530. C'est depuis cette époque que les chevaliers hospitaliers de St.-Jean de Jérusalem prirent le nom de chevaliers de Malte.
On sait qu'un décret de l'Assemblée législative de France en date du 19 septembre 1792 supprima cet ordre et ordonna la vente de ses biens.

(2) Documents inédits sur l'histoire de France. Paris, 1841, vol. II, p. 350.

bien désiré que le roi de France y eût voulu assister, mêmement de ses galères, comme il en a été requis de la part du Pape moderne et aussi de sa dite Majesté, non point pour les mettre en pouvoir de sa dite Majesté, mais seulement en celui dudit St.-Père. Et s'il le voulait encore faire, serait très-bonne œuvre et la plus convenable aisance. Si toutefois ledit roi de France persiste à s'en excuser, en nom de Dieu! mais du moins qu'il n'empêche directement ou indirectement à ladite emprinse (1).

Loin de prendre part à l'expédition, François Ier, qui devait plus tard donner l'odieux spectacle du croissant uni aux fleurs de lis, informa le corsaire des dispositions hostiles de Charles par le moyen d'un religieux français nommé La Florette, qui se rendait à Constantinople avec des dépêches de la cour de France pour le Grand-Turc. Dans l'impuissance d'exécuter une entreprise aussi importante, dont ses sujets même étaient appelés à recueillir les fruits, François Ier eût désiré la faire échouer. Il eut le dépit de voir son rival revenir en Europe couvert de gloire et de trophées.

La République de Venise refusa également de contribuer à l'entreprise contre Tunis. Persévérant dans ses rapports d'amitié avec Soliman, et fidèle à un traité conclu trente ans auparavant avec son aïeul Bajazet, elle résolut d'observer la neutralité, et Charles ne put qu'applaudir à une conduite aussi honorable, qui gardait la foi des traités.

Afin d'imprimer une plus grande activité aux préparatifs de l'expédition, Charles quitta Madrid le dernier du mois de février de l'an 1535 et se rendit à Barcelone, laissant dans la capitale de l'antique Hespérie son auguste épouse, l'impératrice Isabelle, avec ses deux enfants, Philippe et Dona Maria. Cette princesse

(1) Documents inédits sur l'histoire de France. Paris, 1841, vol. II. p. 350.

était alors enceinte. A son départ il lui remit les rênes de tous ses royaumes et des Indes, et lui adjoignit pour conseil plusieurs seigneurs dont la prudence et les lumières devaient diriger sa conduite dans toutes les affaires ardues et d'importance. Puis considérant les hasards et les dangers auxquels l'inconstance de la fortune expose la vie humaine, surtout dans un voyage où les périls sont en raison de sa difficulté et de sa durée, à l'exemple de St.-Louis, il fit dresser acte de ses volontés suprêmes, pour parer, autant que possible, à tout événement. Ce qui nous rappelle cet adage oriental : Qui part pour la guerre, s'il est bien déterminé, ne doit point songer au retour.

L'arrivée inopinée de l'Empereur à Barcelone, ses apprêts, ses armements considérables sur terre et sur mer, toutes ces circonstances contiarent sans doute ses ennemis. Elles les rendirent même inquiets et soucieux. Car les bruits qui avaient couru sur les dispositions hostiles des rois de France et d'Angleterre qui avaient eu une entrevue en mer, à la hauteur de Calais, vinrent tout-à-coup à cesser. On ne parla plus de la Suisse et les princes italiens eux-mêmes, bannissant les vaines terreurs qui avaient jusque là enchaîné leur liberté d'action, se montrèrent tout disposés à prendre part à cette guerre qu'ils regardaient en quelque sorte comme nationale. Le 10 mai, Charles-Quint écrivit au roi de France la lettre suivante :

Très-hault, etc., etc.

Ensuyvant ce que avons ci-devant dit et fait déclarer à votre ambassadeur le Sr de Vely, résident devers nous, et semblablement escript au nostre le visconte de Lombeke, estant lez vous, des apprestes que faisons faire pour résister aux Turcqz et autres infidèles, commungs ennemis de la chrestienté, et non a aultre fin, et aussi de nostre venue en ce lieu, pour la meilleure et plus prompte direction et advancement de nostre armée de mer, n'avons voulu délaisser de semblablement vous escripre et advertir, que se souffrant et adonnant présentement la commodité d'icelle armée, avons délibéré d'aller visiter nos royaulmes de Naples et Sicille, et de chemin faire (avec l'ayde de Dieu) ce que nous verrons et trouverons convenir pour la desfension et préservation de la dite chrestienté et d'iceulx et aultres nos royaulmes, païs et subjets contre les dits infidèles et commungs ennemys ; vous requérant, très-hault, etc., que actendu cette tant urgente nécessité de la dite chrestienté et aultres affaires d'icelle, veuillez avoir tel égard à la commune paix de la dite chrestienté et repos d'icelle, laquelle toujours avons singulièrement désiré et procuré sur toutes choses, et n'y desfaudrons de tout nostre pouvoir, comme scet le Créateur, qui, très-hault, etc.

Escript a Barcellone le X° de mai XV°. XXXV (1).

Des services éclatants, résultat d'une merveilleuse activité, d'une fermeté peu commune, d'une haute circonspection et surtout d'une bravoure étonnante, avaient valu à Doria le commandement suprême des forces navales. Il était le seul à qui Charles eût communiqué son dessein de commander l'expédition en personne, ainsi que les résolutions prises en Espagne au sein du conseil, confidence que sa fidélité et sa profonde expérience justifiaient à tous égards. Déployant une activité incroyable, Doria avait équipé une flotte composée d'un grand nombre de navires de haut bord et de galères. Parmi ces dernières on remarquait la magnifique Réale ou capitanesse, qui devait servir à l'Empereur de vaisseau amiral.

(1) Documents inédits sur l'histoire de France. Paris, 1841, vol. II, p. 351

Doria avait chargé sur ces vaisseaux de grandes provisions de vivres, d'instruments de guerre de nouvelle invention, de canons de tout calibre et une telle quantité de traits qu'elle eut pu suffire à la guerre la plus longue. Ils portaient dans leurs flancs la fleur de la jeunesse et l'élite de la noblesse ligurienne (1) qui s'étaient enrôlées à l'envie.

Nombre d'exploits du prince de Melphi avaient déjà signalé sa prudence à la guerre. Pour rendre hommage à sa rare valeur, le souverain pontife, fidèle aux précédents antiques, lui avait fait présent d'une épée bénite, sous les voûtes splendides de la basilique de St.-Pierre, dans une cérémonie solennelle. Sa poignée était d'or massif enrichie de pierreries, et sa gaîne de même métal se faisait remarquer par la finesse et le travail de ses ciselures. L'art de l'ouvrier y brillait plus encore que la matière même. Le baudrier était chargé d'ornements en or. Sa Sainteté y avait joint un chapeau de soie où brillait une garniture de fins diamants (2). Tels étaient les insignes remarquables que l'Eglise avait coutume de décerner à un général célèbre ou à un grand roi sur le point d'aller combattre les infidèles. Ce vieil enfant de Mars, déjà couvert de lauriers par ses exploits maritimes, puisait encore dans ces distinctions honorables une nouvelle ardeur pour la gloire.

Pendant qu'à Gênes Doria et ses officiers liguriens s'occupaient des soins d'armer et de gréer la flotille, et imprimaient la plus grande activité aux deux services de terre et de mer, un ordre impérial rappelait le marquis Avalos del Guast d'Ischia, ville située

---

(1) La Ligurie comprenait alors le Mont-Ferrat et la seigneurie de Gênes.
(2) Embiole un bonete de terciopelo negro bordado de aljofar, y usa espada con muy ricas guarniciones, toto bendito con las ceremonias que a costumbra la Iglesia para los Reyes que van contra enemigos de la religion christiana.
SANDOVAL, vol. II, p. 210.

dans le royaume de Naples. Il était venu présenter son hommage à Doria, puis traversant l'Apennin, il s'était rendu à Vigère près de François Sforce duc de Milan et d'Antoine de Lève, prince d'Ascoli. La volonté de Charles était que Del Guast reprit son ancienne charge de général de l'infanterie et commandât en Afrique les troupes expéditionnaires. De Lève devait rester chargé de la garde de la Gaule Cisalpine. Charles eut bien désiré emmener avec lui un capitaine aussi distingué que le prince d'Ascoli, mais outre que l'état de sa santé ne paraissait point pouvoir supporter les fatigues d'une longue navigation, l'Italie avait aussi besoin d'un gouverneur vigilant et énergique, pour repousser la guerre que l'une ou l'autre puissance eût pu lui déclarer. C'est pourquoi une sévère ordonnance avait défendu aux vétérans espagnols qui s'y trouvaient en garnison, de se rendre dans les ports de mer pour s'y enrôler. Charles ne voulait point dépouiller de ses défenseurs un royaume contigu à la France et à la Suisse dont la bonne foi était si équivoque.

Trois colonels ou maîtres-de-camp furent chargés de lever dans l'Italie, ce beau pays où la nature étale sa pompe et ses richesses, vingt-quatre cohortes ou compagnies, chacune de deux cents escopettes. C'était Jérôme Tutavilla comte de Salerne, qui s'était couvert de gloire quelques années auparavant dans les plaines du Péloponèse; le gendre de Doria, Frédéric Careto, à qui ses vassaux et ses immenses richesses donnaient une très-grande influence dans la Ligurie Epanthérienne, et depuis la frontière des Ingaunes jusqu'à la cité de Finale; le troisième était Augustin Spinula guerrier de grand renom.

Ces troupes furent levées en peu de temps. Elles se composaient d'un peu de vétérans auxquels il s'était joint des volontaires sans solde et de l'élite de la jeunesse, avide d'apprendre le dur métier de la guerre sous des chefs aussi habiles.

Le nombre des Italiens formant les trois coronelies qui s'embarquèrent à Porto-Venere sur 28 vaisseaux préparés dans ce port, était de trois mille neuf cents. Chaque coronelie, forte de douze cents hommes, se divisait en six compagnies. Leurs principaux capitaines étaient Don Antonio d'Arragon fils du duc de Montréal, un frère du marquis de Polincio, Don Louis de Touar, le prince de Salerno qui amenait à sa suite les servants et hommes d'armes de sa maison et dix-huit gentilshommes napolitains : le marquis de Cayn, le Sire de Baurs marquis de Loreta, le marquis de Final, le comte de Sarno et autres chevaliers de grand renom.

Les Espagnols qui s'embarquèrent à Castellamare furent au nombre de deux mille. Ils avaient pour chefs Rodrigo Ripalta, maitre-de-camp ; pour capitaines le comte de la Novelara, Ruy, Sanchez de Vargas, Cisneros, Ruy et Domingo de Riaran. Avec ces six compagnies vinrent aussi quatre cents espagnols de la Lombardie. Ils prirent leur capitaine à Alcovia. C'était un vaillant Espagnol porte-enseigne en Sardaigne.

A la voix du vieux comte Maximilien d'Eberstein, l'un des plus grands feudataires de l'empire, une armée florissante était sortie des forêts de la belliqueuse Germanie. Elle avait traversé les Alpes près de Trente et était arrivée en Toscane. Elle comptait huit mille hommes d'armes. Ce général blanchi dans les combats amenait aussi à sa suite une foule de jeunes princes du sang royal, qui pleins de l'antique foi de leurs pères, briguaient l'honneur de faire à leurs frais cette guerre contre les infidèles. C'étaient Frédéric duc de Bavière, le comte de Salm, Henri de Nassau, Joachim électeur de Brandebourg, Frédéric comte Palatin. Ces robustes guerriers revêtus de brillantes armures et de riches cottes d'armes où l'or se mêlait à la pourpre parurent avec le plus grand éclat dans cette expédition. Ils se distinguèrent autant par leur bravoure que par leur bonne discipline qui est encore l'apanage de cette nation. Ces huit mille hommes s'embarquèrent à Naples ainsi que sept cents Italiens sur trente-huit bâtiments de charge.

Parmi les capitaines de distinction venus des provinces belgiques, on remarquait Charles de Lannoy, fils de Philippe prince de Sulmone, Jean de Hennin premier comte de Boussu, grand-écuyer de l'empereur, Louis de Flandre seigneur de Praet, le baron de Draeck, Amurat d'Egmond, prince de Gavre; le comte Charles de Lalain et le comte de Buren qui se distingua plus tard dans la guerre que Charles-Quint eut à soutenir contre la France; enfin le Brugeois Guillaume Van Mâle maître d'hôtel qui a écrit aussi sur l'expédition de Tunis, l'écuyer Van den Es et le poëte Jean Second, l'un des familiers de Charles-Quint. Ce prince l'avait emmené avec lui dans cette expédition soit à cause de sa vivacité d'esprit, soit qu'il eût désiré d'avoir pour témoin de ses exploits un Homère capable de les chanter. Nous trouvons en effet dans les œuvres de l'émule de Catule enlevé aux muses à l'âge de 24 ans le fragment d'un poëme dont le sujet était la guerre de Tunis. (1)

(1) Tel est le début de ce poëme :

> Rursus bella parat Cæsar, patientia rursus
> Mansueti juvenis longo devicta dolore est,
> Et violata gravem pietas erumpit in iram.
> Fervere jam video densis maria omnia ramis
> Tellureaque armis, cœlum splendescere flammâ.
> Quid tantum fortuna paras ? cui fata minantur
> Tam dirum excidium ? quantove enixore redemptam
> Æternam furiis pacem conceditis orbi ?

Quant au comte de Buren, voici ce que nous apprend l'histoire.
Au bruit de l'irruption du roi de France sur les terres de Flandres, Maire, gouvernante des Pays-Bas, travailla à mettre sur pied une armée qu'elle pût lui opposer ; et ayant ramassé vingt-cinq mille hommes, elle les envoya sous les ordres du comte d'Egmond, avec le comte de Buren,

Del Guast leur avait fait un accueil bienveillant. Après leur avoir distribué des armes venues de Milan, il les avait exhortés à supporter avec patience l'ennui et les incommodités de la traversée, leur montrant pour récompense de leurs travaux la victoire qui les attendait sur le rivage africain. « Vous allez combattre, leur
» avait-il dit, pour un Dieu et pour un monarque qui jamais n'ont
» cessé d'être le soutien de la piété et de la valeur. »

Antoine Doria qui pour l'intrépidité et les connaissances nautiques ne le cédait qu'au seul André Doria son oncle, avait le commandement des vingt-deux galères éperonnées qui formaient l'escorte de ces navires.

Peu de temps après l'escadre mit à la voile à Porto-Venero, petite ville d'Italie sur la côte orientale de Gênes. L'escorte longea

Brederode, Croy et d'autres généraux. Le comte de Rœulx était allé avec douze cents chevaux reconnaître soigneusement les fortifications de Saint-Pol, et comme il se persuada qu'il n'était point difficile de reprendre cette place, le comte de Buren et lui y marchèrent avec un corps de troupes et l'artillerie nécessaire. Arrivés à la vue de la place, ils envoyèrent un trompette sommer le gouverneur de la rendre à l'empereur, à qui elle appartenait ; mais les Français répondirent qu'ils verraient ce qu'ils auraient à faire après que les impériaux auraient pris Péronne, qu'ils assiégeaient. Les Belges choqués de cette réponse qu'ils regardaient comme une insulte, canonnèrent fortement la muraille et y firent une grande brèche par laquelle ils voulurent entrer. Au même instant les Français accoururent et firent une vigoureuse résistance ; mais pendant qu'on se battait avec acharnement de part et d'autre, cinq régiments flamands attaquèrent la ville de l'autre côté, y entrèrent et prirent les Français par derrière. Ceux qui donnaient l'assaut ne surent pas plutôt leurs camarades dans la ville, qu'ils redoublèrent leurs efforts et y entrèrent aussi avec tant de fureur qu'ils firent main basse non-seulement sur les soldats et les officiers, mais encore sur les habitants sans épargner ni femmes ni enfants, de sorte qu'il périt dans cette occasion quatre mille cinq cents Français.

Le comte de Buren rasa le château avec ses fortifications et livra la ville aux flammes. Ensuite il fit la revue de ses troupes et ayant trouvé qu'elles montaient à quinze mille Allemands, huit mille Wallons et huit mille chevaux, il marcha avec elles vers Montreuil, dont il s'empara par capitulation.

De là le comte de Buren se présenta devant Terrouanne. Il en avait déjà ruiné toutes les murailles et était sur le point de la réduire, quand une trêve de trois mois fut signée.

la côte, tandis que les bâtiments de transport voguaient en haute mer sous sa vue.

A son arrivée à Civita-Vecchia, Del Guast trouva le St.-Père venu de Rome au port de cette ville pour appeler sur la flotte impériale la bénédiction du Dieu tutélaire de la chrétienté, et lui demander la victoire sur les ennemis de son saint nom. On vit donc ce vénérable pontife, la mitre en tête, vêtu de l'éphod solennel, suivi du clergé qui entonnait des hymnes, bénir du haut d'un autel dressé sur le bord de la mer les bâtiments et leur escorte, qui par un rare bonheur étaient arrivés en même temps dans la plage de Civita-Vecchia. Mais ce fut dans l'église métropolitaine que Del Guast reçut des mains de l'évêque Virginius d'Ursin, selon un antique usage, le sceptre de la religion chrétienne et son étendard où étaient peintes la tiare et les clefs.

Le lendemain un vent favorable permit à l'escadre de continuer sa route vers Naples. Pierre de Tolède, vice-roi de ce royaume et autres princes avaient équipé à leurs frais chacun une galère. C'étaient les deux frères Sanseverin, l'un comte de Salerne, l'autre de Besignano. Puis Spinellus, Carafa et le marquis d'Alarçon, officier espagnol du plus grand mérite alors commandant la citadelle de Naples. Sa verte vieillesse conservait encore toute la force de l'âge mûr. Ses prouesses lui avaient assigné le premier rang parmi les guerriers; et sa naissance, le premier dans la noblesse comme descendant de l'antique maison d'Escalante. Le vice-roi avait fait équiper sept autres galères aux frais du trésor public. Ces dernières étaient emplies de criminels condamnés au bagne. Ils devaient faire l'office de voglie.

La Sicile fournit à l'expédition cinq mille soldats divisés en douze compagnies. Elles avaient pour capitaines Lerçano, Hermosilla, Charles d'Espers, Herman de Vargas, Alonzo Carrille,

Alvarès de Gradoy, Saabedra et Louis Pisano. Ces troupes s'embarquèrent à Messine.

Pendant que les préparatifs de cette grande expédition absorbaient tous les soins et occupaient tous les esprits, les chefs eurent souvent à sévir contre les mutins. On rapporte que quatre d'entre eux ayant été pris, le maître de camp Rodrigo Ripalta en condamna deux au gibet, les deux autres aux galères. Ils avaient dû tirer aux dés pour savoir qui devaient mourir. La potence avait été le lot des perdants, les galères, celui des gagnants ; gain égal sous le rapport de l'infamie attachée à l'une et l'autre de ces peines, et surtout si l'on considère tous les maux que les galériens avaient alors à endurer. Del Guast se vit aussi obligé pour maintenir la discipline au sein de l'armée navale de frapper de mort des soldats qui par dégoût du mal de mer et par crainte d'une longue traversée, s'étaient permis d'atténuer, dans de coupables intentions, les espérances qu'on avait conçues de la victoire, critiquant la médiocrité de la solde, et jetant ainsi la perturbation dans les esprits, au point que déjà plusieurs soldats avaient déserté les drapeaux. Le supplice n'atteignit que les principaux instigateurs de la sédition. Ce chef habile n'ignorait pas qu'il n'y a plus de discipline possible lorsque le coupable échappe au châtiment, et que la clémence elle-même est une vertu funeste quand elle fait disparaître la crainte. Enfermés dans des sacs, ils furent précipités au fond de la mer sous les yeux de toute la flotte. Parmi ces misérables se trouvaient Michel de Tarragone et Molina qui avaient déjà commencé la révolte dans la ville de Caneto.

Après avoir effectué l'embarquement des approvisionnements de toutes espèces et des soldats (c'étaient pour la plupart des vétérans espagnols rompus aux fatigues qui s'étaient trouvés avec Doria à la glorieuse expédition de Coron en Morée). Del Guast mit le cap en mer. La jeunesse de la Romandiole avait équipé pour le suivre tout ce qu'elle avait pu trouver de navires. On eut dit qu'il ne restait plus un seul homme dans la ville de Naples. Il faut savoir que cet habile chef, dont la douceur et l'affabilité faisaient le fond de son caractère, avait engagé à le suivre en Afrique, les fils encore novices des plus opulentes familles et les vieux capitaines napolitains qu'il avait connus autrefois sur les champs de bataille, en leur faisant voir combien il serait glorieux pour les uns d'inaugurer, pour les autres de couronner leur carrière militaire par une mémorable campagne. Parmi ces jeunes guerriers on distinguait Frédéric, fils du vice-roi, qui ne respirait que la gloire des armes.

Dans le temps que cette escadre touchait au port de Palerme, Doria qui avait suivi une autre direction, arrivait dans le mouillage de Barcelone (1ᵉʳ mai) avec seize galères qui étaient sa propriété, commandées par les plus habiles marins; la Réale ou capitanesse et trois brigantins. Les pavillons et les dais des châteaux de poupe étaient de taffetas de couleur et noir. Les brigantins sont des vaisseaux de guerre dont la forme et la construction sont telles, qu'ils peuvent supporter facilement le choc de la tempête et les bordées de l'artillerie. Un peu moindres que les vaisseaux de charge et surtout plus bas, ils sont munis tout à la fois de rames et de bonnes voiles, ce qui leur permet de doubler les promontoires et de s'avancer, à la sortie d'un port, en haute mer pour y prendre le vent. Ce sont ces vaisseaux que montent les pirates, parce qu'ils portent un grand nombre de pièces de canon, avec lesquelles on peut submerger et détruire plusieurs galères dans un combat naval. Avantage qu'ils joignent à celui de l'emporter en vitesse, par un bon vent, sur tous les autres bâtiments.

Charles à qui on avait signalé l'approche de l'escadre de Doria, s'était rendu pour la voir arriver au grand hippodrome de Barcelone. Doria, son bâton d'amiral à la main, vint saluer l'Empereur qui le reçut avec de grandes démonstrations d'amitié. Il trouva dans la plage de Barcelone l'escadre que l'infant don Louis de Portugal avait reconduite à l'Empereur son beau-frère. C'étaient vingt caravelles habituées à naviguer dans la mer des Indes, un galion regardé comme inexpugnable à cause de sa hauteur étonnante et de la quantité considérable de pièces d'artillerie dont il était muni, et six autres vaisseaux chargés d'armes, de vivres, de toute espèce de machines et munitions de guerre.

Cette escadre avait à bord deux mille soldats et la fleur de la chevalerie portugaise, car le roi don Juan avait voulu aider l'Empereur dans cette entreprise d'une manière digne d'un prince catholique et d'un grand guerrier tel qu'il était. Il avait donc envoyé avec son fils les seigneurs les plus distingués et les soldats les plus vaillants. On sait que le Portugal, nation belliqueuse, s'est toujours distingué par la valeur de ses guerriers. Ceux qu'il envoya à cette guerre digne de mémoire surent maintenir avec éclat leur belle réputation nationale (1). Cette escadre étalait les gaillardelettes et les bannières les plus riches. Au-dessus de toutes planait l'étendard du Portugal avec les armes de ce royaume. Ces armes sont cinq petits écus, *las quinas reales*. Don Henri, comte de Portugal, les avait laissées à ses successeurs en mémoire, dit-on, des cinq rois maures qu'il vainquit et à qui il enleva leurs écus ou bannières.

Les principaux chevaliers que ce royaume envoyait prendre part à la guerre étaient : Don Juan de Castro, depuis vice-roi de l'Inde du Portugal où il se distingua d'une manière brillante à la mémo-

---

(1) Y valientes soldados, quales entre aquella belicosa gente siempre se criaron, que como tales se hizieron en esta jornada hechos de memoria.
SANDOVAL. II. p. 212.

rable bataille de Dio (1). Puis venaient Alonzo de Portugal, fils héréditaire du comte de Vinoso, Don Alonzo de Vasconcellos, fils du comte de Penela, Louis Alvarès de Tavora, seigneur de Magadoura et Ruy Lorenzo de Tavora, son frère, qui fut depuis vice-roi de l'Inde du Portugal; un fils du comte d'Abrantès, Don Pedro Mascarenas, Don Diégo de Castro, grand alcayde de la cité d'Evora, Fernand de Norona, François de Faro, François de Pereira, Don Alonzo de Castelbranco, grand juge de Portugal, Pero Lopes de Soza fameux capitaine de marine, et autres illustres chevaliers en très-grand nombre.

Peu de temps après arrivèrent les galères, escorchapins, galions, caravelles et grands navires, au nombre de vingt-deux, construits et équipés au port de Malaga, dans le beau royaume de Grenade renommé par ses soies les meilleures de toute l'Europe. Cette flottille ainsi que trente-huit autres galères chargées d'artillerie et sorties de l'arsenal de Barcelone étaient sous le commandement de don Alvar Bazan, général des galères d'Espagne, que de glorieuses expéditions ont rendu fameux (2). Elle avait de plus des navires

(1) Dio ou Diu, ville du royaume de Guzurate en Asie, près de Goa, alors assiégée par Soliman et Barberousse. C'était en 1538.

(2) Deux ans auparavant, don Alvar Bazan avait passé en Afrique avec seize galères pour combattre les corsaires qui infestaient les côtes d'Espagne. Arrivé près de Trémécen, il avait débarqué ses troupes et emporté une place appelée One, où il avait tué 600 maures et fait mille captifs. Après ce succès il avait remis en mer. Ayant bientôt rencontré onze petites galères commandées par Xaban-Arraez, il les attaqua, les battit et les prit pour la plupart. D'autres petits pirates furent traités de même, leur enlevant leurs galères sur lesquelles il délivra un grand nombre de chrétiens qui étaient à la rame, de sorte qu'il était rentré tout couvert de gloire dans les ports d'Espagne.

En 1544, une flotte de 30 vaisseaux français ayant capturé deux vaisseaux biscayens qui portaient de la laine en Flandre; don Alvar Bazan cingla vers la côte de Galice avec vingt-quatre vaisseaux. Le 25 juillet il trouva la flotte française devant la ville de Muros qu'elle se disposait à piller. Il l'attaqua aussitôt, et après un combat acharné qui dura deux heures, la flotte française fut entièrement défaite, avec perte de la plupart de ses vaisseaux.

hippagoges qui devaient recevoir quinze cents chevaux ainsi que les provisions de paille et de foin. Le marquis de Mondéjar, dont un grand nombre d'exploits glorieux avaient signalé la vaillance, commandait l'infanterie espagnole composée de vétérans distingués par cent batailles auxquelles ils avaient assisté. On remarquait parmi les principaux capitaines que Charles avait nommés, don Juan de Mendoça, don Diego de Castille, Philippe Manrique de Lara, Rodrigo de Mendoça, don Alonzo de Villaroel, don Alonzo de Quesada, Martin Alonzo de Los Rios, Pierre Narbaez, André d'Avalos, Louis Perez de Vargas, Cazerés, Jean de Avellain, Varaez Vosmediano, Mosquera, Juan de Alamos, Maldonado, Christoval de Belmar, Pierre de Videa, Rodrigo, Villegas de Figueroa, Martin Alonzo de Sambrana, Francisco de la Chica, Hayajossa, Lopez de Xexa, Negrillo et Alonzo Maldonado.

Le capitaine Bocanegra tenait sa compagnie toute prête à s'embarquer dans l'île Majorque, Juan Perez avait la sienne à Ibise, celle de Jean se trouvait dans l'autre Baléare où la flotte devait les prendre à bord.

Tels étaient les grands noms, tels étaient les illustres guerriers dont l'Espagne la catholique avait fait choix pour commander ses enfants dans la sainte et glorieuse entreprise. Parmi les nobles aventuriers brillaient Don Pedro Lasso de la Vega, seigneur de Batres, Juan de la Vega, seigneur de Grajal, Juan de la Vega, fils du grand commandeur de Léon, qui se signala par sa valeur à la bataille des Oliviers, Don Joseph De Guevara, seigneur de Trisène et d'Escalante, Guzman (1) chevalier de Tolède et excellent

---

(1) Son vrai nom était Garcilas de la Vega y Guzman. Il périt l'année suivante à l'attaque de la tour de Muley, près de Marseille. Blessé par une grosse pierre que lui jetèrent quelques paysans qui étaient dans cette tour on le porta aussitôt à Nice où il mourut peu de temps après. L'Empereur

poëte, Antoine de Guevara, évêque de Cadix, chroniqueur de Charles-Quint, Don Pedro Osorio, marquis d'Astorga, le marquis de Montesclaros, Don Diégo Lopez, comte de Nieva, Don Juan de Hérédia, comte de Fuentes, Don Pedro de Guzman, comte d'Olivarès, qui après s'être montré excellent chevalier dans sa jeunesse, fut l'un des meilleurs serviteurs de l'Empereur, Louis d'Avila, camerier de Charles et une foule d'autres seigneurs fils de princes et de noble descendance.

Il était encore arrivé à Barcelone par le détroit de Cadix, venant de l'Océan Belgique, plus de soixante bâtiments de charge appelés ourques ou baleiniers, auxquels commandaient Mikiel de Brouwer, Pieter Van Hoeck, Karle Vandyck, le gantois Walkein et Mecker amiral du littoral flamand. Ils devaient prendre à bord les approvisionnements et les troupes préparées çà et là dans les divers ports de la Méditerranée. Ils amenaient un grand nombre de bélitres condamnés à mort, ramassés dans les villes de Belgique et qu'un décret impérial avait amnistiés. Ces hommes devaient suppléer les rameurs dans les galères; car on prévoyait bien qu'il y aurait disette de pareilles gens qui succombent ordinairement dans ce rude métier.

Charles avait levé sur les rives fortunées et toujours verdoyantes du Tage, de l'Ebre et du Minho huit mille hommes d'infanterie, douze cents hommes de grosse cavalerie et huit cents hommes de chevau-légers. On nommait ainsi ces derniers parce que, à l'instar des Maures, ils ne portaient, outre le casque, qu'une cuirasse formée de lamelles de fer superposées en forme d'écailles, un léger bouclier ou rondache, d'un cuir très-dur, la

en fut si fort irrité que quand la tour eut été prise, il ordonna pour venger sa mort, de pendre tous les paysans qu'on y trouva sans faire grâce à aucun.

lance et le sabre. Ils avaient pour montures les plus beaux genêts de la belle Andalousie si renommée par ses coursiers. Ces troupes étaient placées sous le commandement de Mendoça fils de Tindilius.

Toute l'Espagne s'était empressée de s'enrôler pour cette expédition qui partait de la piété même : nobles, citadins, soldats et campagnards. On y était accouru en si grand nombre et de si bonne volonté, qu'on eut dit qu'on la regardait comme un pélérinage de dévotion, ou comme une sainte croisade, et qu'en y prenant part, on irait droit au ciel (1). La noblesse surtout se distingua par son zèle. Couverte d'une pesante armure damasquinée, elle avait entraîné sur ses pas bon nombre de vassaux et d'aventuriers de fortune. Parmi les plus illustres seigneurs on remarquait Ferdinand de Tolède, duc d'Albe, jeune homme qui donnait les plus brillantes espérances et dont le nom jouissait d'une immense autorité. Deux motifs puissants l'avaient incité à voler à cette guerre : le vif intérêt qu'il portait à la religion et le vœu qu'il avait fait au pied des autels, comme un autre Annibal, de venger la mort de son père Gazzias massacré par les Africains près des Gelves dans l'île de Meninghe. A peine sorti de l'enfance, son air, ses discours et ses exploits dans les tournois lui présageaient déjà les plus hautes destinées militaires. Son âme impétueuse appelait les combats et s'indignait contre la saison des vents qui retenait la flotte dans les ports. Ses brillantes qualités, ses victoires l'ont fait passer à l'immortalité. Il est fâcheux que ses rigueurs aux Pays-Bas et son orgueil lui élevant au déclin de ses ans une statue sur les ruines de notre belle patrie aient terni l'éclat d'une si belle gloire !

Le 20 mai, Charles passa l'inspection solennelle de toutes ses

(1) Teniendo por santa esta empressa, y que se ganava en ella el cielo.
SANDOVAL. II. page 214.

troupes à Barcelone dans La plaine du Lac. Il y parut armé de toutes pièces et d'une massue de fer doré suspendue à l'arçon de son destrier. Vingt deux pages portaient devant lui les armes dont il se proposait de faire usage en Afrique. C'étaient le heaume, le casque, la lance de guerre, la gineta (espèce de pique) la rondache, l'arc, l'arbalète, l'arquebuse, l'escopette, la pertuisane et l'épée.

La surveille de son embarquement il alla de sa personne au monastère de Notre-Dame de Montserrat, de l'ordre de St.-Benoît, à sept lieues de Barcelone, prier devant l'image de la Signora pour laquelle il eut toujours une dévotion des plus fervente. Il fit de grands présents aux cénobites, car l'âme humaine quand elle éprouve des désirs ardents est naturellement portée à la libéralité. Elle fait le bien, elle sème les faveurs et les grâces dans l'espoir de mériter un regard favorable de la providence. Charles s'y confessa et communia, puis ces devoirs de religion accomplis, il s'en était retourné à son palais de Barcelone. Quand il vit que tout était prêt à mettre à la voile, il ordonna une procession générale. Elle sortit de l'église métropolitaine et parcourut toute la cité. Charles nu tête, y tint le baldaquin ainsi que l'infant de Portugal, le duc d'Albe et le duc de Calabre.

Le dimanche pénultième du mois de mai, (1) jour de de Saint-Philippe pape et martyr, à l'aurore naissante, les trompes sonnèrent le réveil dans tous les quartiers de la belle et opulente Barcelone. Un mouvement extraordinaire y agita bientôt l'immense

---

(1) Nous embarquons et partons à cest instant, écrivait Charles-Quint à son ambassadeur à Paris, pour à l'ayde de Dieu faire nostre voyage, et selon que vous avons escript, vous pourrez faire tenir vos lectres en les addressans par la voie de Gennes, et advertires ledit sieur roy et la royne, madame nostre sœur, de nostre embarquement, à tant etc escript à Barcelone, le pénultième de mai XV° XXXV.
DOCUMENTS INÉDITS SUR L'HIST. DE FRANCE, Paris, 1841, vol. II, p. 561.

population et la masse de peuple accouru de tous les points de
l'Europe pour faire partie de l'expédition, ou seulement pour
assister à l'imposante cérémonie du départ de la flotte chrétienne.
Des princes du sang, des vice-rois, tout un monde enfin de noblesse s'y était donné rendez-vous. En un clin d'œil les rues s'em-
plirent gaies, bruyantes, émaillées des costumes les plus riches et
les plus variés. Les balcons se tendirent de tapis aux armes du
royaume ou des seigneurs qui habitaient ces édifices. Bientôt on
vit une telle foule de gens accourir au port, de toute condition et
de tout grade, officiers, valets, gentilshommes, moines et laïcs, et
une si grande quantité de barques s'agiter sur les eaux pour les
recueillir, que dans cette presse, il fut impossible de s'entendre
sur le rivage. Et cependant toute l'armée était déjà embarquée
depuis plusieurs jours. Tout ce monde était la caste privilégiée. Il
avait été résolu au conseil de guerre qu'on ne recevrait à bord ni
femmes, ni garçonnets, ni autres gens inutiles à la guerre, et malgré les mesures qui furent prises pour les en empêcher, il se
glissa dans les vaisseaux plus de quatre mille personnes, femmes,
marchands et religieux poussés par l'influence de ces diverses passions, dit Sandoval : l'appât du lucre, la malice et la curiosité.

L'empereur avait assisté le matin au service divin dans l'église
de Notre-Dame de la mer. Vers dix heures il quitta la magnifique
huerta de l'évêché et alla livrer à l'inconstance des flots la fortune
de l'empire. Il monta sur la Réale avec le prince infant de Portugal et une grande suite de princes, marquis, comtes, barons,
seigneurs et gentilshommes de sa cour. Il avait été reçu aux sons
harmonieux des hautbois, des clairons, des buccins, au bruit des
atambors et de l'artillerie tant de l'armée navale que du Mont-
Joui et du port. A entendre les échos qui frappaient les montagnes

et les vallons, on eût dit de l'univers brisé par la foudre qui s'abîmait dans le néant !

La Réale ou vaisseau-amiral que Doria avait disposée pour recevoir l'empereur, était une nef admirable, d'une étendue immense de la plus belle et de la plus savante construction qu'il fût possible de voir. C'était une quadrirème munie de vingt-six bancs de rameurs et de quatre voglies par banc. Un luxe étonnant avait présidé à son ornement et à son décor. Elle était toute resplendissante d'or en dedans, et à l'extérieur sculptée en arabesques gracieuses sur ses flancs. Le devant comprenait trois étages tapissés de drap d'argent et de drap d'or. Le parquet était tendu de soie et de velours de couleurs vives et éclatantes. L'arrière orné de ciselures et de belles peintures était surmonté d'un vaste dais de pourpre frangé d'or, relevé à l'orientale par des crépines et de grosses torsades d'or. Elle était pavoisée de vingt-quatre bannières de soie de Damas jaune et toute couverte de drapeaux aux armes impériales : le double aigle noir. Au milieu de la proue flottaient trois étendards de taffetas cramoisi d'une très-grande dimension. Dans le plus grand brillait un crucifix brodé en or avec St.-Jean et Marie à ses côtés, dans l'autre était la Vierge tenant dans ses bras son divin fils. Le troisième représentait St.-Hermès. On voyait aussi flotter sur la Réale le grand étendard de Bourgogne en damas blanc avec la croix de St.-André. Au milieu de cet étendard était écrite cette inscription latine tirée des psaumes : *Arcum conteret et confringet arma et scuta comburet igni. Il rompra ton arc, brisera les armes et brûlera ton bouclier.* Il y avait deux autres étendards de même couleur et de même grandeur avec les colonnes d'Hercule et ces mots : *Plus ultra.* C'était la devise de Charles. D'autres bannières flottaient aux vergues. L'une d'elles représentait une épée, un bouclier, et un casque avec cette inscription au bas : *Apprehende arma et scutum et exurge in adjutorium mihi. Prends les armes et ton bouclier et viens à mon secours.* On voyait sur une autre bannière de la hune un ange de grande dimension avec ces paroles d'un choix exquis et dont l'événement justifia si bien l'application : *Misit Dominus angelum suum qui custodiat te in omnibus viis tuis. Le Seigneur enverra son ange pour te garder dans la route.* Sur les trois petits mâts ondoyaient trois grandes gaillardelettes ou banderolles de Damas parsemées d'étoiles d'or et de flammes de feu avec ces mots : *Notas fac mihi, Domine, vias tuas. Seigneur fais moi connaître tes voies.* Les deux autres banderolles où étaient rep.-sentés des fusils avec des étincelles portaient cette inscription : *Ignis ante ipsum præcedet. La foudre le devancera.*

La chiourme de la Réale ainsi que la garde prétorienne qui la montait étaient vêtues de tuniques de soie de diverses couleurs et leur armure, des plus brillante et des plus riche.

La rade présentait à l'œil un aspect aussi imposant que magnifique. Plus de cent-cinquante vaisseaux rangés en hémicycle se balançaient avec fierté sur la mer peinte du plus bel azur. La mâture, le gréement et les flèches pavoisés d'oriflammes et de banderolles déployaient dans les airs un luxe extraordinaire de pavillons de couleurs et de nations différentes. Un brillant soleil détachait de l'azur du ciel et de la plaine liquide l'immense forêt de voiles jaunes et frappait de ses feux les balustrades en cuivre des galères, les dorures des navires et les étincelantes armures des soldats. A terre un peuple innombrable, l'élite de la population de tous les royaumes sur lesquels Charles, ce prince adoré, étendait ses sceptres avec tant de gloire, venu à Barcelone pour saluer son départ, s'agitait sur la grève, aux fenêtres et aux balcons des palais de Barcelone qui prenaient vue sur la rade. En ce moment solennel un spectacle imposant frappa tous les regards. La foule compacte et ondulante comme la vague fugitive, se mouvait sur la grève attendant le signal du départ. Déjà les adieux, les tendres accents de la séparation avaient cessé de retentir le long du rivage. Tout-à-coup le subtile salpêtre s'est enflammé, l'airain tonne et la flotte s'élance aux cris de *Imperio! Imperio!* La foule salue son départ par les plus vives acclamations. Puis se prosternant tout-à-coup, comme un seul homme, sur l'arène, les mains tendues au ciel, elle reste quelque temps immobile et absorbée dans un religieux et sublime silence (1). C'était la piété filiale qui appelait par ses prières et par ses vœux la protection du Très-Haut sur le noble défenseur de la foi que la chiourme de la Réale emportait majestueusement à l'horizon !

(1) Salió toda la ciudad verlo embarcar rogando a Dios le diesse victoria.
SANDOVAL, II pag. 216.

C'est donc à tort que l'auteur des fastes militaires belges a écrit vol. III, page 353, que Charles-Quint s'embarqua en Italie, non pas le 16 Juillet, comme dit Robertson, mais dans les premiers jours de Juin. Il y a dans ce passage deux graves erreurs, une de lieu et une de date.

L'expédition gagne la haute-mer. Ile Majorque, Alcovia, île Minorque, port Mahon, îles St.-Pierre, Cagliari, Charles aborde à Farina, ancienne Utique, où il reste en panne pour rallier toute sa flotte. L'armée expéditionnaire débarque dans le canal de la Goulette non loin de l'ancienne Carthage. Son camp établi dans le même lieu où se dressa la tente de Saint-Louis. Vraie situation de Byrsa et de Carthage. Erreur des géographes à ce sujet. Le marquis Del Guast commande les troupes de terre. Vigoureuses sorties des Turcs et des Janissaires de la Goulette. Arrivée au camp d'une troupe d'Albanais. Arrivée au camp d'un envoyé de Muley-Assan. Charles envoie douze galères vers les montagnes pour prendre à bord ce prince. Arrivée de Muley-Assan au camp des Chrétiens. On lui fait un gracieux accueil. Combat avec les troupes de Barberousse au Champ des Oliviers. Charles-Quint avec 8,000 hommes seulement met ses trente mille hommes en déroute. Beaux-faits d'armes des Chrétiens. Jean de Boussu, gentilhomme wallon et favori de Charles-Quint, y fait des prodiges de valeur et est blessé au combat de la Goulette. Combat de Mesquita gagné par Charles-Quint en personne. Un serviteur de Barberousse propose à l'Empereur d'ôter la vie à son maître. Charles repousse cette horrible proposition. Tempête affreuse sur mer et sur terre. Assaut et prise de la Goulette. Belles paroles de Charles-Quint sur les ruines de la Goulette. L'armée chrétienne s'apprête à marcher sur Tunis. Barberousse propose le massacre de tous les esclaves qui se trouvaient à l'alcaçaba de Tunis. Ses officiers désapprouvent ses cruels projets. Marche pénible des colonnes chrétiennes à travers les syrtes brûlantes. Disette d'eau. Chaleur accablante. Grande bataille des Chrétiens avec les troupes de Barberousse au nombre de 120,000 combattants. Il est mis en déroute complète. Charles marche sur Tunis. Les esclaves lui en ouvrent les portes. Sac de cette ville. Muley-Assan remonte sur le trône. Il se reconnaît vassal de Charles-Quint. Traité intervenu entre les deux prin-

4

ces. Charles-Quint met en liberté 20,000 captifs chrétiens. Son départ de Tunis. Il institue l'ordre de Barbarie. Retour de Charles-Quint en Europe. Port de Zafran. Charles visite Trapano, Tinchi, Montréal, Palerme, Messine et Naples. Partout il est reçu en triomphe par ses sujets.

Le calme retint la flotte à quatre milles du rivage jusqu'au lendemain vers huit heures que le vent commençant à fraîchir, au renouvellement de la lune, les voiles déployées se gonflèrent et elle s'élargit en pleine mer.

Le 3 juin elle arriva à l'île de Majorque, l'une des anciennes Baléares, où elle aborda. Le vice-roi de ce royaume averti du passage de l'Empereur avait mis guet sur les montagnes pour signaler son arrivée. Il vint sur un brigantin offrir à la Réale toute sorte de rafraîchissements et, à sa prière, Charles daigna prendre terre au port d'Alcovia. Une grande partie des insulaires, si renommés autrefois pour leur adresse à manier la fronde, était accourue pour voir l'Empereur et sa flotte. Il fut salué avec de grandes démonstrations de joie. Le clergé s'était porté à sa rencontre processionnellement, avec de grandes bannières, les confanons et les croix des églises.

La flotte passa alors sous l'île Minorque. Le 5 elle aborda au port Mahon. Charles ne descendit à terre que pour ouïr la messe et se rembarqua presque aussitôt après. Le 9 le vent étant d'une violence extrême, la tempête éclata. Il fit jeter l'ancre et eut beaucoup de peine à prendre terre aux îles St.-Pierre, à vingt milles du royaume de Sardaigne. Le lendemain la flotte arriva au port de Cagliari, capitale de ce royaume.

Dans ces eaux l'attendaient à l'ancre une partie de sa flotte qui l'avait devancé ainsi que l'escadre que le marquis Del Guast avait amenée de Gênes et que montaient les Allemands et les Italiens. Il y avait aussi les vaisseaux équipés à Naples et en Sicile, en outre six galères et plus de trente vaisseaux à rames tels que galiotes, fustes et brigantins sous le commandement d'André Doria, grand amiral de toute la flotte; enfin l'escadre de la Religion de Rhodes, cet éternel ennemi des Infidèles. Elle se composait de six galères des plus grandes et des mieux pourvues, de dix-huit brigantins bien armés et de la grande Caraque, plus redoutable à elle seule qu'une flotte entière par la valeur des nombreux chevaliers qu'elle portait dans ses flancs. Chacun d'eux menait à sa suite deux braves soldats au lieu de domestiques. Ce vaisseau était d'une grandeur si extraordinaire que la cime du grand mât des plus grandes galères n'approchait point de la hauteur de sa proue. A peine six marins pouvaient embrasser son mât. Il avait sept étages dont deux allaient sous l'eau et était armé de cent pièces de canon. C'était comme une citadelle flottante. On voyait au sommet de son château de poupe briller l'étendard du grand Maître Pierre Du Pont près de l'enseigne du Saint-Crucifix. C'était Antoine de Grolée, bailli titulaire de Loango, chevalier d'une insigne valeur et bien digne d'une aussi honorable confiance, qui commandait la grande Caraque (1).

L'escadre de la Religion était sous les ordres du commandeur Aurèle Botigella. C'était un ancien officier de marine que de brillants exploits avaient rendu redoutable aux corsaires. Il ne quittait point la mer. Aucun pirate n'osait plus s'approcher des côtes de la Sicile et de Malte qu'il ne se vit aussitôt attaqué et enlevé. Ce qui faisait dire aux corsaires qu'il avait dans sa galère un démon familier, déguisé en chien, qui l'avertissait du jour de leur départ des côtes d'Afrique et des endroits où il les pouvait rencontrer.

(1) Epist. Guill. Malinæi Flandri ad Paulum Jovium.

A toute époque la Religion de Malte avait fourni de puissants secours aux princes qui allaient en Terre-Sainte. Mais cette fois elle crut devoir signaler son zèle en épuisant ses ressources pour se montrer reconnaissante des bienfaits dont Charles-Quint l'avait comblée. Elle avait donc contribué, au-delà de toute attente, à l'armement général. Et si précédemment en Syrie et en Palestine ses chevaliers s'étaient acquis une gloire ineffaçable, on peut avancer à la louange de leur bravoure, que dans tout le cours de cette fameuse expédition, sur mer comme sur le sol africain, l'on vit briller l'étendard de St.-Jean près du Lion de Flandre et du double Aigle Impérial, partout où il y avait péril à braver et palmes à cueillir.

Le nombre de tous les vaisseaux réunis sous Cagliari s'élevait à près de six cents. Il s'y trouvait à bord plus de 30,000 hommes de troupes réglées.

Le douze juin, vers quatre heures du matin la Réale entra dans le port de Cagliari, et à onze heures Charles fit son entrée dans la ville en passant sur un riant débarcadère long de cinquante pas qu'on avait construit depuis la porte de la ville jusqu'à la galère capitane. Ce débarcadère était richement tapissé de tentures jaunes et rouges et garni de balustrades infiniment gracieuses à l'œil par leurs dessins. L'archevêque de Cagliari en habits pontificaux, à la tête de son clergé, de son chapitre et suivi des religieux des cloîtres et des monastères, tous richement revêtus, le vice-roi, les gouverneurs de l'île, le conseil et toute la bourgeoisie de la cité vinrent en offrir au souverain les clefs sur un bassin d'or. Charles confirma les priviléges locaux et en jura l'observation de la manière accoutumée.

Ce fut de cette ville que Charles, pour donner une preuve éclatante de l'affection qu'il portait à ses peuples, expédia des dépêches à l'Impératrice ainsi qu'en Italie, en Sicile, en Allemagne, en Bourgogne et aux Pays-Bas et à ses ambassadeurs près des autres puissances pour les informer de son heureuse navigation depuis Barcelone et de son arrivée en Sardaigne. Car, bien que son expédition contre Barberousse eût été connue de toute l'Europe, il avait caché à tous son intention de la commander en personne.

Pendant que la flotte était à l'ancre au mouillage de Cagliari, attendant un vent favorable pour mettre le cap en mer, on vit s'approcher une félouque montée par quelques hommes. Elle avait arboré une blanche bannière. C'étaient des captifs chrétiens échappés de Tunis. Charles les ayant admis en sa présence, ils lui apprirent que Barberousse avait mis une extrême diligence à fortifier la Goulette, dans laquelle il se trouvait précédemment une infinité de captifs qu'il avait fait transporter à la vieille Alcaçaba à Tunis; qu'après avoir envoyé à Bone et à Alger vingt-six galères chargées de trésors, il avait mis en sûreté le reste de la flotte dans le lac derrière la Goulette. Ils disaient qu'une incroyable activité régnait au royaume et sur tout le littoral barbaresque. Que partout on ne voyait que munitions, fortifications, armements et apprêts. Que Tunis avait été mis également en état de défense, mais que cette ville dominée par de hautes montagnes n'était point tenable. A ce récit, et voyant que le temps était favorable Charles résolut de partir le lendemain. On avait la certitude que Barberousse n'avait point pris la fuite. C'était une importante nouvelle. Vers deux heures après-midi une brise légère caressant les voiles, on leva l'ancre. Mais la flotte tomba presqu'aussitôt en calme. Charles passa une grande partie de la nuit en conseil avec ses généraux, donnant à tous ses ordres pour le reste de la traversée. Le mistral qui s'était levé au coucher du soleil, prenant la flotte en poupe, l'avait poussé toute la nuit vers la côte, de sorte que le lendemain

14 juin, au point du jour on découvrit la terre de Barbarie. Soldats et marins se la montraient de loin avec ces cris d'allégresse : *Africa! Africa!* tous saluaient cette terre maudite de leurs imprécations et s'apprêtaient à décharger sur ses cruels habitants tout le poids de leur vengeance et de leur colère. La flotte avait devant elle Biserte, à droite la Numidie. Les caravelles du Portugal commandées par Don Alvar Bazan voguaient à l'avant-garde, Charles à l'arrière-garde. Toute l'armée navale était dans les meilleures dispositions. Charles prit alors le devant, virant le cap vers le port Farina, le principal de cette contrée et auquel les traités de Tunis ont donné une si grande importance. Il brûlait d'atteindre la Goulette avant que Barberousse connût que Doria et lui étaient sur la flotte. Il envoya donc en avant un tiers de ses galères pour lui fermer la sortie de la baie en cas qu'il eût cherché à lui échapper.

A la veille des batailles et des grandes journées qui se préparaient, il était bien impossible que parmi tant de capitaines de distinction et de mérite, il ne régnât point quelque rivalité, et que l'orgueil si naturel de comma... ... autres n'enflât point le cœur de plusieurs d'entre eux. ... ... dont le génie exerçait une grande autorité sur ses officiers, ... aperçut. Il voulut prévenir les effets d'une funeste discorde et maintenir, sans blesser les susceptibilités toujours ombrageuses entre généraux d'égal mérite, la discipline qui fit toujours la gloire et la force de ses armées. Aussi, comme on lui demandait qui il avait choisi pour capitaine général ; ce prince se découvrant devant un crucifix d'or suspendu dans la chambre de la Réale et le levant au-dessus de la tête : *celui-là*, dit-il en espagnol à ses officiers, *dont je ne suis que le porte enseigne! aquel cuyo alferes yo soy!* paroles sublimes qui donnaient tout à la fois la mesure de ses sentiments religieux et l'exemple de la soumission. Il y a, dit-on, de la vertu dans les regards d'un grand homme. A ces mots les murmures cessèrent et de grosses larmes de dévotion roulèrent dans tous les yeux des assistants, chez qui Charles étouffait ainsi tout germe d'ambition et de jalousie.

Pendant que la flotte longeait la côte, l'artillerie d'un assez grand nombre de châteaux-forts construits sur les rochers fit plusieurs décharges à boulets, mais sans l'atteindre. De plusieurs tours rondes assises à la pointe des montagnes s'élevaient des feux et de hautes colonnes de fumée. Ces signaux apprenaient aux habitants de la contrée l'arrivée de la flotte chrétienne. Peu après, à la faveur d'un vent d'ouest que les marins espagnols appellent *callego* Charles aborda, aux doux accents des chiourmes qui allégeaient par les chants leur rude labeur, au port de Farina, ancienne Utique fameuse par la mort de Caton. Il est situé à quarante milles de Tunis, entre Biserte et les ruines de Carthage. Le soleil avait mesuré un tiers de sa carrière quand les ancres descendirent sous les eaux aux cris de : *Imperio! Imperio!*

Un grave accident faillit arriver au vaisseau amiral qui portait l'Empereur. Comme il entrait dans le port, il s'ensabla. A la vue du danger Doria prit la prompte résolution de faire passer sur le bord opposé du navire la moitié des soldats de l'équipage, ce qui se fit avec tant de célérité, qu'au coup de sifflet du commandant, la Réale se trouva tout-à-coup allégée, et, à l'aide de la manœuvre de l'autre bord, elle se dégagea du banc de sable et glissa saine et sauve dans le port, aux applaudissements de toute la flotte qui la croyait déjà perdue. Charles n'éprouva point la moindre émotion, et conservant le plus grand calme au milieu d'un grand danger, il se contenta de raconter comment un pareil danger avait menacé les jours de son père Philippe-le-Beau de glorieuse mémoire. Assailli par une tempête au milieu de l'Océan, le vaisseau qui portait ce prince avait été jeté sur un banc de sable des côtes de la Flandre et il y allait évidemment périr, quand une vague énorme soulevant heureusement le navire le dégagea de l'écueil et le conduisit, comme par miracle, droit dans un havre d'Angleterre.

Charles resta en panne dans ce port afin de rallier l'arrière-garde : celle-ci s'y étant bientôt réunie, toute la flotte mit le cap en mer. Elle doubla alors le promontoire de Carthage et arriva à Gones après avoir longé le territoire de l'ancienne Mauritanie, célèbre autrefois par cette ville puissante qui fut pendant un siècle l'émule de Rome, et alors par les délicieux ombrages de ses jardins royaux.

Pendant le trajet de Farina à la baie, un brigantin porta les ordres de l'Empereur à chacune des galères, prescrivant la place et l'ordre qu'elles devaient tenir, pour se ranger de suite en bataille en cas de nécessité. Ces ordres furent reçus avec joie et enthousiasme, car chacun *de griant cœur et avec grosse dévotion* (1) brûloit d'en venir à l'abordage avec l'ennemi. On apercevait sur la côte et aux champs de Barbarie courir çà et là, soulevant des nuages de poussière, des cavaliers armés de longues sagnies annonçant partout, à Tunis et aux nombreux douars de la contrée l'arrivée de la flotte chrétienne.

Celle-ci ayant été rangée en bataille, étendards et bannières au vent et voiles déployées, se dirigea sur le fort de la Goulette bâti sur une petite éminence, au fond de la baie. Quand elle en fut à la distance de trois milles marins environ, qui font une lieue et demie, Charles en détacha une galère et une galiote pour aller la reconnaître. Il voulait éprouver l'ennemi, voir quelle mine il ferait, s'assurer de la force de sa garnison et de quelles provisions

---

(1) Ms de la Bibl. de Tournai.

de guerre elle était pourvue. C'était derrière la Goulette, au fond du lac qui se trouve entre elle et Tunis, que Barberousse avait fait retirer la plus grande partie de sa flotte. On la distinguait très-bien couverte de bannières blanches, mais les mâts et les antennes abattus. Lorsque les galères qui portaient, l'une le marquis Del Guast, l'autre Don Juan d'Aguilar, furent arrivées à la distance d'une demi-lieue, les Turcs du fort leur envoyèrent plusieurs décharges d'artillerie. On voyait les gros boulets de fonte bondir au-dessus de l'eau. Les galères ripostèrent, mais la Réale ayant tiré un coup de canon, à ce signal de rappel, elles revinrent prendre place dans les rangs de la flotte.

Les captifs avaient indiqué un endroit propre au débarquement des troupes. On s'en assura. Ce jour là, comme l'heure était déjà très-avancée, on ne passa point plus avant ; et il fut résolu dans le conseil, que le lendemain 16 on mettrait les troupes à terre. On mouilla l'ancre vis-à-vis d'une tour assise au bord de la mer, à laquelle des fontaines voisines ont attaché le nom de tour d'*Eau douce*. C'était là que les habitants de la Goulette et du voisinage et les navires en partance venaient s'approvisionner. Elle s'élève dans la plage au nord de laquelle étaient les grandes étables d'éléphants du temps que Carthage florissait. Car le temps n'a point effacé entièrement l'île de Cothon, et l'on voit encore en cet endroit l'ancien port de Carthage, cet immense arsenal de marine et de commerce auquel les Romains vainqueurs portaient une si grande envie. (1)

(1) Voici comment Appien, auteur grec, parle des étables et du port de Carthage : « Du côté où était la citadelle, c'est-à-dire vers le couchant, la ville était close par une triple muraille, haute de trente coudées, sans les parapets et les tours qui la flanquaient tout à l'entour, par d'égales distances, éloignées l'une de l'autre de quatre-vingts toises. Chaque tour avait quatre étages, les murailles n'en avaient que deux. Elles étaient voûtées, et dans le bas il y avait des étables pour mettre trois cents éléphants, avec les

A la distance d'un demi mille de cette tour il s'en élevait une autre appelée *Tour des salines*, parce qu'il se trouvait près de là des lagunes d'eau salée que la mer y dépose et qui se changent en sel par l'ardeur du soleil.

Des galions lancèrent quelques boulets contre ces tourelles, d'où l'ennemi riposta avec de la petite artillerie. Il fut bientôt forcé de les abandonner avec tout le matériel dont elles étaient munies. De ce premier succès les troupes chrétiennes ne manquèrent point de tirer un heureux augure pour le reste de la guerre.

Les Maures qui avaient vu arriver la flotte impériale du haut des collines qui dominent Utique, et du sommet des ruines de l'ancienne citadelle de Carthage ainsi que de quelques tourelles

choses nécessaires pour leur subsistance, et des écuries au-dessus pour quatre mille chevaux, et les greniers pour leur nourriture. Il s'y trouvait aussi de quoi y loger vingt mille fantassins et quatre mille cavaliers. Enfin, tout cet appareil de guerre était renfermé dans les seules murailles. Il n'y avait qu'un endroit de la ville dont les murs fussent faibles et bas; c'était un angle négligé qui commençait à la pointe de terre et qui continuait jusqu'au port qui était du côté du couchant. Il y en avait deux qui se communiquaient l'un à l'autre, mais qui n'avaient qu'une seule entrée, large de soixante-dix pieds et fermée par des chaînes. Le premier était pour les marchands, où l'on trouvait diverses demeures pour les matelots. L'autre était le port intérieur, pour les navires de guerre, au milieu duquel on voyait une île nommée Cothon, bordée, aussi bien que le port, de grands quais où il y avait des loges séparées pour mettre à couvert deux cent vingt navires et des magasins au-dessus, où l'on gardait tout ce qui était nécessaire à l'équipement et à l'armement des vaisseaux. L'entrée de chacune de ces loges, destinées à retirer les vaisseaux, était ornée de deux colonnes de marbre, d'ouvrage ionique, de sorte que tout le port de l'île représentait des deux côtés de magnifiques galeries. Dans cette île était le palais de l'amiral; et comme il était vis-à-vis de l'entrée du port, il pouvait de là découvrir tout ce qui se passait en mer, sans que de la mer on pût rien voir de ce qui se passait dans le port. Les marchands, de même, n'avaient aucune vue sur les vaisseaux de guerre, les deux ports étant séparés par une double muraille.
Cette ville fut détruite par Scipion l'Africain sept cents ans après sa fondation par la reine Didon et ses Phéniciens. Elle est aujourd'hui connue sous le nom de Berzach qui semble une corruption de Byrsa, nom de son ancienne citadelle, et qui en phénicien signifie forteresse.

placées sur le pic des montagnes où l'on faisait le guet, annoncèrent à Barberousse qu'elle se composait d'un nombre considérable de vaisseaux de toute espèce. Cette flotte comptait en effet cinq cents voiles, savoir (1) : deux cents vaisseaux de haut bord, soixante ourques flamandes, quarante galions, cent nefs, vingt-cinq caravelles portugaises et andalouses, douze galères du pape commandées par Virgile des Ursins, comte d'Aguilar, quatre de la Religion de Malte, quinze espagnoles aux ordres de Don Alvar Bazan, dix-neuf d'André Doria, dix de Sicile sous le commandement de Bérenger de Réquésens, neuf de la république de Gênes sous les ordres d'Honorat Grimaldi, six de Naples aux ordres de Garcias de Tolède, cinq d'Antoine Doria, et deux du prince de Monaco. Dans ce nombre n'étaient pas compris les galiotes, escorchapins, taphorées (2), axabras, ni quarante-deux navires de Biscaye, à l'ancre devant la ville de Melille (3) que le roi de Fez inquiétait aux instances de Barberousse. Ce qui nous donne une idée de l'étonnante puissance de Charles-Quint. L'armée qu'elle portait dans ses flancs montait à vingt-huit mille hommes d'infanterie, allemands, belges, italiens, napolitains, espagnols et portugais. Dans ce nombre n'étaient point compris les aventuriers sans solde, les gentilshommes, chevaliers et grands personnages de diverses nations qui s'élevaient à plusieurs mille. Il y avait deux mille cavaliers dont douze cents de grosse cavalerie, c'est-à-dire armés de toutes pièces,

---

(1) Eris. Guil. Malinæi : Cæsar ipse mihi dixit non plures quàm quingentas naves fuisse. C'est donc à tort que Paul Jove en porte le nombre à 700 et Van den Es à 500.

(2) Taphorées, en espagnol Tafureas, vaisseaux hippagogues.

(3) Cette ville est située sur la mer au royaume de Fez dans la province de de Garet, à 30 lieues de Tremécen. Les Espagnols s'en étaient emparés en 1496 et y avaient construit une citadelle.

les autres, chevau-légers, ne portaient que la cuirasse, le casque, la lance et la targe, ou bien le plastron, le morion et la brillante cotte d'armes. Dans la grosse cavalerie, les uns portaient des couvertes et des têtières de fer, les autres des housses à la turque, d'autres des selles à la genète avec de riches bardes. Parmi les chevau-légers on remarquait des archers à cheval portant des livrées jaunes bandées de velours violet et armés de lances garnies de flammes de couleur éclatante. La cavalerie portugaise volontaire était fort nombreuse (1) en ajoutant à l'armée de terre toute la marine, on portait à cinquante-quatre mille hommes le nombre de toute l'armée réunie dans les eaux sous Tunis. (2)

La flotte combinée en arrivant en vue de la côte de Barbarie était couverte d'une quantité considérable de pavillons, de bannières et d'étendards. C'était ce luxe de décor et de voilure qui donnait aux Barbaresques trompés par l'apparence une idée plus terrible encore de sa formidable puissance.

Un captif échappé à la nage de la Goulette rapporta qu'Acambey, favori de Barberousse, se promenait dans les vastes et délicieux jardins de Bardo, demeure royale, ornés de fontaines aux bassins de marbre, quand il aperçut à l'horizon la flotte impériale déployée sur une ligne immense. A cette vue, les yeux éblouis, il demeure étonné et interdit. Il court aussitôt de sa personne en donner avis à son maître. Barberousse reçoit cette nouvelle sans s'émouvoir. Puis tournant ses regards vers la mer, il lui demande dans le délire de son orgueil : Que penses-tu de cette flotte, Acam-

(1) Por manera que eran mas de cinquenta y quatro mil hombres los que el Emperador tuvo sobre Tunes contando los todos.
SANDOV. II, 253.

(2) Muchos hidalgos cavalleros portugueses que compraron cavallos y servieron a su costa en esta guerra.
SANDOV. II, 255.

boy? — Seigneur, dit-il, préparons-nous, il est temps. — Barberousse lui demanda encore : Crois-tu qu'il ne se trouvera pas un homme pour l'anéantir? — Je crois que non, répondit Acambey, à moins que nous puissions nous défendre mieux que ceux-là pourront combattre. Barberousse reprit d'un air moqueur : O mauvaise tête! tu seras donc chrétien toute ta vie? (1) Je te promets, moi, que la flotte que tu dis si formidable et que tu vois là-bas glisser fière et menaçante sur la plaine azurée ne s'en retournera pas; et plus tu me vantes sa richesse et sa puissance, plus je me flatte d'y trouver un riche butin. Mais une chose qui ne tarda point à déconcerter Barberousse, ce fut d'apprendre qu'elle portait l'Empereur. Voilà ce que rapportaient des esclaves mahométans, qui ayant brisé leurs chaînes s'étaient échappés d'une galère ennemie la nuit précédente et avaient eu le bonheur de gagner à la nage le rivage prochain où ils s'étaient cachés dans les broussailles.

En apprenant que Barberousse était à Tunis, quelques généraux émirent l'avis de marcher droit sur cette ville disant que la tête étant gagnée, les membres l'étaient aussi (2). Mais Charles qui n'avait encore aucune notion de la contrée s'y opposa formellement.

Les habitants de Barbarie sont un mélange de familles arabes, de Maures nés en Afrique même ou chassés de l'Espagne et de races nègres des provinces méridionales. Sectateurs fanatiques de la Religion de Mahomet ils nourrissent contre les Chrétiens une haine implacable.

Barberousse, perçant le voile qui couvrait l'armement considé-

(1) C'était un rénégat sarde.
(2) Diziendolo que ganada la cabeça eran ganados los miembros.
SAND. II, page 236.

rable qui se faisait en Europe, en avait facilement deviné le but. Il s'était donc préparé avec autant de prudence que de vigueur à bien défendre sa nouvelle conquête. Rien n'avait été négligé par ce chef habile pour repousser l'invasion. Hommes, chevaux, munitions et vivres; tout était en abondance. Ses arsenaux, ses magasins et ses trésors avaient été ouverts à quiconque avait voulu y puiser, et l'on dit qu'avant l'arrivée de la flotte expéditionnaire, il avait déjà distribué deux cent mille ducats à ses troupes.

Après avoir rappelé ses corsaires de tous les lieux où ils croisaient, il fit venir des Gelves, d'Alger et autres ports de la marche maritime toutes les troupes qu'il put en retirer sans dégarnir le pays. Il envoya des messagers au roi de Trémécen et autres princes d'Afrique maures et arabes à qui il dépeignit Muley-Assan comme un infâme apostat, qui, excité par l'ambition et le désir de la vengeance s'était rendu vassal d'un prince chrétien, avec qui il n'avait point eu honte de faire une alliance pour détruire la Religion du divin Mahomet. Il sut avec tant d'artifice et surtout avec tant d'or enflammer le zèle de ces princes ignorants et superstitieux qu'ils prirent les armes comme pour défendre une cause commune. Cet appel de Barberousse à toutes les races africaines faillit détruire les projets de Charles. Aux Numides arrachés à la vie nomade du désert qu'on appelle aujourd'hui Arabes, et aux Maures gagnés à son parti, il avait assuré une paie considérable. Quant aux Tunisiens, il se flattait de les contenir dans le devoir par l'appât des récompenses. De riches présents distribués à propos à leurs chefs entretenant leur ardeur empêchait celle de leurs soldats de se refroidir. Dans une revue qu'il passa de ses troupes dans les environs de Tunis, il se trouva que le nombre de ses fantassins allait à cent mille. On remarquait parmi eux sept mille archers, sept mille Maures, vêtus de camisolles blanches, sept autres mille armés de lances et de longues sagaies et huit mille janissaires. Sa cavalerie s'élevait à 20,000 hommes. Le tiers montait sans selle, tel qu'on nous montre le roi numide Massinissa, à l'âge de cent ans, chevauchant à la guerre sur une monture nue. (1)

Barberousse n'avait point cru que l'empereur eût osé affronter les dangers d'une mer inconnue et les chances de la guerre sur un sol aussi aride et brûlant que celui de l'Afrique. Il avait l'opinion que Charles se serait contenté de faire attaquer par ses lieutenants, et spécialement par Doria, non pas même Tunis, mais quelques places obscures du littoral. Cette opinion était aussi celle de plusieurs esclaves chrétiens détenus dans cette ville. Elle était encore appuyée par Aloise Présendes, noble Génois, qui connaissant très-bien la langue arabe, avait été envoyé par Charles-Quint en mission secrète à Tunis, avec deux vaisseaux chargés de marchandises pour mieux cacher le but de son voyage. Il avait été capturé dans la traversée non loin d'Adrumentum que les naturels nomment Mahamet. On le conservait à Tunis avec beaucoup d'égards. Barberousse l'assiégeait sans cesse de questions sur les affaires d'Italie, sur les mœurs, la tactique militaire des Chrétiens, et caressait le cœur du malheureux captif par l'espoir de la liberté. Mais quand il vit que tout ce que le Génois lui rapportait n'était que d'astucieux mensonges, pour capter ses bonnes grâces et sa pitié, le barbare sentit la rage s'allumer au fond de son cœur de corsaire. Il se fit amener le Chrétien et l'accablant du plus outrageant mépris, lui fit couper la tête en sa présence, puis son corps avait été traîné et brûlé hors de la ville.

Après avoir ainsi immolé cet infortuné à sa colère et à sa cruauté, Barberousse convoqua les principaux cheiks (2) en qui il avait

(1) Sandoval dit 100,000 d'infanterie et 30,000 cavaliers.
(2) Ce mot veut dire en arabe, vieillard.

le plus de confiance, et leur fit concevoir l'espoir d'un triomphe assuré, alors que lui-même, connaissant trop bien l'ennemi avec qui il avait affaire désespérait en secret du succès de ses armes. Car il n'osait espérer que ses troupes légères pussent tenir contre la cavalerie pesamment armée et la vieille infanterie de Charles. Il s'efforça donc de leur faire entrevoir la victoire comme certaine. A moins d'avoir perdu l'esprit, dit-il à ses officiers, on ne peut avec plus de légèreté entreprendre une guerre aussi difficile et dont l'issue est moins certaine. Il est évident pour qui connaît l'Afrique, région équatoriale, qu'un ennemi qui viendra l'attaquer dans la plus désastreuse saison de l'année, pendant le temps de la canicule, y trouvera la juste punition de sa témérité sur son sol exposé aux feux du soleil, dépourvu d'eau et couvert d'un sable menu et subtil qui aveugle au moindre vent. Il est impossible que des troupes pesamment armées puissent marcher en bon ordre sur les syrtes mouvants de l'Afrique, soutenir ou échapper aux attaques de l'infanterie légère turque, ainsi qu'aux incursions subites et incessantes de la cavalerie arabe. Que si l'armée du Chrétien est réellement aussi nombreuse qu'on se plaît à l'affirmer, comment son chef lui trouvera-t-il des vivres pour peu que la guerre se traîne en longueur? « De nouveaux, d'incomparables trophées
» vous attendent donc sur cette plaine qui vit mourir un autre
» roi chrétien, dit-il en terminant à ses cheiks, car Charles-Quint
» le potentat le plus opulent et le plus puissant de l'Europe ou
» périra sous le fer, ou tombera, dépouille opime, au pouvoir de
» vos soldats ! »

Sa principale confiance était dans la Goulette. C'était aussi la clef du royaume et le boulevard tutélaire d'une grande partie de sa puissance maritime qu'il avait abritée derrière ses remparts, au fond du lac. Prévoyant bien que ce fort serait le point de mire de

l'armée chrétienne, il l'avait fait fortifier ainsi que les tours d'Eau douce et des Salines et quelques petits fortins placés au bord de la mer. Il y avait jeté huit mille Turcs armés et disciplinés à la manière européenne, sous le commandement du fameux Sinan, de Smyrne, surnommé le *Juif* par les Turcs. « Je te confie, avait dit
» Barberousse à cet officier en sortant de la Goulette, la flotte, le
» royaume, mon honneur, ma tête. Tu m'en répondras sur la tien-
» ne. » Après celui-ci le plus recommandable de ses capitaines était l'eunuque Azanaga, qui battait la campagne avec une armée de 30,000 cavaliers arabes ; Chairadin Cilix, à qui sa bouillante ardeur avait valu le surnom de *Chasse-Diables*, puis Salec né en Ionie, Tabacchès fameux pirate de Lataquie, ancienne Laodicée, Giaffer, Emirelem (1) des janissaires, remarquable par sa force et son courage qui l'avaient fait surnommer par ses soldats le *Lion du désert*.

Telle était la situation de la Goulette nommée par les naturels Alcaluel, c'est-à-dire Col ou Goulette, parce que ce fort était situé dans un petit détroit. Cette forteresse qui était carrée et faite de briques, ainsi que sa barbacane ou muraille d'enceinte, dominait les gorges étroites par lesquelles le golfe de Carthage qui brise la mer vers le rivage austral, s'insinuait peu à peu dans un lac, à travers lequel les petits navires pouvaient se rendre à Tunis. Ce lac n'avait en longueur comme en largeur que deux milles. Il n'était navigable que dans le milieu. La Goulette en défendait donc l'entrée. Elle n'avait qu'une porte tournée vers Tunis. La masse de ses murs solide et impénétrable paraissait braver tous les efforts et toutes les secousses. Entourée de profonds fossés qui en défendaient l'approche, flanquée de quatre grosses tours ou torrions, elle était en outre munie d'un nombre considérable de pièces d'artillerie.

(1) Général, chef.

La situation du golfe de Carthage était telle que son entrée était cachée aux navires arrivant de la haute mer par le promontoire de Mercure qui s'avance beaucoup dans la mer vers l'orient; et qui se repliant alors sur lui-même formait un autre promontoire celui de Zafran appelé autrefois promontoire d'Apollon. Il formait ainsi une rade qui avait la figure d'une demi-lune dont les deux cornes étaient tournées vers la Goulette. A sa gauche cette rade regardait la ville de Reda, célèbre autrefois par la salubrité de ses thermes et aujourd'hui encore par ses sources d'eau chaude, à droite elle avait l'ancienne assiète de Carthage, si pleine de souvenirs historiques, puis des collines du bois d'Oliviers et le rivage de la tour d'Eau douce, où la flotte impériale était à l'ancre. Un pont de bois joignait la Goulette à l'une des rives. C'est par ce pont qu'on communiquait à pied de la ville au fort, et que se renouvelait la garnison turque. Quant aux vivres et autres objets de nécessité quotidienne, ils y arrivaient de Tunis à travers le lac sur de petites barques.

Ce fut le 16 juin, conformément à la résolution prise la veille, que Charles ordonna le débarquement. Au jour naissant un nombre considérable de galiotes, de felouques et d'autres petits navires menèrent à terre d'abord l'infanterie espagnole, ensuite les Italiens et les Allemands. C'était un ravissant spectacle que de voir ces soldats brûlant d'impatience s'élancer dans l'eau avec leurs armes et leurs escopettes aussitôt qu'ils approchaient du rivage, sans attendre qu'on les y portât à dos au sortir des esquifs. Ce fut le porte-enseigne de la Religion de Malte, le chevalier Copier, de la maison d'Hières en Dauphiné, qui se jetta le premier à la mer agitant le noble étendard de St.-Jean. Il fut suivi du capitaine Jean Perez et de la compagnie de Cisneros qui tous s'y élancèrent au cri de *Imperio! Imperio!*

Charles-Quint venait de planter sur cette terre d'esclavage et de barbarie son drapeau au nom de la liberté et de la clémence. Les troupes n'eurent pas plutôt touché le sol africain, qu'elles engagèrent des escarmouches avec les cavaliers turcs et mauresques qui couvraient le rivage. Témoin de leur impatiente ardeur, Charles dont la sagesse et l'expérience étaient l'âme de l'expédition, se fit aussitôt débarquer avec l'Infant de Portugal. Arrivé sur la grève, il saute sur son cheval de bataille et vole suivi des colonels, chefs et gentilshommes de sa cour rassembler et former en escadrons ses phalanges déjà dispersées. Alors on débarqua la cavalerie légère et des pièces de campagne. Toute l'artillerie qu'on mit à terre s'élevait à cent pièces environ. Del Guast éleva aussitôt un camp qu'il fit couvrir de lignes de retranchements et de profonds fossés. Il y plaça les troupes avec défense d'en sortir jusqu'à ce que le débarquement fut entièrement terminé.

Ce camp s'élevait dans une plaine de l'isthme de Carthage entre la tour des Eaux et celle des Salines dont on a parlé, presque dans le même lieu où avaient campé St.-Louis et ses chevaliers français et où son aumônier prit possession de la patrie d'Annibal en ces termes : *Je vous dis le ban de notre Seigneur Jésus-Christ et de Louis roi de France, son sergent*. On y montrait encore le *camp des martyrs*, ainsi nommé parce que ce prince y avait dressé autrefois sa tente et qu'il y avait trouvé la mort, et une grande partie de son armée, la sépulture. On voyait un peu plus loin un endroit appelé la *masse blanche*. C'est là que, sous les Empereurs Galien et Valerien, trois cents Chrétiens avaient été brûlés vifs dans un four à chaux. Au milieu de ce camp fut élevé le pavillon de l'Empereur. Charles-Quint foulait donc sous ses pieds la cendre révérée des grands hommes auxquels l'émule de Rome avait donné le jour. C'était sur ce même rivage punique qu'autrefois deux armées de vétérans, conduites par les deux plus grands capitaines des deux plus grands peuples de la terre, Scipion et Annibal, avaient disputé l'empire du monde. Charles y allait justifier de nouveau, aux yeux de toute l'Europe, de ses droits à la gratitude et à l'amour de la chrétienté.

Le premier soin de l'Empereur fut d'envoyer des soldats en reconnaissance. On se mit à la recherche des puits et des citernes ; on prit possession des villages ou douars voisins. Ce n'était, pour la plupart, qu'un assemblage, qu'un amas de huttes mobiles. Les éclaireurs poussèrent jusqu'au sommet d'une des collines où étaient encore debout les ruines d'un ancien temple. Il fut reconnu que c'était celui d'Esculape qui s'élevait au haut de l'antique Byrsa (1). Dans un fortin bâti sur une hauteur appelée *Roca de Masticanès*, que l'on disait avoir fait partie autrefois de la citadelle de Carthage, on plaça pour garde deux cohortes italiennes. Ce fort se trouvait près d'un aqueduc antique qui autrefois allait chercher à cinquante milles de là l'eau vive pour l'amener dans les vastes citernes de Carthage. La plupart de ses arches hautes de soixante-dix pieds étaient encore debout. On fit aussi occuper un monticule appelé

---

(1) Quand Scipion fit le siège de Carthage un millier de Carthaginois se réfugièrent dans ce temple. Ils étaient commandés par Asdrubal qui avait avec lui sa femme et ses enfants. Cette troupe désespérée soutint quelque temps contre les aigles romaines. Asdrubal se rendit, mais les autres préférèrent mettre le feu à l'édifice et périr dans l'incendie.

Comme les flammes commençaient à embraser le temple, on vit paraître une femme tenant par la main deux enfants. C'était la femme d'Asdrubal. Elle promène ses regards sur les ennemis qui entouraient la citadelle et reconnaissant Scipion : « Romain, s'écrie-t-elle, je ne demande point au
« ciel qu'il exerce sur toi sa vengeance. Guerrier, tu ne fais que suivre les
« lois de la guerre. Mais puisses-tu, avec les divinités de mon pays, punir
« le perfide qui trahit tout à la fois sa femme, ses enfants, sa patrie et ses
« dieux ! Et toi, Asdrubal, Rome déjà prépare le châtiment de tes forfaits !
« Indigne chef de Carthage, cours te faire traîner au char de ton vainqueur,
« tandis que ce feu va nous dérober, moi et mes enfants à l'esclavage. »

En achevant ces mots, elle égorge ses enfants, les jette dans les flammes et s'y précipite avec eux. Tous les transfuges imitent son exemple.

Cartafe situé entre la tour des Eaux et Carthage. Comme il dominait la plaine l'on y mit de la cavalerie.

Charles suivi de ses familiers et des savants qui l'accompagnaient dans cette expédition fut visiter les hauteurs où avait été Byrsa. Du sommet de ces collines l'œil embrassait toutes les ruines de l'ancienne Carthage occupant un espace considérable. Des débris de marbre en partie calcinés par le feu et l'ardeur du soleil émaillaient le sol où poussaient par-ci par-là des touffes noires de caroubiers, de figuiers et de plantes saxatiles. Dans la vallée, on voyait quelques chaumières de Maures d'où les pasteurs avaient fui. Au loin, on découvrait de vastes plaines, de profondes solitudes semées de quelques douars, des îles, des lacs bleuâtres, des villages mauresques, les forêts du cap Zafran; au midi la blanche Tunis, et derrière elle les montagnes azurées de Benitefren, de Nufuse et de Zagoan.

Jean Second, ce brillant poëte qui devait, hélas! descendre sitôt après dans la tombe, récitait à Charles-Quint, en discourant sur les ruines de Carthage, ces vers du chantre de l'Enéide :

> Devictæ Carthaginis arces
> Procubuere, jacent infausto in littore turres
> Eversæ. Quantùm illa metûs, quantùm illa laborum
> Urbs dedit insultans Latio et Laurentibus arvis!
> Nunc passim, vix reliquias, vix nomina servans,
> Obruitur, propriis non agnoscenda ruinis.

Ainsi, la ville de Carthage et son port de mer se trouvaient situés sur la côte orientale de l'isthme. Cela résulte de l'itinéraire que vient de suivre Charles dans son pèlerinage aux ruines. Cependant un grand nombre de géographes ont prétendu que cette ville fameuse s'était élevée sur la côte opposée, vers Utique. Châteaubriand suivant en cela le sentiment du savant Humberg, capitaine du génie hollandais qui commandait la Goulette de Tunis en 1806, l'établit au sud-est. Nous nous rangeons d'autant plus volontiers de l'avis de cet illustre écrivain qu'Etrobius dans son *Diarium expeditionis Tunetanæ* et le manuscrit en langue vulgaire qui ont été nos guides dans la composition de cet opuscule, leur donnent la même situation. Cette question de la géographie ancienne nous paraît donc tranchée.

Voici le passage de Châteaubriand.

« Pour se retrouver dans ces ruines, dit-il, page 279 de son itinéraire de Paris à Jérusalem, il est nécessaire de suivre une marche méthodique. Je suppose donc que le lecteur parte avec moi du fort de la Goulette, lequel, comme on sait, et comme je l'ai dit, est situé sur le canal par où le lac de Tunis se dégorge dans la mer. Chevauchant le long du rivage, en se dirigeant est-nord-est vous trouvez, après une demi-heure de chemin, des salines qui remontent vers l'ouest jusqu'à un fragment de mur assez voisin des grandes citernes. Passant entre les salines et la mer, vous commencez à découvrir les jetées qui s'étendent assez loin sous les flots. La mer et les jetées sont à votre droite ; à votre gauche, vous apercevez sur des hauteurs inégales beaucoup de débris ; au pied de ces débris est un bassin de forme ronde assez profond, et qui communiquait autrefois avec la mer par un canal dont on voit encore la trace. Ce bassin doit-être selon moi, le Cothon, ou port intérieur de Carthage. Les restes des immenses travaux que l'on aperçoit dans la mer indiqueraient, dans ce cas, le môle extérieur. Il me semble même qu'on peut distinguer quelques piles de la levée que Scipion fit construire afin de faire fermer le port. J'ai remarqué aussi un second canal intérieur, qui sera, si l'on veut, la coupure faite par les Carthaginois lorsqu'ils ouvrirent un autre passage à leur flotte.

« Ce sentiment est entièrement opposé à celui du docteur Shaw qui place l'ancien port de Carthage au nord et au nord-ouest de la péninsule, dans le marais noyé appelé *El-merza* ou le havre. D'Anville dans sa géographie ancienne, et Belidor, dans son architecture hydraulique, ont suivi cette opinion. Les voyageurs se sont soumis à ces grandes autorités. J'avoue que je suis effrayé d'avoir à combattre des hommes d'un mérite aussi éminent que Shaw et d'Anville. L'un avait vu les lieux, l'autre les avait devinés, si on me passe cette expression. Une chose cependant m'encourage : M. Humberg, commandant-ingénieur à la Goulette, homme très-habile et qui réside depuis longtemps au milieu des ruines de Carthage, rejette absolument l'hypothèse du savant anglais. Il est certain qu'il faut se défier de ces prétendus changements de lieux, de ces accidents locaux, à l'aide desquels on explique les difficultés d'un plan qu'on n'entend pas. Je ne sais donc si la Bagrada a pu fermer l'ancien port de Carthage, comme le docteur Shaw le suppose, ni produire sur le rivage d'Utique toutes les révolutions qu'il indique. La partie élevée du terrain au nord et au nord-ouest de l'isthme de Carthage, n'a pas, soit le long de la mer, soit dans l'*El-merza*, la moindre sinuosité qui pût servir d'abri à un bateau. Pour trouver le Cothon dans cette position, il faut avoir recours à une espèce de trou qui, de l'aveu de Shaw, n'occupe pas cent verges en carré. Sur la mer du sud-est, au contraire, vous rencontrez de longues levées, des voûtes qui peuvent avoir été les magasins, ou même les loges des galères; vous voyez des canaux creusés de mains d'hommes, un bassin intérieur assez grand pour contenir les barques des anciens, et, au milieu de ce bassin, une petite île.

« L'histoire vient à mon secours. Scipion l'Africain était occupé à fortifier Tunis lorsqu'il vit des vaisseaux sortir de Carthage pour attaquer la flotte romaine à Utique (Tite-Live, liv. X). Si le port de

Carthage avait été au nord, de l'autre côté de l'isthme, Scipion, placé à Tunis, n'aurait pas pu apercevoir les galères des Carthaginois; la terre cache dans cette partie le golfe d'Utique. Mais si l'on place le port au sud-est, Scipion vit et dut voir appareiller la flotte ennemie.

« Quand Scipion l'Émilien entreprit de fermer le port extérieur, il fit commencer la jetée à la pointe du cap de Carthage. Or, le cap de Carthage est à l'orient sur la baie même de Tunis. Appien ajoute que cette pointe de terre était près du port, ce qui est vrai si le port était au sud-est, ce qui est faux si le port se trouvait au nord-ouest. Une chaussée conduite de la plus longue pointe de l'isthme de Carthage pour enclore au nord-ouest ce qu'on appelle l'*El-mersa* est une chose absurde à supposer.

Enfin, après avoir vu le Cothon, Scipion attaqua Byrsa ou la citadelle (Appien); le Cothon était donc au-dessous de la citadelle; or, celle-ci était bâtie sur la plus haute colline de Carthage, colline que l'on voit entre le midi et l'orient. Le Cothon, placé au nord-ouest aurait été trop éloigné de Byrsa, tandis que le bassin que j'indique est précisément au pied de la colline du sud-est.

« Si je m'étends sur ce point plus qu'il n'est nécessaire à beaucoup de lecteurs, il y en a d'autres aussi qui prennent un vif intérêt aux souvenirs de l'histoire, et qui ne cherchent dans un ouvrage que des faits et des connaissances positives. N'est-il pas singulier que, dans une ville aussi fameuse que Carthage, on en soit à chercher l'emplacement même de ses ports, et que ce qui fit sa principale gloire, soit précisément ce qui est le plus oublié? »

Comme dans l'ivresse de leurs premiers succès, les soldats mettaient le feu aux meules de foin, de paille, d'orge et de froment qui couvraient la campagne, Charles défendit ces excès inutiles sous peine de la hart. Il défendit également aux marins d'aller à terre sans la permission de leurs capitaines, car il voulait que la marine fût aussi prête à tout événement.

Le terroir depuis la baie de la Goulette jusqu'aux rives du fleuve Bagrada, moins fameux par le serpent de fabuleuse mémoire que par les succès de Régulus, est fertile, couvert de vignobles, de plants de figuiers, d'oliviers et autres arbustes fructifères d'une très-grande utilité pour les besoins de la vie. Il y avait aussi du blé et l'on voyait de beaux champs de fenouil à l'état de maturité (1).

Le débarquement fut terminé le 17 juin au soir.

L'infanterie africaine et la cavalerie arabe sont des troupes agiles et braves, toujours prêtes à surprendre, et capable d'endurer les plus rudes fatigues. Plus promptes que l'aigle, elles tombaient à l'improviste sur les impériaux, à toute heure, en tout lieu. Confiant dans la connaissance qu'elles avaient du pays, elles les entouraient souvent au moment que les Chrétiens s'y attendaient le moins. Alors elles les accablaient à coups de flèches, de pierres, de traits, mais avec tant de férocité qu'elles n'épargnaient personne, pas même celui qui se rendait. C'est ce qui arriva à Jérôme Spinula Ligurzien, commandant d'une demi-cohorte. Un cavalier arabe l'ayant terrassé d'un coup de lance met pied à terre, et, avant qu'on pût arriver au secours du blessé, lui coupe la tête, saute à cheval et l'emporte. Le colonel Frédéric Careto eut le même sort. Il était à la découverte avec Del Guast et marchait à ses côtés, quand il tomba percé d'une balle. Un Arabe court à lui, lui coupe la tête et fuit. Mais cette cruauté et cette agilité des ennemis n'empêchèrent point Charles d'aller lui-même en reconnaissance avec une poignée de monde, et d'observer tout

(1) Ms. de la bibl. de Tournai.

avec autant de soin que de sang-froid, sous les yeux des Arabes qui fondaient de toutes parts. Charles se montra si intrépide que ses familiers se crurent obligés de lui en faire un reproche ; car il exposait, en faisant ainsi le service d'un simple officier, ses jours et la fortune de l'empire.

Dans la nuit du 17 au 18 juin, un petit galion ennemi vint se jeter dans la flotte, la prenant pour celle de Barberousse, et fut capturé. Il était monté par des Turcs et des Maures. Les premiers furent mis aux galères, les autres, en liberté par ordre de Charles qui voulait par là signaler sa bonté pour les sujets de Muley-Assan.

Ce jour-là Del Guast était déjà parvenu à conduire les légions à deux mille pas de la Goulette, au moyen de chemins creusés en zig-zag et de retranchements qui couvraient les soldats pendant le travail et le repos. Ces sinuosités faisaient dire aux Turcs que le chemin des Chrétiens s'avançait comme un serpent. Ces travaux se faisaient non-seulement par les esclaves rameurs, mais encore par les soldats de toute catégorie. C'était un rude labeur, mais dont ils s'acquittaient avec gaîté de cœur. Charles infatigable et toujours présent dans la tranchée ne cessait de stimuler leur zèle et les chefs, à l'envie, mettaient la main à l'œuvre. Pour épargner le sang de ses soldats, Charles n'avait point voulu qu'on pressât trop vivement les travaux. Il préféra les étendre peu à peu. Par ce moyen les troupes s'avançaient en sûreté vers la Goulette, et conduisaient commodément l'artillerie qui devait la battre en brèche. L'ennemi, du reste, savait punir le relâchement des Chrétiens ou la moindre négligence qu'ils commettaient dans l'éxécution des travaux, comme on va le voir.

C'était sur la première ligne des redoutes que le comte de Sarno, fier de la réputation militaire qu'il s'était acquise dans la guerre du Péloponese, avait sollicité un poste. Là, il avait élevé un petit bastion rond à l'instar d'une muraille de défense, mais trop peu spacieux, selon les règles de l'art militaire. Car le riche pavillon qui se trouvait au milieu, occupait presque tout l'espace à l'intérieur. Les cohortes italiennes qu'il commandait s'y trouvaient donc fort à l'étroit. Le 25 juin les troupes turques sorties de la Goulette accourent attaquer le bastion sous la conduite de Salec, en poussant, comme de coutume, de grands cris et en battant leurs épouvantables *atabales*. On nommait ainsi de grands tambours de guerre qui se portaient à cheval et dont la caisse de cuivre ou de laiton n'avait de peau que d'un côté. Ces instruments, qui rendaient un bruit incroyable, effrayèrent dans le principe les Chrétiens. On les entendait à une très-grande distance.

Audacieux et rusé comme un écumeur, Salec était accouru avec mille Turcs et huit cents cavaliers d'élite vers cet endroit où l'avait attiré la vue d'un riche pavillon. Il espérait jeter l'alarme et le désordre parmi les troupes du comte de Sarno. Celles-ci, bien que harassées de fatigue par les travaux de nuit, vont à la rencontre de l'ennemi et le repoussent par un feu des plus vif. Salec simule la retraite. Le jeune officier napolitain trop bouillant et trop avide de gloire s'élance sur les pas de celui qu'il croit en fuite, blesse et terrasse tout ce qu'il rencontre. En cet instant Salec voyant les Italiens assez éloignés des retranchements pour en faire un grand carnage, se retourne vers les Turcs et leur crie : « Soldats! la » proie est dans le panneau, fondez sur ces téméraires, que pas » un n'échappe vivant ou entier ! » Il dit et fait une masse de ses troupes qui se rue sur les Italiens avec l'impétuosité d'un torrent. Ceux-ci, trop peu nombreux pour oser résister, prennent la fuite. Le comte de Sarno tient ferme et se défend avec un courage admirable ainsi que Balinger, son parent, capitaine d'une demi-cohorte et deux porte-étendards. Tous deux trouvent un glorieux trépas (1), une grande partie de sa troupe périt. Ce qui peut échapper au fer ennemi, gagne le bastion. Mais là, s'étant embarrassés dans les cordages du pavillon, ils sont massacrés par les Turcs qui entrent en même temps que les fuyards et ne se retirent qu'après avoir enlevé la vaisselle d'argent du comte. Charles était dans sa tente quand il entendit le tumulte et la mousquetade. Il s'élance sur le cheval d'Alvar Gomès Elzagal et saisissant un bouclier et une lance, il accourt de sa personne au secours des siens. Mais il est trop tard, il a la douleur de voir expirer le brave Balinger, pour qui il avait la plus grande estime et dont il paie la mort de nobles regrets. Au même instant il tomba un boulet venant de la Goulette, pesant soixante livres, aux pieds de Charles qu'il couvrit de sable. C'était un artilleur français déserteur du vaisseau de Doria qui avait pointé son canon sur l'empereur. A la prise de la Goulette, il fut massacré et son corps jeté à la mer comme indigne de sépulture.

Les Espagnols dont le poste était près de là ne purent arriver à temps pour secourir les Italiens. Paul Jove prétend qu'ils virent d'un œil sec la défaite des Italiens, indignés qu'ils étaient de ce que le comte de Sarno, encore jeune soldat, quoique homme de naissance et de courage, avait eu la présomption de s'arroger le poste le plus près de l'ennemi et par conséquent le plus périlleux et le plus honorable. Mais c'est une erreur. Cet acte de mauvaise confraternité militaire envers des compagnons, avec qui ils avaient autrefois partagé les fruits de la victoire, est formellement dénié par

---

(1) Vir erat et animi fortitudine et belli gloria clarus, qualemque virtutis opinionem in vita sustinuit, eamdem quoque fortiter dimicans ipsâ morte testatus est.
                      Epist. Guil. Malinæi ad Paul Jov.

Guillaume Van Mâle, maître d'hôtel de Charles-Quint, dans sa lettre à l'évêque de Nocère. La tête et le bras du jeune officier napolitain furent portés en trophée à Barberousse.

Dans le même temps que ceci se passait dans la plaine, un navire juif ayant été vu en mer, l'Aigle, galère où se trouvait le secrétaire Nicolas de Granvelle, s'était mis à sa poursuite et l'avait capturé. Sa cargaison fut vendue plus tard trente mille ducats, à Tunis. Quelques renégats furent conduits à la Réale, pour donner à Charles des renseignements sur Barberousse, sur la Goulette et Tunis. Puis ils furent mis en liberté. On n'en retint qu'un seul. C'était un ancien moine de Séville. Il portait, à la manière des Turcs, un turban, de longues moustaches et un croissant sur le sommet de sa coiffure. Sa barbe était rasée. Il fut remis aux mains du licencié Mercado et de l'alguazil Salinas pour être brûlé vif.

Pendant que les Barbaresques célébraient leurs succès par des décharges d'artillerie, les Italiens que leur perte affligeait, ne pouvaient digérer cet affront, et se livraient à la tristesse. Del Guast les consola en leur démontrant que ce n'était point à la valeur de l'ennemi qu'il fallait attribuer l'échec, mais à la témérité, à un écart de courage du comte de Sarno, faute que celui-ci avait effacée par une mort héroïque. Il les engagea à prendre courage et à laver cet affront dans le sang des ennemis.

Mais la fortune inconstante et mobile dans ses caprices verse tour à tour les succès et les revers. Elle ne permit point que les Espagnols fussent plus heureux que les Italiens; car Tabacchès les surprit aussi. S'élançant de la Goulette aux premiers rayons de l'aurore, il vint trois jours après attaquer les retranchements des Espagnols. Dans sa course rapide, il troubla leur poste avec tant de violence, qu'après avoir franchi le bastion, il tue dans les fossés bon nombre de soldats, et fait prendre la fuite au reste du poste qui n'a pas même le temps de courir aux armes. Les Turcs s'emparent des instruments de pionnerie, enlèvent la bannière du comte de Sarmient qui flottait au haut du pavillon et ne se retirent qu'à la vue des cohortes voisines secourues au secours des impériaux. De Mendoça, chef de la cohorte, à qui son embonpoint n'avait pas permis de fuir, fut haché dans le retranchement. Au bruit du tumulte excité dans tout le camp, Charles lui-même tout armé accourut en cet endroit. Il adresse les plus vifs reproches aux Espagnols qui avaient si lâchement abandonné un poste confié à leur honneur. Il ne s'attendait point, leur dit-il, avec grosse humeur, que des soldats expérimentés comme eux, des vétérans l'eussent si mal gardé, en présence d'un ennemi rusé, agile et audacieux qu'ils avaient déjà appris à connaître. Cette affaire lava entièrement la honte des Italiens tout en jetant le déshonneur sur les Espagnols. Elle avait cela de plus cruel pour ces derniers que c'étaient des vétérans qui cette fois avaient oublié la discipline et s'étaient laissé surprendre ; tandis que les Italiens, jeunes soldats entraînés par une indiscrète ardeur, ne s'étaient avancés que pour en venir aux mains, et que, le combat engagé, ils avaient dû nécessairement céder au nombre.

Quand l'ordre fut rétabli et le tumulte apaisé, Del Guast manda dans sa tente les capitaines et centurions et se tournant vers eux : Braves compagnons d'armes, leur dit-il, votre valeur sous mon commandement a procuré à l'Empereur des victoires nombreuses et incomparables. Faut-il ici vous rappeler votre ardeur belliqueuse d'autrefois ? Car je vois avec peine que vous avez perdu le souvenir de votre ancienne gloire. La peur que vous n'avez jamais connue a glacé vos bras. D'ordinaire audacieux, vous ne croyez pas pouvoir réprimer aujourd'hui l'insolence de quelques hordes de brigands.

Vous avez dégénéré de vous-mêmes. Non! vous n'êtes plus mes soldats du Péloponèse, vous surtout vétérans espagnols. Ranimez votre courage, réservez-vous pour de nouveaux succès ; et si l'ennemi se présente encore à vos retranchements, élancez-vous et punissant son audace, refoulez-le jusque dans la Goulette. En le poursuivant avec vigueur, peut-être que la fortune, souriant à votre courage, vous en ouvrira les portes à la suite de ses bataillons en désordre. Ce n'est qu'ainsi que vous pouvez apaiser le courroux de l'Empereur. Ce vieux chef avait réveillé chez eux le sentiment de l'honneur. A ces mots Gradoy, Cisneros, Ripalta, de Sarmient, Rui et Didacus Avila jurent de réparer cet événement militaire dans le sang des barbares.

Pendant ce temps-là il était arrivé au camp une troupe de lanciers albanais peu nombreuse à la vérité, mais des plus vaillante. La tête couverte d'un simple bonnet, ils portaient outre la lance, la masse de fer. Ils avaient pour chef Lazzaris, chevalier grec de Coron.

Les Barbaresques enflés par leurs succès ne tardèrent point de faire une nouvelle incursion. Trois jours après, à l'heure de midi, Giaffer chargé de cette expédition, à la tête d'une troupe de janissaires et d'archers africains, accourt aux retranchements dans l'espoir d'y surprendre en repos les soldats fatigués à la fois par les travaux et l'ardeur du soleil. Déjà il avait franchi les premiers retranchements à l'insçu des Chrétiens (car à cette heure bouillante de la journée on retirait ordinairement les sentinelles), et du haut des parapets il faisait pleuvoir sur eux une grêle de traits, de pierres et de projectiles : Mais voici que soudain un léger roulement de tambour retentit, et les arquebusiers s'élancent de deux endroits à la fois. Del Guast les fait appuyer d'une colonne de troupe légère, portant casque et cuirasse, armée de lances et de pertuisanes au large fer. Les cohortes étaient rangées dans l'intérieur du camp prêtes à protéger au besoin l'infanterie légère. On se battit de part et d'autre avec beaucoup d'acharnement. Les janissaires quoique rudement repoussés ne le cédèrent aux impériaux ni en fermeté, ni en courage. Ils se comportèrent comme de vrais prétoriens.

Mais quand ils virent leur Émiralem Giaffer, qui combattait à leur tête, tomber percé de deux balles, ils se mirent à fuir. Néanmoins comme ils cherchaient à enlever leur chef expirant, le combat recommença de nouveau autour du cadavre et avec plus de fureur. Enfin après qu'il eut été fait de part et d'autre un grand carnage, l'ennemi fut jeté en pleine déroute. On le poursuivit avec tant d'acharnement que les troupes de la Goulette voyant toute l'étendue du danger en fermèrent la porte, laissant dehors le quart des fuyards. Mais ceux-ci se dirigèrent vers le lac et rentrèrent dans la Goulette par une poterne secrète. Comme pendant cette affaire, Sinan avait couronné tout le fort de tirailleurs, la retraite fut difficile et meurtrière pour les impériaux. Didacus Avila porte-enseigne d'une cohorte ayant osé planter son drapeau sur le rempart ennemi, tomba percé de balles et de flèches. Le drapeau cependant ne fut pas pris. Un anspessade italien qui combattait à ses côtés, le lui arracha des mains au péril de sa vie, et le rapporta au camp. Ripalta fut grièvement blessé, une balle de fer lui ayant brisé le casque sur la tête. Charles perdit plus de monde dans la retraite que dans le combat même, car Sinan dirigea sur ses troupes tout le feu de son artillerie, ce qu'il n'eut pu faire auparavant sans atteindre aussi ses Turcs mêlés aux impériaux.

Ainsi l'audace des Barbaresques fut réprimée ce jour-là et l'on conçut même l'espoir de s'emparer de la Goulette. Car ayant examiné alors de près cette forteresse, on revint de l'opinion qu'on s'était faite de l'excellence de ses fortifications. On avait la certitude de pouvoir s'y introduire le long du lac par la poterne dont on ignorait jusqu'alors l'existence. Sinan lui-même frappé du vice de construction du rempart, en ce qu'il n'était point continu et joint à l'ouvrage en briques, s'empressa d'élever une nouvelle défense avec des rames, des antennes de vaisseau liées avec des cordes et consolidées par des fascines entrelacées. Ces nouveaux travaux bouchaient l'entrée du fort en même temps qu'ils abritaient les Turcs contre les feux obliques des impériaux.

Dans les sorties et algarades qu'on avait chaque jour avec les ennemis, Charles-Quint accourait toujours de sa personne au lieu du danger. Aimé du soldat, il savait par un mot, par un geste, gourmander sa négligence et lui communiquer l'ardeur dont sa grande âme était embrasée. Sa popularité lui venait de la sollicitude qu'il montrait pour ses troupes et de la justice qui présidait à toutes ses décisions sous la tente et sur le trône. C'était avec affection et confiance qu'on obéissait à ce chef, qui ne respirant que la gloire, conduisait ses armées à travers mille obstacles au but qu'il s'était proposé. D'une activité extraordinaire et sévère à l'excès, il faisait souvent la ronde des postes, et malheur alors aux sentinelles prises en défaut! Elles étaient aussitôt remises aux mains des alguazils qui en faisaient justice.

Une fois, pendant une nuit fort orageuse, il sort du camp accompagné d'un seul officier flamand. C'était le jeune Amurat d'Egmond, prince de Gavre, l'un de ses favoris. Charles était à pied et n'avait pour toute arme qu'une épée.

Il s'avance bien loin, à la lueur des éclairs qui par intervalle rompent la nue, jusqu'au pied des ruines de Carthage. Là il tourne un fortin et vient passer près d'une sentinelle qui montait la garde. Le poste de ce fortin était exclusivement composé de Flamands, et le soldat de faction avait précisément vu le jour dans la même ville que lui. Charles tout en s'approchant s'entretenait en flamand avec le jeune officier du fameux tribun Van Artevelde et plein d'admiration pour ce grand homme, son illustre compatriote, dont le plus beau titre, aux yeux de l'empereur, était d'avoir cherché à soustraire sa patrie au joug de la France, il avait dans un transport d'enthousiasme, prononcé plusieurs fois son nom très-haut; de sorte que la sentinelle avait entendu le sujet de la conversation. Il passe, et tout à coup il est arrêté par un mousquet posé sur sa poitrine, et ces mots : *Qui va là? Roma*, dit Charles. C'était le mot du guet. La sentinelle relève son mousquet. Mais l'empereur trouve qu'elle l'a laissé trop avancer et s'arrêtant, il lui en fait un reproche et lui dit : pourtant si ça avait été Azanaga, mon brave, il pouvait te tuer et prendre le fort? Holà ! fit le soldat : *Dien kerle en spreekt niet de taele van onzen Gentenaers Van Artevelde* (1)! Par où il faisait entendre qu'il avait reconnu l'empereur et entendu sa conversation. Et Charles satisfait, tirant quelques carlins d'or les lui donna en lui disant : tiens voilà pour boire du *krabeleer* au Vieux Bourg (2) à ton retour en Europe : continue à bien faire ton devoir.

Pendant ce temps là il était arrivé au camp impérial un Maure envoyé secrètement par l'ex-roi de Tunis Muley-Assan. Il disait avoir perdu en route ses lettres de créance. Admis le lendemain dans la tente de Charles, cet envoyé fit connaître l'objet de sa mission par l'organe d'un drogman espagnol qui avait une parfaite connaissance de la langue arabe. Il exposa que le roi son seigneur avait appris avec la plus vive satisfaction l'arrivée du grand Empereur en Barbarie avec une armée nombreuse, abondamment

---

(1) Ce gredin-là ne parle point la langue de notre fameux Van Artevelde.
(2) Le Vieux Bourg était probablement quelque fameuse taverne de la ville de Gand à cette époque.

fournie de toutes les choses nécessaires à la guerre sur l'un et l'autre élément, pour anéantir l'armée turque et livrer, sans doute, au dernier supplice son chef Barberousse, ce brigand, ce corsaire qui avait causé tant de dommage aux royaumes de sa Majesté chrétienne. Qu'il aimait à croire que l'Empereur ne nourrissait pas de projet hostile contre l'infortuné monarque qui avait imploré son appui. Que néanmoins c'était pour bien s'assurer des dispositions bienveillantes de l'empereur envers Muley-Assan qu'il était venu vers lui. Charles lui fit répondre en peu de mots par l'intermédiaire du même interprète : qu'il portait le plus vif intérêt à Muley-Assan. Qu'il en avait donné une preuve éclatante en renvoyant libres beaucoup de Maures de toute condition capturés par ses troupes (1); enfin qu'il avait porté un édit défendant de molester la personne ou les biens d'aucun Maure qui reconnaissait le vrai roi de Tunis. Que si ce prince était résolu de résister à Barberousse avec ses Arabes et ses alliés, il ne tiendrait point à l'Empereur que l'usurpateur ne fût bientôt chassé de Barbarie. Mais qu'il fallait agir avec promptitude, qu'il avait moins besoin de promesses que d'actions. Qu'il importait grandement à l'Empereur que tant de troupes ne restassent point oisives, et ne retournassent point en Europe sans avoir rien fait. L'envoyé maure fut congédié avec cette réponse, promettant de rapporter dans quatre jours celle de son maître. Pour donner une preuve de sa libéralité et de sa munificence, Charles lui fit présent de quatre mille ducats et de riches vêtements de drap d'or et de soie.

(1) A la guerre on ne faisait de quartier qu'aux Maures. Les Turcs et les Arabes étaient impitoyablement massacrés. Les sujets du roi Muley-Assan étaient renvoyés libres. Ce qui faisait dire au renégat Azanaga que la clémence de l'Empereur était plus à craindre que son artillerie, parce qu'un prince fait plus avec la douceur et la libéralité, qu'avec les armes les plus redoutables.

A peine était-il parti, qu'on vit arriver au camp trois autres officiers mauresques à cheval, deux basanés et un nègre, vêtus à la mauresque d'une jaque de couleur rouge écarlate. Ils portaient à l'épaule de longues piques; le cimeterre et le sabre suspendus au haut du bras droit et pendant en écharpe, la pointe vers la gauche. Au bras gauche étaient attachés des poignards.

Ils présentèrent à l'Empereur une lettre du roi de Tunis et des principaux Cheiks ses parents et alliés dont la teneur était telle :
« Louange au miséricordieux! Nous fils de Ceidna-Aché nous vous
» informons, vous, chef de l'armée chrétienne, que nous sommes
» près de votre camp. Faites-nous connaître où nous pourrons
» conférer à notre aise. Les porteurs de la présente vous diront
» quelle a été et quelle est actuellement la situation de nos
» affaires. Tous les Maures sont unanimes à soutenir notre cause.
» On s'expliquera plus longuement quand on sera réuni. » La lettre de Muley-Assan était signée de son seing sans sceel ni superscription. Ces deux dernières formalités n'entrant pas dans les usages du pays. Ces Maures dirent qu'aussitôt que le roi leur seigneur avait eu connaissance de la descente de l'empereur et de son armée, il avait résolu de lui envoyer une ambassade pour savoir où et quand il pourrait se joindre aux troupes impériales qui devaient le replacer sur le trône. Qu'il était près à lui envoyer des vivres et des troupes auxiliaires et de se rendre où bon semblerait à S. M. avec ses Cheiks et les Numides les plus puissants et les plus aguerris, afin d'aviser, dans cette entrevue, aux dispositions à prendre. Que pour plus de facilité, il priait l'Empereur de lui envoyer quelques galères afin que des montagnes de la Numidie où il avait été forcé de se réfugier, il pût se rendre par mer en sûreté au camp des Chrétiens.

A ce discours, l'Empereur congédia après les avoir comblés de présents deux des cavaliers mauresques avec cette réponse pour Muley-Assan. Qu'il serait agréable au chef des Chrétiens que ce prince voulût se rendre au camp avec quelques-uns des Cheiks ses parents et ses amis, afin de mieux connaître toute sa volonté et toute sa pensée ; que les galères que Muley-Assan avait demandées lui seraient envoyées. Et Charles d'ordonner aussitôt à un capitaine de grand renom d'aller vers les montagnes avec douze galères.

Le capitaine Alvar Gomez Elzagal partit avec ces deux officiers. Le troisième retenu en ôtage fut remis aux mains de Los Covos, grand commandeur. Ce jour-là, il était encore tombé un gros boulet marqué de fleurs de lis dans la tente de l'Empereur : ce qui faisait bien voir, dit l'historien Sandoval, que Barberousse recevait des secours de la France.

Vers ce temps-là, arriva le marquis d'Alarçon avec quatre galères et deux galiotes amenant avec lui l'évêque de Bitonto son frère, Don Pedre Gonçalez de Mendoça son gendre, Don Frédéric de Tolède, fils aîné du marquis de Villafranca, vice-roi de Naples ; Don Ferdinand Gonzaga, vice-roi de Sicile, plusieurs autres seigneurs et de très-bonnes troupes. Son arrivée causa beaucoup de joie. L'Empereur l'honora eu égard à son mérite, en lui ordonnant d'aller reconnaître les attaques et la forteresse de la Goulette. Ce général s'embarqua à cet effet, et fut se poster à la vue de la place, d'où on tira un grand nombre de coups de canon. Quand il eut bien examiné sa situation, il en fit autant des attaques, dont il approuva fort la disposition. C'était l'œuvre du marquis Del Guast. Mais il fut d'avis qu'on serrât un peu plus les postes, ce qui fut ponctuellement exécuté.

Quelques jours après, le pénultième jour du mois de juin, on vint annoncer à l'Empereur dans sa tente, où il était retenu par une légère attaque de goutte, qu'on apercevait sur les hauteurs des ruines de Carthage deux cents cavaliers mauresques. Quelques-uns d'entre eux s'approchèrent bientôt du camp. Ils agitaient, en signe de paix, des rameaux verds et des bannières flottantes. Puis portant les mains jointes au-dessus de la tête ils crièrent : *Nous sommes tous amis et sujets du même roi.* Après cette signification pacifique, ils retournèrent d'où ils étaient venus. C'était Muley-Assan qui, sorti de son asile, était venu au rivage le plus prochain sur une des galères que Charles avait mises à sa disposition. Bientôt on l'aperçut s'acheminant vers le camp à la tête des deux cents Maures, qui conservaient à leur malheureux maître une fidélité digne des peuples civilisés. Le capitaine Elzagal l'accompagnait. Sur cet avis Charles fit sonner à cheval et envoya au devant du prince quelques escadrons de cavalerie et deux cohortes d'infanterie. A leur tête marchait le duc d'Albe, le marquis d'Alarçon et le comte de Benavent suivis d'une foule de gentilshommes de la cour. L'arrivée de Muley-Assan causa une grande allégresse au camp des Chrétiens. Car on croyait généralement qu'il amenait avec lui un grand renfort d'hommes et de vivres. Mais ce n'était que deux cents bouches inutiles à nourrir, car ces cavaliers ne prirent aucune part aux combats et ne servirent, par conséquent, qu'à embarrasser. On dit que du sommet de cette colline où Muley-Assan s'était arrêté, on apercevait la ville de Tunis, et que en la contemplant l'infortuné monarque s'était attendri et avait versé quelques larmes.

Charles assis sur son trône, attendait dans sa tente avec l'Infant de Portugal et d'autres princes. L'ex-roi ayant été introduit par le duc d'Albe et le comte de Benavent, Charles descendit du trône, le salua en se découvrant et lui donna la main. Muley-Assan s'inclina avec un profond respect, toutefois sans rien perdre de sa dignité et comme s'il n'eut rien oublié de sa fortune première. Car non-seulement il n'adora (1) point l'empereur, mais il ne fit que le baiser à l'épaule. Son port ne manquait point de majesté. Il était de belle taille, assez gros et trapu, le teint basané, d'une figure agréable, mais le regard de travers, ce qui lui donnait un air de gravité. Une certaine sévérité, mais qui n'avait rien que de révérentiel était répandue sur tous ses traits (2). Il était vêtu d'un long manteau noir, coiffé à la mauresque, d'un voile blanc et chaussé de babouches jaunes. Il portait à la main une lance de cinquante palmes de longueur et une dague suspendue au bras gauche. Il avait perdu dans les combats l'index de la main droite. Huit laquais vêtus de gabans formaient toute sa suite. Ils étaient pieds nus (3), tous pauvrement habillés, car il y avait sept mois qu'ils erraient fugitifs dans les montagnes, craignant à chaque instant de tomber entre les mains de Barberousse.

Muley-Assan s'assit sur un tapis, à la coutume du pays, avec les Cheiks ses parents et alliés. Ceux-ci se présentèrent pour adorer l'Empereur, c'est-à-dire lui baiser la robe et les pieds ce qu'ils avaient fait en disant : Grand roi ! Dieu te conserve, Dieu te maintienne, te fasse prospérer avec les tiens, et te donne la victoire sur tes ennemis.

Muley-Assan adressa à l'Empereur le discours suivant au moyen

(1) Cette expression, uniquement consacrée aujourd'hui au culte du roi suprême, aurait lieu d'étonner tous ceux qui ne connaissent point les usages orientaux. Les empereurs de Constantinople, ainsi que nous l'apprend Constantin Porphyrogenète dans son cérémonial de la cour de Byzance, se faisaient adorer par leurs grands officiers. Cette cérémonie consistait à s'incliner devant eux, à se prosterner et à leur baiser les genoux. Cette coutume passa des empereurs latins aux Mahométans.

(2) In rege vero majestas quandam et severitas quam revereris, non formidines semper refucebat.

(3) Dans l'Orient et en Afrique pour rendre hommage à un prince, on demeure coiffé, mais on est chaussé de babouches, et mieux encore à pieds nus. Rien n'est plus respectueux que de paraître déchaussé.

d'un drogman connaissant l'arabe et l'espagnol : « Trois fois grand
» Empereur dont le nom vole avec tant de gloire dans tout l'uni-
» vers! ce ne sont point, sans doute, les services que j'ai pu te
» rendre, qui t'ont engagé à venir sur cette terre avec une armée
» florissante et aguerrie. Les religions que nous professons s'y
» opposent. C'est plutôt par une inspiration du Très-Haut, du
» Tout-Puissant que tous deux nous adorons d'un égal amour,
» que tu es venu pour punir la perfidie et la cruauté d'un tyran,
» l'ennemi le plus atroce, le plus cruel du genre humain. Bientôt
» sa flotte et la clef de son royaume seront en ton pouvoir, et tes
» armes vengeresses lui feront expier tous ses crimes. J'en serai
» d'autant plus réjoui, que c'est moi qui dois recueillir le fruit de
» tes succès et de ton bonheur. J'ose te redemander le trône et le
» sceptre de mes aïeux. Un exilé qui est à tes pieds espère obtenir
» cette grâce de ta générosité, de ta valeur. Il y aura pour toi au-
» tant d'avantage que de gloire à m'y replacer, moi descendant de
» la plus ancienne dynastie et tout puissant par ma parenté et mes
» vassaux chez les Arabes et les Tunisiens. Je ne refuse point de
» payer un tribut ou de me reconnaitre le vassal de l'Empereur
» des Chrétiens. Tu auras pour garantie de ma fidélité la mémoire
» que je conserverai de tes bienfaits. Jamais elle ne s'effacera de mon
» cœur ni de celui de mes descendants; car j'abhorre l'ingrati-
» tude et je comprends assez qu'en paix avec toi, mon royaume
» ne peut qu'être sauvegardé par les garnisons de Sicile et de
» Sardaigne. Ce qui doit aussi me concilier l'amour de la nation
» tunisienne qui placera au nombre des jours mémorables celui
» de ton arrivée dans ce pays. »

Muley-Assan s'était tû. Charles lui répondit par la bouche du moine Valentin de l'Ordre de St.-François, qu'en passant la mer il n'avait eu qu'un but : de venger par les armes les brigandages que depuis longtemps Barberousse exerçait sur les côtes de ses royaumes, et d'exterminer les pirates, l'espèce d'hommes la plus malfaisante et la plus pernicieuse qu'il y eût au monde. Qu'à ce vœu pieusement conçu le Dieu des Chrétiens avait déjà accordé un heureux succès et qu'il nourrissait l'espoir, qu'avec son aide, il mettrait le sceau à ses victoires par la prise de Tunis. Qu'alors cédant à l'impulsion de sa pitié, il lui remettrait le sceptre en main, pourvu qu'il ne violât point la foi promise, qu'il était fondé à suspecter en lui comme prince punique. Mais qu'il espérait bien qu'il lui serait fidèle par reconnaissance ou par crainte de ses armes, puisqu'il était réservé à celles-ci de donner et de retirer les rênes des royaumes.

Charles reçut le roi de Tunis avec tous les égards dûs au malheur. Il le fit plutôt par sentiment d'humanité qu'en considération des troupes auxiliaires qu'il pouvait en attendre. En effet, chassé de son royaume par l'usurpateur, quel notable secours Muley-Assan pouvait-il lui fournir? L'armée chrétienne d'ailleurs était plus que suffisante pour triompher de Barberousse et des siens, et pour conquérir tous les États Barbaresques, s'il eut plû à Charles de pousser aussi loin le triomphe de ses armes. Il était bien plus utile à ses intérêts de replacer Muley-Assan sur son trône. C'était le moyen le plus sûr de s'attacher le cœur des Maures et de leur faire comprendre que le but unique de l'expédition avait été d'expulser Barberousse et les Turcs du royaume de Tunis et de rendre par là la tranquillité à tous les pays placés sous le sceptre impérial. Pour détacher Muley-Assan et ses successeurs des autres États Barbaresques, il ne fallait rien moins que le lien de cet immense bienfait. Or il importait grandement de travailler à cette restauration dans l'intérêt des royaumes de Naples, de Sardaigne et de

Sicile, les dernières incursions du corsaire en avaient démontré l'urgente nécessité.

Charles fit dresser près de sa tente un riche pavillon pour Muley-Assan et ordonna qu'on lui servît chaque jour tout ce qu'il pouvait attendre de sa munificence et de sa bienveillante hospitalité. De son côté ce prince montra une douceur et une affabilité exquise envers les chefs. Il voulut se faire voir à eux, à cheval, une longue lance au poing qu'il maniait avec une admirable adresse. A le voir, on devinait son désir de se mêler aux Chrétiens un jour de combat.

Rentré dans son pavillon, il discutait savamment avec les doctes sur la nature de l'univers, sur le mouvement du ciel, l'influence des astres d'après la doctrine du philosophe arabe Averrhoès, mort au commencement du treizième siècle.

Il fut l'objet de l'accueil le plus respectueux de la part de Del Guast, du duc d'Albe et de tous les autres capitaines. A sa demande, ils lui firent voir le camp et les attaques. Il fut salué à son arrivée par une salve d'artillerie et de mousqueterie. Toute l'armée était rangée en bataille. Ce prince fut étonné des retranchements considérables élevés en si peu de temps, du grand apparat d'artillerie, de la bonne garde qui veillait à la sûreté du camp, enfin de la discipline qui y régnait parmi tant de troupes étrangères les unes aux autres, et si différentes entre elles de langage, d'armures et de mœurs. Il ne pouvait assez admirer la grande quantité de denrées alimentaires et même le luxe de toutes les commodités de la vie, qui se trouvaient exposées en vente au forum du camp, l'ordre et l'étonnante tranquillité des soldats qui les achetaient. Tout y abondait parce qu'il venait d'Espagne, de Majorque, de Sardaigne, de Sicile et de Naples des galères, brigantins et frégates chargés de pain, de vin, de viande, de fruits et de marchandises de toute espèce. Il lui fut facile de se convaincre par ses propres yeux que tant de troupes d'élite que Charles, cet invincible Empereur, avait amenées en Afrique, étaient suffisantes pour le réintégrer sur le trône, quoique intérieurement il ne fût pas sans crainte que Charles refusât de le rétablir dans son royaume, en punition de ce qu'il n'avait point rempli ses promesses et parce que cette expédition se faisait à grands frais.

Muley-Assan fut ensuite conduit dans le pavillon de monseigneur de Praet, Louis de Flandre, second chambellan de l'Empereur et chevalier de l'Ordre de la Toison-d'Or. On lui servit toutes sortes de pâtisseries, de confitures et de boissons faites de sucre et de cannelle, car les Tunisiens ne boivent point de vin, ni ne mangent de chair que quand elle est préparée selon leur loi. Ses cavaliers étaient vêtus à la mauresque. Leurs piques étaient longues de trente-six à quarante palmes. Ils portaient le cimeterre en écharpe, pendant à l'épaule droite vers la gauche, et un large poignard à deux tranchants attaché au bras gauche. Leurs montures étaient fort belles.

Muley-Assan fournit d'utiles renseignements concernant les forces et le bon esprit qui animait les Tunisiens, la situation de la ville, la nature de ses fortifications et de celles de la citadelle, et sur les puits, les citernes d'eau douce qui se trouvaient aux environs de Tunis. On connut l'étendue, vers l'occident, des bois d'oliviers qui présentent l'image d'une forêt, ainsi que la composition des troupes africaines et arabes qui se trouvaient à la solde de Barberousse. Quant à lui, il disait qu'il était suivi de huit cents chameaux chargés de victuailles et autres objets utiles à la guerre et qu'il avait à sa disposition dans les montagnes plus de seize mille chevaux, dont on ne vit jamais, dit Étrobius, pas même une queue !

Muley-Assan fit entendre, et les événements ont sanctionné ses prévisions, que Barberousse ne s'enfermeroit point dans les murs de Tunis : une nombreuse artillerie n'auroit point manqué de la renverser en peu de temps. Qu'il se montreroit en plaine avec toutes ses troupes sous les drapeaux, afin de jeter l'effroi dans l'armée impériale par ce déploiement de forces, qu'il rueroit sur elle sa cavalerie arabe, avec de grands cris, cherchant comme de coutume à faire naître le désordre. Que pour épargner son infanterie turque, en laquelle il avait placé toute sa confiance, il ne la conduiroit point au combat ; que ce rusé pirate n'opposeroit à l'ennemi que des troupes africaines. Que c'était sa perte s'il devait en venir à une grande bataille avec un ennemi qui auroit opposé à ses archers arabes presque nus, des phalanges couvertes d'acier et armées de longues piques ; qu'en vain il auroit voulu arrêter dans sa marche une pareille armée. Il dit encore que ce que les impériaux avaient le plus à redouter, c'était la soif et l'ardeur du soleil. Que cet inconvénient, cependant, n'était point sans remède, puisque la flotte pouvait fournir à l'armée les provisions d'eau douce dont celle-ci manqueroit, au moyen de barques qui traverseroient le lac. Qu'à la vérité, il se trouvait des citernes près de Tunis, mais qu'il était à craindre que Barberousse ne les fît empoisonner. Ces paroles rapportées à Charles le confirmèrent dans l'espoir qu'il avait conçu de la victoire. Il résolut donc de faire approcher à l'instant toutes ses troupes de la Goulette. Mais tandis qu'il allait exécuter ce dessein, Barberousse, alarmé de voir les travaux de siège très-avancés, tenta de les détruire en un seul jour.

Ce fut un jour terrible et où il se répandit beaucoup de sang. C'était le samedi 26 juin. A l'aurore Barberousse fit partir de Tunis toute sa cavalerie turque et arabe par le chemin des Oliviers. Elle devait se jeter sur le camp des Chrétiens, le raser et y mettre le feu. L'artillerie de campagne la précédait. Cette troupe poussait devant elle, comme toujours, d'assourdissants atabales, de hideux dromadaires et de monstrueux éléphants dont la vue épouvantait si fort les chevaux européens. Pendant que Barberousse détruirait le camp, les Turcs de la Goulette au nombre de six mille devaient attaquer la tranchée, afin de triompher plus facilement des Chrétiens en les mettant entre deux feux.

Il y avait, entre Tunis et le camp, des bois d'oliviers, de figuiers, de palmiers et autres plantades d'arbustes fructifères qui croissent naturellement au terroir de Barbarie. Charles informé par ses espions du départ de Barberousse avait tenu sous les armes toutes ses troupes la nuit précédente. Il était prêt à tout évènement. Soudain cette cavalerie cachée dans l'ombre de ces bois débusque en poussant de grands cris et soulevant la poussière. Les Arabes s'élancent dans la plaine et engagent des escarmouches, pendant que l'artillerie placée sur une éminence du bois fait un feu terrible sur le camp. Charles connaissant la tactique de la cavalerie ennemie, avait défendu, sous peine capitale, de riposter aux escarmouches. Mais voyant tout le mal que causaient ces petits combats, et surtout l'artillerie du bois, il résolut d'y aller attaquer l'ennemi et de le déposter. C'est pourquoi ayant laissé à la garde du camp les Italiens et quelques cohortes de vétérans allemands et espagnols, il fait prendre le devant à la cavalerie espagnole forte de 600 chevaux, sous le commandement du marquis de Mondéjar, et à deux légions d'infanterie allemande et espagnole. Lui-même à la tête de la grosse cavalerie et de son infanterie flamande suit avec de l'artillerie légère, précédé de son grand étendard et suivi de toute sa maison. Toute sa troupe s'élevait à huit mille quatre cents hommes et il en avait en face plus de trente mille.

Dans cet ordre Charles-Quint marche droit au bois. Il était au premier rang et le premier commença le combat en criant : *Espagne! St-Jacques!* et se rua sur les barbares (1). On combat pendant quelque temps avec des succès divers. Déjà ce n'était plus une escarmouche, mais une bataille. Car bien que les arquebusiers et les escopetins à pied eussent le dessus, il n'en était point de même de la cavalerie espagnole, jeune encore et insuffisamment exercée au métier des armes. Celle-ci cédait donc devant la cavalerie turque et arabe, et, le désordre s'étant mis dans ses rangs sous les yeux même de l'Empereur, elle fléchit et se replia sur la grosse infanterie. Elle avait bien des chevaux de la meilleure espèce, tous genêts andalous, mais peu habitués à de tels combats. Car on sait que l'exercice de la cavalerie avait été négligé en Espagne depuis l'expulsion des Maures du royaume d'Andalousie. De plus ses lances n'étaient point aussi longues que celles des Arabes, et les éléphants hérissés d'épouvantails sonores et brillants effrayaient les chevaux au point qu'ils refusaient de marcher.

Son chef Mondéjar s'exposa aux plus grands périls. Comme il portait une cotte d'armes de velours vert bandée de drap d'or et un grand panache au chaperon, il était facile de reconnaître en lui un capitaine de distinction, et tous les coups se dirigeaient sur lui. Bientôt il est enveloppé par un nombre considérable d'ennemis. Il tue de sa propre main le général de la cavalerie ennemie, brave rénégat appelé Caïcési. Zézan, capitaine des janissaires lui enlève son épée à la ceinture, et il n'avait plus pour se défendre que la lance, quand Torras brave Andalous abat le Turc à ses pieds. Mais Zayas et Gaytan autres, Andalous, trouvent la mort en voulant secourir leur capitaine. Quoique couvert d'une épaisse cuirasse,

---

(1) In eo concursu Cæsar ipse ut ante agmen armatus constiterat omnium primus *Hispaniam! Divum Jacobum!* proclamavit.
Epist. Guil. Malinæi.

Mondéjar la voit percée par un coup de lance arabe et tombe mortellement blessé. Lussius illustre par sa naissance et son génie poétique, qui combat à ses côtés, reçoit une blessure profonde. Entouré de toutes parts, l'ennemi allait emporter Lussius quand Carafa, noble Napolitain, le sauve au prix de son sang et couvert de celui des Barbaresques. Mondéjar avait aussi été ramené par ses fidèles Andalous. Voyant le péril où leur chef se trouvait, ils s'étaient tous élancés vers lui en criant : *Allons le secourir ou mourir avec lui!* Gui Perez de Vargas se distingua tout particulièrement dans cette journée.

On l'a déjà dit, telle était la manière de combattre des ennemis. Ils s'élançaient à grande vitesse jusqu'à ce qu'ils fussent arrêtés. Feignant alors de fuir pour refroidir l'ardeur de leurs adversaires, ils retombaient bientôt sur eux à grands cris et en agitant leurs enseignes. Mais ces moyens d'effroi, bons dans le principe, étaient déjà usés. Charles voyant que ses troupes vivement pressées cèdent, fond avec sa grosse cavalerie sur les Arabes, leur enlève leurs pièces d'artillerie et les met en fuite après leur avoir fait essuyer une grande perte. Sa présence avait fait de ses soldats des lions. En vain le vieil Alarçon, par pitié pour une tête si chère, le supplie de se retirer. Dans ce combat ce prince fit non-seulement l'office d'un chef intrépide, mais aussi celui du plus vaillant guerrier et mérita l'honneur d'une couronne civique. Car, comme André Pontius, noble Andalous dont le cheval avait été tué, gissait par terre grièvement blessé à la tête de cinq blessures et enveloppé de toutes parts par l'ennemi, Charles le sauva par sa présence. Ainsi, Empereur, général et soldat tout à la fois, Charles savait gouverner, commander et combattre. Vraiment né pour l'empire et le camp, on peut dire qu'il fut sans égal sur le trône comme sur le champ de bataille.

venger la mort de leurs maris, afin d'aller partager en leur compagnie les joies que Mahomet promet à ceux qui meurent à la guerre. Assaillie de toutes parts, environnée de feu et de fumée, la petite garnison était aux abois, quand Charles comprenant sa détresse, s'élance à son secours avec ses meilleurs fantassins et cavaliers, fait un grand carnage des Barbaresques, dans lequel le Grand-Prêtre tombe le premier, et jetant la terreur dans leurs rangs il met les ennemis en fuite. Car selon leur tactique, les Africains confiants dans la vélocité de leurs montures, et armés à la légère, comme des vélites, préféraient inquiéter leurs adversaires par de fréquentes incursions que d'attendre le choc et de livrer un combat régulier. S'ils voyaient qu'il fallait se battre corps à corps, ils tournaient le dos et s'envolaient sur leurs rapides chevaux.

Plus tard me trouvant à Naples avec l'Empereur, dit Paul Jove, évêque de Nocère (1) qui a écrit sur cette expédition, ce prince me raconta à moi qui devais un jour écrire le cours de ses victoires, qu'il avait beaucoup regretté de ne point avoir eu en Afrique une légion d'arbalétriers à cheval. Elle lui eut été d'un grand secours contre la cavalerie arabe. Car leurs viretons n'eussent point manqué de faire un grand carnage des Numides et surtout de leurs chevaux qu'ils achètent très-cher et chérissent plus que la vie. Que si la guerre l'appelait encore en Afrique, il formerait un régiment d'arbalétriers, semblable à celui de sa garde qu'il avait eu autrefois.

L'infériorité de la cavalerie espagnole résultait de sa déroute. On crut donc que s'il arrivait une bataille générale, la cavalerie impériale ne pourrait résister à la cavalerie arabe, qui l'emportait

---

(1) Lib. XXXIII.

en nombre et par la bonté de ses armes ; et qu'il ne fallait attendre la victoire que des mousquetaires et des escopetins dont l'audace aussi bien que l'adresse étaient incontestables.

Cependant de graves préoccupations absorbaient l'Empereur. Cette rude guerre ne laissait point que d'inquiéter son esprit. Un seul mot de lui pouvait y mettre fin. Il ne le voulut point. Un Tunisien vint le trouver, vers ce temps-là, dans sa tente et s'offrit à lui donner la victoire sur ses ennemis, sans perdre un seul homme, sans qu'il en coûtât à ses trésors. Comme Charles lui demandait son secret, ce Tunisien lui dit : En ôtant la vie à Barberousse, le camp se lève et Tunis ouvre ses portes à votre Majesté. Charles lui demandant encore par quel moyen il parviendrait à ôter la vie à Barberousse, ce misérable lui répondit que rien n'était plus facile. Qu'étant son pannetier, il mêlerait du poison à ses aliments. Charles rejeta avec horreur une telle proposition, en disant qu'il n'y aurait point d'honneur pour lui de se débarrasser de son ennemi par un moyen aussi vil. Que les armes des Chrétiens n'étaient point le poison et la trahison, et que sa conquête serait sans gloire, s'il obtenait la victoire par un expédient aussi odieux. Qu'il est du devoir des princes de repousser les traîtres qui proposent des actions aussi abominables, alors même que c'est la tête d'un corsaire qui doit tomber. Qu'il espérait bien en venir à bout, mais par le fer et avec l'aide du Tout-Puissant. Paroles dignes de ce grand monarque et qui montrent toute la noblesse de ses sentiments. Cela dit, il le renvoya.

Le 28 de juin, le ciel étant pur et serein, il s'éleva tout-à-coup un vent, qu'on dit d'Afrique, parce qu'il naît dans cette contrée. D'épais nuages cachèrent le soleil, et le vent, dans sa fureur, les pressait devant lui, soulevant en même temps des montagnes de sable. La tourmente fut si violente qu'elle brisa les madriers des tentes, les cordages de chanvre qui les attachaient aux pieux fixés en terre, comme s'ils n'eussent été que de laine, dit Sandoval. Tentes, pavillons, échoppes, écuries, tout fut renversé et leurs débris jetés et disséminés parmi le camp. On finit par ne plus se voir ni sur terre, ni sur mer... Les soldats les plus intrépides plongés dans la stupeur et l'effroi, croyaient à la vue de ce terrible phénomène que les démons appelés au secours des nations barbares venaient se joindre à elles. On allait jusqu'à dire que *Chasse-Diables* ayant perdu la vie la veille dans un combat, les démons faisaient sa fête au détriment des Chrétiens. Des lueurs livides et blafardes tombant du ciel, répandaient sur toute la nature un air sinistre et sépulcral. La confusion était à son comble. Ce qui y vint encore ajouter ce furent les cris lamentables des femmes, des marchands et vivandiers, dont les huttes et les loges s'écroulaient avec fracas : le bruit de la mer en fureur empêchait les capitaines de faire entendre leurs commandements aux soldats et ceux-ci, d'obéir. Les rafales de sable ne permettaient point de tenir les yeux ouverts ni de se tenir debout. Des compagnies entières qui montaient aux retranchements pour les défendre furent renversées par le vent, tant il était impétueux. En mer plusieurs brigantins et autres petits navires furent se briser à la côte. Le vent tourbillonnait dans les mâtures et les cordages avec le grondement du tonnerre. La flotte néanmoins tint ferme. On s'attendait que les Barbaresques profiteraient de ces affreux moments pour faire irruption. En effet, les Turcs sortis de la Goulette, armés de divers instruments, élevèrent avec des machines un sable brûlant comme les cendres du Vésuve, et livrent au souffle du midi cette arène embrasée, ils imitèrent pour les Chrétiens les effets du simoon, terrible vent du désert ; pendant que d'autres, au nombre de quatre à cinq mille, fondirent sur les retranchements. Mais ce fut en vain. Pendant que tous les éléments se déchaînaient contre lui, Charles et ses braves veillaient aux bastions, le ventre à terre et le sabre au vent. Les Turcs furent repoussés, et leur chef Jaffer resta parmi les morts. Cette nuit terrible laissa dans l'esprit des soldats une impression qui ne s'effaça jamais.

Pendant les premiers jours de juillet, on continua avec une ardeur incroyable l'achèvement des tranchées. On dressa ensuite la grosse artillerie en batterie contre la Goulette. On flanqua de redoutes quelques collines qui s'élevaient à peu de distance du camp, afin de le protéger contre les incursions des Barbaresques, le jour où Charles dirigerait toutes ses forces contre la Goulette.

Comme ce fort était situé dans le lac et entouré de tous côtés de solides fortifications, il fallut déplacer le camp plusieurs fois, avant de pouvoir l'approcher. Ces travaux demandaient beaucoup de peine, car il fallait transporter tentes, pavillons, logis, bagages d'hommes et de chevaux. Puis aux lieux qu'on abandonnait, il se trouvait déjà une foule de commodités qu'offrait la nature ou que l'armée s'était créées, telles que puits, par exemple, qui étaient très-rares à cause du voisinage de la mer dont le débordement avait gâté le peu de lagunes qu'on apercevait par ci par là. En outre il fallait ouvrir les tranchées sous la protection de tonneaux emplis de sable et recouverts de peaux pour se mettre à l'abri des boulets que l'ennemi envoyait pendant la nuit, car c'était dans l'obscurité qu'on faisait les approches. Les hommes de la marine n'étaient pas moins accablés. C'était au cap Zafran et sur la côte de Nabel que les galères allaient prendre les madriers et les fascines dont on avait besoin pour les travaux du siège, et il en vint plus de vingt mille. Pendant qu'on changeait ainsi le camp, et qu'on rapprochait les travaux du fort, afin de s'ouvrir une voie plus commode à s'en emparer, il y eut souvent des alertes, et maintes fois, au milieu de la nuit, on criait aux armes et on se battait dans les ténèbres.

Les impériaux ne pouvaient donc prendre ni relâche, ni repos, ni sommeil. A toute heure du jour et de la nuit ils avaient à combattre et contre la garnison de la Goulette et contre les Arabes qui s'élançaient du côté des ruines de Carthage, franchissant les montagnes avec l'agilité de la biche. Du haut des galères abritées dans le lac et du sommet de la Goulette l'ennemi envoyait à chaque instant d'énormes boulets de fer et d'airain qui venaient écraser les Chrétiens occupés aux travaux et jusque dans leurs tentes. Parmi ces boulets, il s'en trouva, et c'étaient précisément ceux du plus gros calibre, qui portaient l'empreinte d'une fleur de lis. Ce qui fit connaître, dit Etrobius, de quelle pharmacie sortaient ces pilules et quelle était l'officine qui fournissait la marchandise. Aussi les bruits vagues qui avaient circulé au sujet de secours donnés à Barberousse par la France, se changèrent alors en certitude.

On a vu qu'entre la Goulette et Tunis il y avait un lac au moyen duquel on communiquait de l'une à l'autre place. Le milieu seulement était navigable. Comme des provisions y arrivaient à tout moment de la ville, sur des galères et des brigantins, on résolut d'empêcher l'ennemi de ravitailler le fort. A cet effet, on plaça au bord du lac une cinquantaine de barques, qu'il fallut y embarquer. Ce qui s'effectua assez vite mais non sans peine. Mais quand elles furent chargées d'artillerie, ces barques ne purent ni naviguer, ni manœuvrer à cause du peu de profondeur du lac le long de la rive, et force fut de les retirer en pleine mer, ce qui fut un rude labeur pour les soldats.

Le quatre de juillet la garnison de la Goulette informée qu'une grande partie des troupes du camp en étaient sortie le matin pour escorter des vivandiers, palfreniers et muletiers qui allaient à la picorée dans les villages voisins, afin d'y faire provision de paille, d'avoine, de fourrage et de bois, fit une sortie vers midi et vint encore se jeter avec fureur sur le camp le croyant moins bien défendu qu'à l'ordinaire. Les Turcs espéraient bien y pénétrer, le ciel semblait aussi se déclarer pour eux. Déjà le tonnerre grondait dans le lointain. Bientôt le devorant simoon se déchaîne de nouveau et soulève des colonnes de sable à une hauteur prodigieuse. Un voile épais dérobe aux yeux des deux armées la clarté. Les éclats de l'artillerie se mêlent aux éclats du tonnerre. Les Barbaresques, la pluie, le vent, le sable et la grêle frappent tout à la fois contre les Chrétiens. Tout le camp est inondé. Cette tempête dura plusieurs heures. Charles et ses soldats lui opposèrent un front intrépide. Pendant qu'on se battait aux bastions avec un courage inouï, lui à la tête des autres troupes était en observation dans le camp, dans la crainte que la cavalerie arabe ne tombât sur les derrières. Ceux à qui était confiée ce jour-là la défense du camp (c'étaient les Allemands) non-seulement repoussèrent l'ennemi, mais le poursuivirent encore jusque dans la Goulette, où ils enlevèrent même plusieurs drapeaux. La perte des ennemis fut encore considérable ce jour-là, les impériaux eurent à déplorer beaucoup d'officiers mis hors de combat. Le marquis Del Final y fut mortellement blessé d'un coup d'escopette. Dix galères le conduisirent en Sicile où il mourut peu de temps après à Trapano. Les capitaines Saabedra, Bocanegra, son porte-enseigne, Pedro de Valence, Charles d'Espars, Morales, Hermosilla, Maldonado, Louis Quixada, Vasquez, Daça, Rodrigo Ripalta y furent blessés. Fernand Velasco mourut peu de temps après de ses blessures. L'Empereur fut très-affligé de sa perte.

En ce temps-là Charles souffrait beaucoup de la goutte à un pied.

Cette maladie, au dire des médecins, provenait des fatigues qu'il se donnait à remplir tous les devoirs d'un bon chef. Le peuple, de tout temps, s'est fait volontiers l'interprète des volontés du ciel. Tout le camp vit donc dans cette indisposition le doigt de la Providence qui avertissait l'Empereur, par ces souffrances, de ne plus s'exposer avec autant de témérité qu'il le faisait, alors qu'il devait lui suffire de donner ses ordres et de les faire exécuter par ses lieutenants. En effet les sorties, les incursions et les combats, auxquels Charles prenait toujours une large part, ne se faisaient pas sans qu'on lançât, de part et d'autre, force traits, javelots et boulets, qui pouvaient atteindre aussi bien le chef suprême que le dernier de ses soldats.

Les Turcs et les Africains hautains et présomptueux comme les guerriers de l'Orient en avaient encore conservé les mœurs guerrières. Ainsi que dans les premières croisades, on voyait souvent l'ennemi proposer des combats singuliers aux Chrétiens.

Un jour pendant que les Arabes, au nombre de quatre mille chevaux, après avoir inutilement cherché à engager une escarmouche, se tenaient en observation près du bois des oliviers, on en vit un sortir des rangs et s'avancer dans la plaine. C'était un Turc. Il portait pour armes un bouclier au bras gauche, le sabre et la dague à la ceinture. Les pans de son gaban étaient attachés par derrière. Sa contenance était fière. Du geste et de la voix il défie les Chrétiens. Ceux-ci témoins de sa provocation s'en indignent. Tous brûlent de se mesurer avec lui. Un seul peut y aller, ainsi le veulent l'honneur et les usages de la guerre. Un Espagnol s'élance des rangs chrétiens et court à lui. Le Turc prompt comme l'éclair lui porte le premier coup. L'Espagnol l'évite avec la targe. A son tour il fond sur son ennemi, et d'un coup de son large cimeterre lui abat la tête qu'il rapporte en trophée au camp, où le vainqueur est reçu avec de bruyantes acclamations.

Un autre alors se présente. C'est un Arabe. Oribe de Vrango s'élance vers lui dans la plaine aux hennissements de son genêt. C'était le présage de la victoire. L'armée chrétienne attend avec le plus vif intérêt l'issue de ce nouveau combat. On dirait qu'il doit décider du sort de toute la guerre.

Déjà les guerriers se sont joints, les lances en arrêt. Celle de l'Arabe est beaucoup plus longue que la lance du Chrétien. Le courage est le même. Tels autrefois les plus braves guerriers de Saladin et du Belge Godefroi, le terrible Argant et le bouillant Tancrède se défiaient dans les plaines de Solime sous les yeux des deux armées. Plus rapide que le tigre ou que le léopard dans les forêts, l'Arabe fond sur son adversaire. Oribe reçoit le coup en pleine poitrine, mais sa solide armure l'a préservé. A son tour, il s'élance sur l'Arabe, lui porte un coup dans le côté et retire son fer tout sanglant. Inutile blessure qui ne fait qu'enflammer la colère du Numide. Il recule et pousse son cheval contre le Chrétien. A ce choc, les lances heurtent les boucliers et volent en éclats. Ils jettent loin d'eux leurs débris et tirent le sabre : deux fois le fer étincelle et se croise, sans atteindre. L'Arabe porte sur la tête de l'Espagnol un coup terrible qui résonne au loin. Les Arabes poussent de grands cris de joie ; mais à peine le Numide a ramené son fer que lui-même chancelle percé au cœur, tombe et roule sur la poussière. Oribe lui coupe la tête qu'il rapporte sanglante au camp. Charles témoin de sa valeur le félicite et ordonne à son grand écuyer de lui compter la somme de trois cents ducats. Oribe la refuse. Il ne s'est point battu pour de l'or, mais pour le devoir. Belles paroles bien dignes d'un tel soldat. Charles détachant alors son sabre de la ceinture le lui donne pour prix de sa valeur en le créant chevalier.

L'Espagnol le reçoit à genoux et l'arrose des larmes de la plus vive reconnaissance. Honneur militaire quel est donc ton empire !

Après quelques jours employés à de nouveaux travaux de siége, Charles vit bien qu'il n'y avait plus de temps à perdre. Il résolut donc de faire approcher toutes ses forces de la Goulette et d'y jeter la terreur. Ayant inspecté avec un soin extrême les retranchements du nouveau camp, il fit ajouter aux redoutes déjà existantes une nouvelle plate-forme. Il ne manquait point de motifs pour faire le siége de la Goulette. Le moral de ses soldats était rétabli par de brillants faits d'armes, l'ennemi, au contraire, toujours repoussé avec perte était tombé sous l'influence de la peur. Charles ne voulait point lui laisser le temps de construire de nouvelles défenses qui lui eussent rendu la confiance et l'espoir. Il avait aussi appris que divers corps de troupes arabes que Barberousse avait soudoyées s'approchaient de Tunis.

D'un autre côté une partie de ses soldats accoutumés à vivre sous un ciel plus doux, était livrée en proie aux maladies causées par les ardeurs du soleil et par l'humidité de l'atmosphère qui la nuit perçant les tentes, glaçait les soldats et roidissait leurs membres. La flotte ne pouvait offrir aux blessés que les ressources d'un hôpital improvisé. Il fallait les transporter sur des galères en Sicile. L'eau manquait. Les puits creusés à grands efforts sur le rivage ainsi que les fontaines de la Tour d'Eau Douce n'offraient plus qu'un liquide boueux et corrompu, de sorte que les malades et les hommes sains n'avaient, pour se rafraîchir et étancher leur soif, que des pommes aigres, ce qui les faisait tomber en maigreur. L'air était vicié par les cadavres restés sans sépulture ; et l'armée brisée par de longs travaux. Charles avait épuisé tous les moyens que lui suggéraient son bon cœur et sa libéralité. Il est vrai que Ferdinand de Gonzague était arrivé depuis peu, avec plusieurs caravelles chargées de vivres et de médicaments, et que le marquis d'Alarçon avait aussi amené un navire chargé d'approvisionnements, mais ces nouvelles ressources étaient déjà en partie épuisées. Tout récemment il était encore arrivé dans la baie trois galères venant de Sicile et une de Catalogne, un petit galion, deux navires et deux pataches de Biscaïe, amenant un peu de monde et des provisions de farine et de biscuit. Un brigantin fut plus heureux : il apporta la nouvelle que l'Impératrice était accouchée d'une princesse ; ce qui causa une joie extrême à l'Empereur.

Déjà dans l'escadre espagnole et dans la flotte de Doria le biscuit commençait à sentir la moisissure. Le vin manquait au camp. Les vivres y étaient sans prix (1) et les hôpitaux s'emplissaient de malades et de blessés. Tous ces motifs déterminèrent Charles à précipiter le siége de la Goulette.

C'est pourquoi le dix de juillet, on embarqua les traitants, marchands et autres gens inutiles, dont on débarrassa le camp. Et pour la sûreté de celui-ci, on tira un long fossé du côté de Tunis, depuis la Tour d'Eau Douce jusque vis-à-vis la tente impériale. On y plaça deux mille arquebusiers et quelques compagnies de jeunes troupes espagnoles.

Les soldats demandaient le siége à grands cris. Les uns disaient qu'il fallait attaquer la Goulette un mercredi, d'autres un vendredi, que jamais l'Espagne n'avait perdu de bataille ces jours-là.

On était arrivé ainsi au 13 juillet, toutes les batteries étaient pointées, et les pièces placées sous la protection d'un long parapet de corbillons faits de tonneaux emplis de sable seulement, car le sol africain n'offre point la glaise et le gazon qu'on emploie dans ces travaux. La flotte de Doria bien pourvue de tout ce qui est

---

(1) Une poule, dit Sandoval, se vendait au camp deux ducats, une petite vache, dix, un mouton maigre, quatre, enfin un œuf un demi-réal.

nécessaire à un siège par mer, était à l'ancre dans la baie n'attendant plus que le signal. Toutes les mesures enfin étaient prises et sur terre et sur mer. Charles fit publier un ordre du jour ordonnant aux chefs et aux soldats de se tenir prêts à exécuter ses ordres au premier moment. Mais l'impétuosité du vent et l'agitation extrême des flots firent remettre l'attaque au jour suivant. Les Arabes toujours pleins d'espoir dans les tempêtes profitèrent encore de celle-ci pour se précipiter en grand nombre sur un fort bâti sur une éminence de l'ancienne Carthage, mais ce fut sans succès.

Le vent baissa pendant la nuit du 13 au 14 juillet. La mer qui la veille et les jours précédents s'était soulevée au point d'inonder les tentes dressées sur le littoral, était redevenue plane et tranquille. Ce calme était regardé par l'armée comme une faveur céleste du meilleur augure.

Charles avait passé toute la nuit à visiter les tranchées avec le prince de Portugal. Pour Barberousse, les nuits étaient aussi de longues veilles. Il cherchait de son côté à persuader aux siens que l'Empereur après s'être épuisé en vains efforts contre cette forteresse, que lui considérait comme inexpugnable, trompé dans sa folle attente et dépouillé de toute la considération d'un grand nom, trouverait à peine les moyens d'assurer son salut et son retour précipité en Europe.

Charles était aussi plein de confiance, mais de cette confiance qui ne peut tromper parce qu'elle découle d'une source pure et divine. Il avait, en bon Chrétien, ouï la messe et communié avec toute sa cour, dans une chapelle dressée près de sa tente où chaque jour il assistait au service divin. Il venait de donner ses derniers ordres quand l'aube commença à blanchir. Il passa alors la revue de ses troupes, recommandant aux chefs de ne pas trop s'exposer au danger. Il était gai et calme, et d'une éloquence entraînante. Il adressa la parole aux soldats promettant des récompenses, distribuant à propos les éloges, jetant dans le cœur de tous la confiance et l'ardeur dont il était embrasé. Il ne doutait point, leur dit-il, que des soldats qui si souvent en son absence avaient cueilli de si belles palmes sur les champs de bataille, alors qu'ils combattaient des ennemis de même religion ; qui en Allemagne et en Italie avaient fait des princes et des rois prisonniers, en leur arrachant la victoire comme la massue des mains d'Hercule, ne se couvrissent d'une gloire immortelle sous ses yeux en écrasant cette fois une horde d'infidèles. Qu'il aurait mémoire des services rendus et récompenserait dignement chacun selon ses actions (1), qu'ils eussent pleine confiance, car ils allaient combattre pour la plus sainte des causes, pour la gloire de Dieu et de son fils le sauveur du monde !

« Soldats de l'empire, dit-il en terminant, le jour tant désiré
» est enfin venu. Songez que du haut des ruines de Carthage
» où vous combattez, toute la Chrétienté vous contemple ! Porte-
» enseigne du Christ, je serai avec vous aux batteries et aux brè-
» ches, c'est là qu'il est glorieux de mourir ! » (2)

Ces exhortations puissantes enflammèrent tellement le courage de ses soldats, déjà si bouillant de lui-même, que dans leur exaltation guerrière ils appelaient à grands cris le combat. Quand

(1) L'Empereur avait promis au premier porte-enseigne qui entrerait à la Goulette une pension viagère de 400 ducats, 300 ducats de rente au second, 200 au troisième et 100 au quatrième; et au premier soldat qui y parviendrait, une pension de 300 ducats, 200 au second et 100 au troisième.

(2) Dondé el morir seria glorioso !
Qu'on se garde de croire que nous imitons en ce passage les paroles sublimes de Napoléon en Egypte. Nous n'avons fait que traduire Sandoval. Il ne doit point paraître étonnant qu'à trois siècles de distance deux grands capitaines, également entraînants, aient tenu à leurs soldats le même langage.

Charles eut fini de parler, un seul cri se leva dans toute l'armée : *la bateria ! la bateria ! die sturm !*

Pendant la nuit, la flotte destinée à battre la Goulette s'en était approchée. On la voyait rangée en ordre de bataille. Elle avait baissé les mâts des galères et les antennes des galions et des caraques, pour les soustraire au ravage des boulets ennemis. A terre l'armée était divisée en trois corps ou quartiers. Placées dans des endroits différents, les troupes de chaque nation étaient appelées à partager les périls et la gloire. Toute la cavalerie était postée en observation entre le bois des oliviers et les attaques.

Le soleil venait de montrer son disque radieux au-dessus de la ville de Reda quand la trompette sonna le signal. Il était alors trois heures et demie. Les batteries masquées se découvrirent aux bastions. Dix frères mineurs, un crucifix à la main, entonnèrent le psaume sublime : *Laudate Dominum omnes gentes*, puis se dispersèrent à la tête des troupes, parmi les quartiers, pour porter les secours de la religion aux mourants.

La Goulette fut aussitôt attaquée par terre et sur mer. Le quartier des Espagnols comptait vingt-quatre grosses pièces et quelques coulevrines, dont une de vingt-sept pieds de longueur ; celui des Allemands autant. Ils battaient en brèche la tour et le bastion du côté de la muraille neuve. Le quartier des Italiens en comptait seize. Ils canonnaient les retranchements que les Turcs avaient récemment élevés du côté du lac. L'espace laissé entre chaque pièce d'artillerie était de neuf pieds. A cent pas de là six enseignes de vétérans espagnols s'étaient postées la nuit et battaient la muraille neuve avec six doubles canons. Dans les trois quartiers, on poussa les attaques avec toute l'ardeur qu'inspire l'émulation nationale.

Telle était la disposition de la flotte. André Doria battait la place de très-près avec vingt galères éperonnées placées en travers. Son feu était dirigé sur la Goulette et sa barbacane ou mur d'enceinte. Quand le premier rang avait lancé sa bordée, il se retirait en virant pour faire place au second rang.

L'Empereur avait ordonné au comte d'Aguilar de canonner de face avec les galères du Pape, celles de Malte et du Portugal, les six galères que les Turcs avaient armées hors du canal; et à Antoine Doria, d'en faire autant du côté de l'orient. Pendant ces manœuvres de la flotte d'attaque, d'autres galères, caravelles et galions mouillés à portée de la Goulette ne cessaient de faire feu du haut de leurs châteaux de proue et de poupe et des hunes des grands mâts.

En cet instant Charles ordonna au marquis de Villafranca, général des galères de Naples, et à Alvar Bazan, commandant de l'escadre espagnole, d'aller se poster avec vingt-quatre galères sous le cap de Carthage, pour que, si les Arabes venaient pendant le siège inquiéter les derrières de l'armée chrétienne, ces vaisseaux pussent les repousser par des feux obliques : sage précaution qui déjoua, en effet, le plan des ennemis. N'osant passer sous le boulet de cette escadre, les Maures s'avancèrent sur la tranchée près de la Tour d'Eau Douce, mais ils furent vivement repoussés par les arquebusiers qui gardaient ce poste.

Pendant cette attaque formidable, l'Empereur se portait alternativement de l'un à l'autre quartier. Son œil était partout. Il était rentré au camp et se trouvait à la tranchée dont on vient de parler quand il vit un maure brandissant sa lance et s'approchant de lui. Charles était à cheval. Il met pied à terre, saisit une arquebuse, pose le genou en terre et vise.... Mais en ce moment le Maure qui avait découvert la troupe dans la tranchée, avait fui. L'Empereur tira néanmoins, mais la distance ne lui permit point de l'atteindre.

Charles se cacha un peu et le cavalier mauresque revint bientôt en criant en arabe à haute voix : « Tu as beau faire, Chrétien, vas-t'en, vas-t'en, tu n'entreras pas à Tunis ni à la Goulette. » Il avait à peine fini de parler qu'il tomba pour ne plus se relever. Ce Maure à en juger par son air, sa mise et son langage, était un chef puissant.

Le canon enlevait souvent des soldats à côté de l'Empereur. Ce qui obligea plusieurs fois le comte de Tendilla et Don Alvar Bazan de lui dire avec respect et cette noble franchise de mœurs guerrières que Charles aimait tant dans ses officiers, qu'il n'était point raisonnable qu'il se tînt toujours au lieu du danger, et qu'ils se retireraient dans leurs pavillons plutôt que de donner l'attaque, s'il persistait à y assister. *Je suis votre soldat*, leur répondit Charles, *et prêt à vous obéir, si vous pensez que pour vaincre il suffit d'écouter le bruit de l'artillerie.*

Jamais, peut-être, depuis que les canons ont été inventés pour la destruction du genre humain, place n'avait été attaquée avec plus de vigueur et un plus grand déploiement de forces. Terrible fut la batterie. Au bruit épouvantable de l'artillerie de terre et de mer répété par les échos des deux caps, on eût dit que la terre violemment agitée jusque dans ses fondements s'entrouvrait pour engloutir les mortels (1). Une autre circonstance vint ajouter encore à l'horreur du combat. La mer qui peu auparavant était calme et sereine, se couvrit tout à coup d'une écume jaunâtre. Les vagues semblables à de vastes cylindres roulèrent immenses, tandis que le ciel était dérobé à tous les regards par un long dais d'une épaisse fumée produite par le feu simultané de l'armée, de la flotte et de la Goulette ! Depuis le point du jour jusqu'à deux heures on ne

(1) Era tan grande el ruydo de los Golpes de la artilleria, que tremblava la tierra y pareceria romperse el cielo.   SANDOV. II, pag. 265.

cessa de faire jouer les plus grosses coulevrines. L'attaque avait été dirigée avec une telle vigueur et un accord si merveilleux qu'en ce moment la Goulette, qui semblait défier les forces les plus imposantes et par son assiette et par la solidité de sa construction, cédant au choc de l'artillerie la plus brutale croula avec sa barbacane percée de toutes parts. Dans sa chute elle entraîna le toit, les canons placés dans les embrasures et les artilleurs qui les servaient. Les fortifications que Sinan avait élevées avec des carènes de vaisseau et d'autres travaux étaient aussi détruits. La forteresse n'offrait plus aux Turcs un asile assez sûr, ni un endroit assez solide pour se défendre avec du canon. La plupart d'ailleurs de ses pièces avaient été démontées par la batterie de rouage des impériaux. Les torrions présentaient aussi de larges déchirures et semblaient permettre l'assaut aux troupes de Charles.

En ce moment le capitaine Jean prenant cinquante arquebusiers avec lui alla reconnaître l'état de la Goulette. Il était accompagné de Herrera gentilhomme de la compagnie du capitaine Pizano. Herrera n'avait que le bouclier et l'épée. Tous deux s'avancèrent hardiment et purent plonger leurs regards dans ces lieux horribles. Voyant en quel état était l'ennemi, Herrera dit à Jean : « *Capitaine!* » *le diable m'emporte si ce n'est pas une étable de vaches.* » Quand Herrera vint rendre compte à l'Empereur de ce qu'il avait vu, Charles lui frappant sur l'épaule lui dit : « *Herrera, tu es un soldat* » *de cœur.* » Il était alors deux heures (1). Doria et Del Guast étaient d'avis qu'on pouvait tenter l'assaut. Charles eut un entretien particulier en flamand avec son secrétaire Granvelle. Puis il fut

---

(1) Le 14 juillet au point du jour on canonna la Goulette en laquelle et au pourpris il y avait quatorze mille tant Turcs que Maures, laquelle fut prise par force environ à deux heures après-midi.   VANDEN Es. N° 17,444.

aux tranchées. On y tenait ferme, mais au quartier des Allemands les provisions étaient épuisées.

En cet instant Bazan venait d'envoyer à l'Empereur le capitaine Julian et Fernand de Palme, pour l'informer que les galères avaient fait une brèche suffisante pour pouvoir entrer dans la Goulette, et que si cela était le désir de l'Empereur, Bazan y entrerait avec les troupes de sa galère. Cet avis précipita l'assaut. De son côté l'ennemi ne pouvait voir sans douleur une telle destruction. Et songeant qu'il avait en tête un chef puissant et invincible, commandant une armée aguerrie, en possession de toutes les positions avantageuses qu'offraient la mer et le rivage, il avait commencé à se livrer au désespoir.

L'assaut étant décidé, les canons et les couleuvrines tirèrent encore, mais sans boulets, pour ne point faire de mal à ceux qui se disposaient à escalader le fort. On ne sonna point la trompette. Pour le signal de l'assaut on n'agita qu'un étendard. A cette vue les cohortes, à chacune desquelles on avait distribué six échelles s'élancèrent vers la brèche comme si elles n'eussent été qu'à un tournoi. Frère Bonaventure, moine franciscain, portant haut devant lui un crucifix, les précédait et les animait en chantant des cantiques. Bien que les brèches ne fussent pas aussi considérables qu'on le croyait, les soldats y appliquèrent les échelles et déployant un courage extraordinaire, ils se montrèrent bientôt sur les ruines. Les Turcs firent encore quelques décharges sur les Italiens, puis se turent.... Cependant les Espagnols qui étaient aux bastions, croyant marcher sur une mine, s'arrêtent. En ce moment Charles accourt et leur crie : *Courage, mes soldats, mes lions Espagnols*. A ces mots, ils s'enflamment (1) et malgré le feu

(1) Ces paroles, dit Antoine De Vera, les encouragèrent de telle sorte, qu'ils auraient passé au travers des Alpes, quelque résistance qu'ils eussent pu trouver. *Hist. de Charles V*, pag. 213.

meurtrier des arquebusiers turcs, malgré leurs longues sagaies dont ils les repoussent et les matières enflammées qu'ils font pleuvoir sur eux, en présence enfin de mille morts; ils parviennent au sommet des débris. Ils passent par le fer tout ce qui résiste et plantent l'étendard du Christ sur la brèche. C'en était fait. La croix avait vaincu le croissant! Les chevaliers de Malte avaient réclamé l'honneur de monter les premiers à l'assaut, car ils avaient le privilège d'être toujours à la tête des attaques.

Ainsi, malgré une pluie de feu artificiel, dont la flamme s'attachait aux armes des Chrétiens avec une grande ténacité, les Turcs avaient dû céder. Entraînés par l'amour de la vie, ils prirent précipitamment la fuite. Sinan lui-même, après une défense admirable, suivi de ses officiers passa le pont de bois et se sauva à Tunis, par la rive orientale du lac, avec quatre mille hommes. Ce fut aussi par là qu'une grande partie de ses soldats se dérobèrent et se sauvèrent à Arradez. Les autres avaient été ou massacrés ou précipités à la mer. Comme ils s'efforçaient de se sauver à la nage et de gagner les barques, il en périt un grand nombre embarrassés par leurs larges vêtements. La cavalerie espagnole et les arquebusiers traquèrent les autres comme des bêtes fauves. Ils y mirent un tel acharnement que toute la surface du lac fut en peu de temps rougie de sang humain et couverte de cadavres flottants.

Peu avant l'assaut, il était arrivé dix mille Maures, fantassins et cavaliers, dans les environs de Mesquita, non loin du camp; mais voyant la prise de la Goulette, ils se mirent à fuir en poussant de grands cris de désespoir. Charles eut à déplorer la perte de beaucoup d'officiers de distinction. Il perdit, entre autres, Marc de Messine, vaillant capitaine de mer qui avait fourni deux galères; le capitaine commandant la Capitanesse de Naples, et Don Pedro Urrera commandeur de Malte. La galère St.-Antoine fut celle qui souffrit le plus après la grande caraque de la Religion.

Le premier de la flotte qui entra dans la Goulette fut Alvar Bazan. Comme on tardait à lui donner son épée, il saisit celle de son valet de chambre, et suivi de cinq hommes seulement, mais cinq chevaliers de Malte, il sauta sur la brèche. Les premiers soldats de terre qui entrèrent dans la Goulette furent Don Miguel de Salas et Antonio de Toro, porte-enseigne du capitaine Sambrana, tous deux de Tolède (1). Gaytan porte-enseigne du capitaine Jean suivit, puis Mendoça porte-enseigne de Carillo, puis Jean de Béjar, Pedro de Avila et Diégo de Esla capitaine d'un galion, et Fuensalida porte-enseigne d'Herman de Vargas. Outre les rentes viagères qui leur étaient promises, tous reçurent une chaîne d'or que l'Empereur leur décerna et de plus le privilége du Bouffon (2).

(1) Y sobre todos los Espanoles fueron primero, en el entrar, por ser tanta su ligereza de los siglos celebrada, y proberbio en estos, que *el tudesco en campana, el italiano tras muralla, y el Espagnol á canalla*.
SANDOVAL II, pag. 260.

(2) *Privilegio dondè loqueria*. Ce privilége très-connu autrefois est banni aujourd'hui de la cour des rois. Ceux qui l'exerçaient n'ont pas laissé quelquefois d'éclairer la justice des souverains et de leur donner des conseils salutaires. Après tout un fou d'esprit qui peut porter la justice au pied du trône ne vaut-il pas mieux qu'un sot courtisan qui la cache ?

Le Dictionnaire des Anecdotes nous apprend que c'était un ancien usage dans les cours souveraines d'avoir un fou ou bouffon, qui par ses bons mots, ses plaisanteries, et même ses impertinences servait de jouet et de passe-temps.

Cet usage, ridicule si l'on veut, passa à la cour de France. L'emploi de bouffon y fut même érigé en titre d'office.

Le fou de Henri II s'appelait Brusquet. C'était un médecin sans pratique. Voulant faire fortune, il ne conçut pas comme Memnon le projet insensé d'être sage, mais au contraire le projet sensé d'être fou. Il s'accumula des biens immenses.

François 1er avait aussi un fou nommé Triboulet. C'était comme la plupart des fous de cour un homme spirituel et malin. On peut s'en convaincre par les traits suivants qui ne sont pas bien étrangers au sujet que nous traitons. François déterminé en montant sur le trône à reprendre le Milanais, consulta ses ministres sur les moyens de l'attaquer. Lorsqu'il sortit de son conseil, son bouffon lui dit que ses conseillers étaient des fous. Pourquoi ? demande le roi. — C'est, répondit Triboulet, qu'ils ont seulement délibéré comment vous entreriez en Italie, et qu'ils n'ont pas pensé

De la cavalerie le premier qui entra dans le fort, fut le prince de Salerne avec les gens de sa maison. Il était armé de toutes pièces et portait la visière soulevée, l'épée au vent et la massue de fer à l'arçon. Le marquis Del Guast s'y présenta avec ses chevaliers et voyant le succès de ses troupes, il s'achemina vers le signe auguste du Christianisme que portait frère Bonaventure et s'agenouillant, il le baisa, rendant grâce à Dieu de la victoire. Charles accablé du poids de ses armes, de chaleur et de fatigue, fléchit aussi le genou devant la croix, et profondément ému de cette scène de carnage et de triomphe, car les bons rois pleurent au milieu des trophées, il rendit au Dieu des armées, devenu pour lui le Dieu de la victoire, la gloire qu'il lui envoyait; et les yeux au ciel il s'écria : *Non nobis, Domine, non nobis, sed nomini tuo da gloriam! Ce n'est point à nous, Seigneur, ce n'est point à nous qu'est due la gloire, donnez-la toute entière à votre nom!*

Telle fut la fin de cette grande journée, de ce drame martial qui durait depuis l'aurore.

Charles regagna sa tente pour y jouir d'un peu de repos et de fraîcheur. Car il y avait deux jours qu'il était dans sa pesante armure! Tel qu'un vaillant Alcide, il n'avait point cessé de diriger le siège en personne, et il le fit avec une énergie de courage et un talent remarquables. Soldat et général tout à la fois, il s'était multiplié, pour ainsi dire, pour se trouver partout, et c'était de la tranchée qu'il donnait ses ordres. Dans la direction des travaux, il avait cherché avant tout de pratiquer une large brèche afin de per-

à voir comment vous pourriez en sortir. C'est ce même bouffon qui avait mis sur ses tablettes Charles-Quint au nombre des fous, parce que, sur l'invitation du monarque français, ce prince se proposait de passer en France pour se rendre dans les Pays-Bas. Mais, lui dit François 1er, si je le laisse passer? En ce cas, dit Triboulet, j'effacerai son nom de mes tablettes et j'y mettrai le vôtre.

dre le moins de monde lors de l'assaut. Il eut eu lieu beaucoup plus tôt, s'il n'avait écouté que l'ardeur de ses troupes. Animés par la présence d'un chef qu'ils aimaient jusqu'à l'adoration, et se faisant un mérite de verser leur sang sous ses yeux, les soldats s'étaient disputé à l'envi tous les postes où il y avait du péril. On en vit même obéir à regret, parce que l'Empereur les éloignait de la Goulette pour leur faire occuper une position moins offensive.

La prise de la Goulette rendit Charles maître de la flotte de Barberousse, composée de quarante riches galères de vingt-six à vingt-huit bancs et d'autant d'autres vaisseaux qui se trouvaient dans le lac. On remarquait parmi ceux-ci la magnifique capitanesse que Barberousse avait fait venir de Constantinople. On recouvra aussi la galère capitane que montait Rodrigue de Portondo, commandant des galères espagnoles, ce capitaine aventureux (1).

En entrant dans la Goulette, on y trouva cinq cents bons chevaux et des chameaux, mais on les mit aussitôt en liberté, de crainte que les soldats, en cherchant à se les approprier, ne cessassent de combattre et compromissent ainsi la victoire.

On s'empara encore d'une grande quantité de voiles, de poudre, de boulets, de munitions et de trois cents pièces de canon, la plu-

(1) En 1530, *Chasse-Diables* était venu avec quinze fustes infester les côtes d'Espagne et transporter les Maures de Valence en Barbarie. Ce corsaire ayant jeté l'ancre à l'embouchure de la rivière d'Altéa, descendit à terre avec six cents hommes, alla de nuit à Parcent, sans être découvert, emmena les Maures avec leurs femmes et leurs enfants, pilla ce lieu, et mit aux fers bon nombre de Chrétiens. Il en fit autant à Muria. Mais ayant appris que Rodrigue de Portondo était parti de Gênes avec huit galères à sa poursuite, il déploya les voiles et se mit en mer. De Portondo l'aperçut près de l'île de la Fromentéra, et *Chasse-Diables* craignant les galères d'Espagne, prit la fuite. A cette vue Portondo, contre l'avis de ses capitaines, prit le devant et donna la chasse aux fustes mahométanes, laissant les autres galères derrière lui. Mais dès qu'il fut à une certaine distance de celles-ci, le corsaire fondit sur lui, gagna sa galère à l'abordage, le tua, s'empara du bâtiment, et emmena en esclavage le fils de Portondo et autres officiers qui se trouvaient avec lui, et qui plus tard furent tous empalés.

part de bronze. Un tel nombre de pièces d'artillerie était étonnant pour cette époque et prouve tout à la fois l'importance de cette forteresse et la puissance de Barberousse.

Tout ce qui ne put pas être emporté fut pillé par les soldats. On trouva dans les magasins souterrains des vivres et des provisions de bouche, mais dans la crainte qu'elles ne fussent empoisonnées, toutes ces captures furent jetées dans le lac. Il y avait aussi une grande quantité d'arcs, de javelines dont l'extrémité armée d'un fer aigu demeure dans la blessure après même que le javelot en est extrait. Il se trouva quarante pièces de canon d'un très-gros calibre, dont une tellement large à son orifice qu'elle pouvait vomir des boulets de la grosseur du plus fort chaperon. Parmi ces dernières pièces, il s'en trouva plusieurs aux armes de France, d'autres avec la figure d'une Salamandre et le digamma éolien ff. D'un côté on voyait sculptée ou coulée cette devise en caractères romains *Nutrisco et extinguo*, de l'autre, une devise en caractères arabes. Je ne pense pas, dit Etrobius (1), qu'il faille consulter le vol d'un oiseau, ni le chant sinistre de l'Oscen, ni tout autre augure, pour reconnaître d'où provenaient ces pièces d'artillerie, ni par quel ordre, ni aux frais de quelle puissance elles avaient été coulées. La Salamandre, en effet, était la devise de François Ier.

Impossible de dépeindre l'indignation, le dépit et le crève-cœur qu'éprouva Barberousse à la nouvelle de la défaite de ses troupes et des dommages qu'il avait essuyés. Il fut surtout sensible à la perte de sa flotte. Les pirates se plaignaient d'avoir perdu le domaine de la mer, et qu'ils ne pouvaient plus naviguer, ce qui constituait la source principale de leurs richesses et de leur puissance.

(1) *Diarium exped. Tunet.* pag. 30.

Le dépit du chef fut partagé par les Turcs que l'on gardait enchaînés aux galères impériales. La déroute et la fuite de leurs compatriotes les jetèrent dans une telle fureur, que dans leur désespoir plusieurs se donnèrent la mort.

A la nouvelle des immenses préparatifs de l'Empereur, Barberousse avait flotté longtemps incertain ne sachant s'il valait mieux pour lui de défendre son royaume par terre, que de se maintenir en possession de la mer où dès sa plus tendre jeunesse, exposé à tous les hasards de la fortune, il avait conquis deux royaumes étendus et opulents, prix de sa grande expérience dans l'art de la marine. Méprisant l'avis contraire de ses Cheiks, son ambition préféra conserver le royaume.

Il aurait dû voir cependant que les Tunisiens étaient bien loin de favoriser sa cause. Le sentiment universel repoussait son usurpation. Ils ne rêvaient que le retour de Muley-Assan leur prince légitime. Ils le redemandaient à grands cris, et son oncle Dorax le Cheik le plus puissant parmi les Arabes, avait promis de le leur ramener.

Après l'expédition on apprit que Barberousse, qui d'abord n'avait pas voulu ajouter foi aux desseins de l'Empereur, surpris plus tard par son arrivée, n'avait plus eu le temps d'équiper sa flotte et de la mettre en mer. Elle n'aurait pu être retirée du lac qu'à force de machines de toute espèce et qu'avec les bras de tous ses esclaves et de tous ses soldats. Profondément expérimenté dans l'art de la guerre comme dans celui de la marine, ce chef pénétrant n'avait point cru pouvoir faire tête à un ennemi égal en forces, en divisant les siennes. C'est pourquoi il avait conçu le projet de creuser un port dans le lac, et d'y introduire les eaux de la mer, en pratiquant de nouvelles gorges vers le couchant. Déjà ces travaux, auxquels il employa neuf mille esclaves, étaient très-avancés, et il avait créé un endroit sûr et fortifié pour y abriter sa flotte toute équipée et pourvue d'artillerie. Mais pendant qu'il était occupé à ce creusement, et qu'il retrouvait par-ci par-là l'ancien môle de Carthage, ses fontainiers ou ingénieurs le détournèrent de continuer ces travaux par des raisons très-puissantes. Ils lui représentèrent qu'en peu de temps le port de la Goulette, séparé du continent et réduit à la forme d'une île, ne pourrait plus recevoir de garnison ni être ravitaillé par terre; que d'un autre côté le vent du nord poussant les flots dans le lac ne manquerait pas de le remplir de sable en peu de temps, et que la vase s'y accumulant sans cesse, la navigation vers Tunis, qui était d'une si grande utilité, deviendrait impossible.

Quoique Sinan eût déployé une habileté et une fermeté qui semblaient avoir justifié la confiance dont son maître l'avait honoré, et que les Turcs renfermés avec lui dans la Goulette eussent supporté avec le plus grand courage les fatigues d'un service pénible et continu; néanmoins quand Barberousse le vit venir à lui avec les débris de sa garnison, il le reçut avec colère et mépris, reprochant à tous leur conduite deshonorante et leur lâcheté. Tant il est difficile de bien servir un tyran! Sinan prenant la parole : « Chairadin, dit-il, aussi longtemps que nous n'avons eu affaire qu'avec des hommes, tu le sais, et les ennemis eux-mêmes le reconnaissent, notre conduite a été digne de nous et de la puissance. Mais quand il a fallu combattre Satan et ses furies infernales vomissant la destruction et la mort, l'immensité du péril nous glaça de terreur. Il fallut céder. Ne t'étonne pas que nous ayons cherché à prolonger la vie, c'était pour nous conserver à toi en ce jour que tu as à défendre la capitale de ton empire, et tu le feras, je l'espère, avec plus de succès. Nous ne rougissons point, puisque nous sommes encore appelés à combattre, de nous être arrachés à une mort à laquelle, toi vieux soldat, croirais honorable d'avoir pu échapper... » Barberousse dissimulant sa colère exhorta Sinan et ses officiers à s'armer de courage pour la défense du royaume. Il nourrissait l'espoir qu'après l'arrivée de l'infanterie auxiliaire d'Afrique et des nombreux corps de cavalerie arabe qui étaient en marche, les Chrétiens ne jouiraient point longtemps de leur conquête. En attendant, redoublant de soins et d'efforts, il fit entendre à ses officiers que si l'Empereur s'avisait de marcher sur Tunis, il périrait par la disette d'eau et de vivres, sous le fer de cent mille combattants qu'il lui opposerait. Que dans cette ville s'étaient déjà réunis Mezquin, Ulat, Jacob, Morabit et autres Cheiks puissants, ennemis mortels de Muley-Assan et des Chrétiens. Pour s'assurer la fidélité des Tunisiens, il leur fit distribuer des trésors. Il sema l'or également parmi les troupes arabes, pour les engager à le suivre, car il voyait que la perte de la Goulette et de la flotte avait refroidi leur zèle. Il mit dans Tunis une garde plus nombreuse que de coutume qui veilla jour et nuit, et prit enfin toutes les mesures nécessaires à sa défense. Il envoya à Bone quatre cents Turcs pour garder les immenses trésors en argent, en or, en vaisselle, en joyaux et autres effets précieux qu'il y avait sauvés ; avec ordre, dès qu'ils y seraient arrivés, d'espalmer et de réparer les galères qu'il y avait retirées. C'était son dernier asile si Charles s'emparait de Tunis. Enfin le 17 de juillet il passa vis-à-vis de l'alcaçaba à Tunis la revue de toutes ses troupes. Selon le rapport de son secrétaire, il s'y trouva 150,000 Maures, Turcs, Arabes, janissaires et renégats. Il adressa une allocution chaleureuse aux grands-prêtres, réunis au nombre de plus de deux cents. C'était peu. Il fit brûler les yeux à un certain nombre de Tunisiens partisans de Muley-Assan et menaça de mort quiconque ne prendrait point ouvertement la défense de la capitale. Mais ces dons et ces supplices ne firent que hâter sa perte, en découvrant sa peur et sa faiblesse.

La prise de la Goulette parut aux yeux de Muley-Assan un miracle de la céleste puissance. Ce serait les atténuer que de vouloir décrire les acclamations bruyantes, les transports de joie avec lesquels les soldats chrétiens célébrèrent une aussi insigne victoire. Quand un passage fut frayé vers ce fort, on y courut en foule pour le visiter, en admirer la destruction et l'énormité du dommage fait aux ennemis. Charles y fut avec l'Infant de Portugal, les gentilshommes de sa cour et Muley-Assan, et gravissant ses débris : « Suivez-moi, dit-il à ce prince, voici les premiers degrés » par lesquels vous remonterez sur le trône. » A ces mots le roi Maure s'inclinant avec respect, lui rendit grâce et demanda au Tout-Puissant le complément de la victoire.

Au milieu de ses triomphes, Charles n'oublia pas sa chère Espagne. Il écrivit à l'Impératrice et aux vice-rois de ses royaumes une lettre pour leur faire connaître les glorieux évènements qui venaient de s'accomplir. Le souvenir du berceau, si puissant chez l'homme que ni les monts ni l'espace ne peuvent l'effacer, suivit aussi le prince Gantois sur le sol Africain. Ses mains victorieuses ne dédaignèrent pas d'y recueillir des semences de fleurs inconnues jusqu'alors en Europe, pour en embellir les jardins où avait grandi son enfance (1). Pierre Van Hoeck, capitaine d'un baleinier

(1) Entre autres fleurs qu'on doit à Charles-Quint, on cite l'œillet d'Afrique, qui croît dans l'isthme de Carthage et dont Rapin parle en ces termes dans son poème des Jardins : « Le premier qui rapporta cette fleur du rivage punique fut Charles d'Autriche quand il alla faire la conquête de Tunis. »
Les fleurs qu'on aime encore quand on n'aime plus rien, selon l'expression d'une plume élégante, charmèrent les loisirs de Charles-Quint au déclin de sa vie. On sait qu'il se retira, après son abdication, au monastère de St.-Juste, dans la riante vallée d'Estramadure où règne un printemps éternel. Là, la prière et les fleurs, les fleurs et la prière partageaient tour à tour son temps. Là, dépouillé de la pourpre impériale, le noble vieillard

flamand, au retour de l'expédition fut aussi chargé par Charles-Quint de rapporter aux Gantois ses compatriotes, quatre lions superbes, une lionne, des tigres et autres animaux de prix pour être placés dans la ménagerie de la *Cour des Princes*, à Gand.

On sait que les expéditions guerrières, l'attaque d'un camp, la prise d'une forteresse, les incursions et les sorties ne se font pas sans perte réciproque des parties belligérantes. Aussi Charles, comme on l'a dit, perdit beaucoup de soldats; un plus grand nombre fut blessé et horriblement mutilé par le fer, la mitraille et les boulets.

On cite des faits qui font le plus grand honneur au courage des soldats chrétiens. Un Espagnol, de basse extraction mais ayant le cœur du Thébain si célèbre dans l'histoire ancienne, venait d'avoir les deux jambes emportées par le même boulet. Son arquebuse qu'il tenait en main, fut jetée loin de lui. Plus inquiet de perdre son arme que la vie, il jette autour de lui ses regards, l'aperçoit et volant en quelque sorte sur ses mains, il s'en approche, la prend dans ses bras pour l'embrasser et satisfait il expire! Qu'on vante après cela Epaminondas qui, la mort sur les lèvres, demande si son bouclier est sauvé et la victoire à sa patrie!

Charles, maître de la Goulette, y fit remettre en état la partie qui avait été détruite. Les canons tombés en son pouvoir furent montés sur des affûts et placés dans des embrasures. On enterra dans de profonds sillons les cadavres des ennemis, les chevaux, chameaux et autres bêtes de somme, pour empêcher que leur putréfaction, en corrompant l'air, ne fît naître quelque maladie pesti-

qui s'était condamné volontairement à l'exil du monde, cultivait une charmante *huerta* et donnait à sa culture tous les soins qu'autrefois il consacrait au gouvernement de son vaste empire. Dans des parterres dessinés avec art, sa main royale semait et plantait les plus belles fleurs, qui devaient hélas! s'épanouir si peu de fois pour lui!

tentielle dans l'armée. Quant aux Chrétiens qui avaient perdu la vie dans le siège, Charles ordonna qu'ils fussent inhumés avec les cérémonies de l'Église et des croix furent mises sur leurs tombes.

Cependant de grandes perplexités, de navrantes inquiétudes ne laissaient point que d'agiter l'Empereur et son conseil. On n'était pas sans crainte sur les succès de la nouvelle campagne qu'il projetait. Muley-Assan avait promis quinze cents cavaliers mauresques et six mille hommes de cavalerie arabe. Ces troupes auxiliaires, pour lesquelles Charles avait donné jusqu'à quarante mille ducats, n'étaient point arrivées, et toutes les espérances que ce prince avait prodiguées, s'étaient évanouies une à une comme un vain songe. Jusqu'alors, en effet, aucun chef arabe n'avait fait la moindre démonstration en faveur du roi déchu, ni pris les armes pour combattre Barberousse, quoique la prise de la Goulette leur en eût fourni une occasion bien favorable. Il n'y avait point non plus la moindre apparence que ses parents fussent intentionnés de venir à son secours, bien que lui-même voulût y faire croire, disant avoir reçu les lettres, dans lesquelles ils lui promettaient de l'assister et que déjà ils étaient en marche. Charles ne trouvait pas prudent de s'appuyer sur ce roseau. Ensuite il pesait les difficultés auxquelles était exposée la conquête de ce royaume. En s'avançant sur Tunis, il éloignait nécessairement son armée de la flotte, et par là, il était à craindre que les vivres ne pussent plus lui arriver sans encombre. La contrée était sans rivières, sans ruisseaux. Les citernes étaient rares et l'ennemi eut pu facilement en empêcher l'approche ou empoisonner leurs eaux. Enfin un embarras qu'on regardait comme insurmontable, c'était la grosse artillerie de siège qu'il fallait traîner à bras d'homme, faute de bêtes de somme et de pionniers pour aplanir les chemins, la plupart montueux et escarpés. Ces difficultés sérieuses étaient de nature à occuper l'esprit d'un général. D'un autre côté, Charles prévoyait que laisser Barberousse en Barbarie, c'était lui donner l'occasion d'exercer de nouvelles incursions sur les terres et le littoral de la Chrétienté, et que, irrité par ses revers, ce cruel ennemi ne manquerait point d'y mettre plus de fureur et de cruauté que jamais. Charles savait qu'un nombre considérable de captifs chrétiens plongés dans le plus affreux dénuement gémissaient dans les fers à Tunis. Enfin Muley-Assan, chassé de son trône et privé de toute sa fortune, excitait aussi au plus haut degré sa compassion. Il n'ignorait pas que ce prince infortuné n'avait d'espoir que dans sa pitié et la puissance de ses armes. Toutes ces considérations le déterminèrent donc à s'emparer de Tunis. D'ailleurs en replaçant Muley-Assan sur le trône que ses aïeux avaient occupé l'espace de sept cents ans, il attachait par cet immense bienfait ce prince à sa cause et à celle de ses successeurs.

L'affaire ayant été soumise au conseil de guerre, les avis y furent partagés. Plusieurs conseillers de la couronne opinaient qu'il ne fallait point continuer la guerre, mais se retirer de l'Afrique au plus tôt. Charles, disaient-ils, par la prise de la Goulette et de la flotte de Barberousse avait fait assez pour sa gloire et pour la tranquillité de ses royaumes, puisque toutes les villes maritimes soumises à son sceptre n'avaient plus rien à redouter de la piraterie. Il avait donc atteint le but de la guerre. Ils ajoutaient que la dyssenterie faisait de grands ravages dans l'armée, et que le nombre des malades allait s'augmentant de jour en jour. Qu'il y avait à Tunis 80,000 habitants tous ennemis des Chrétiens sinon de Muley-Assan, et que c'était beaucoup trop pour les 20,000 hommes auxquels l'armée chrétienne était réduite; qu'il était à craindre qu'il ne lui arrivât le même sort qu'à St.-Louis. Ils prétendaient savoir que les Cheiks des Arabes, anciens ennemis de Muley-Assan, étaient arrivés à l'armée de Barberousse. Charles croyait n'avoir rien fait aux yeux de l'Europe s'il ne se rendait maître de Tunis. Il trouva utile de réfuter un langage aussi étrange qu'intempestif. Il tint à cette occasion dans un conseil secret un discours plein de dignité, et irrésistible de raison. Il y avait, disait-il, de l'absurdité à émettre un semblable avis ; et d'entendre des hommes, admis dans son conseil pour la bonne opinion qu'il avait conçue de leur fermeté et de leurs lumières, douter du succès de la conquête par des raisons aussi peu fondées. Qu'il ne leur demandait point, qu'il la croyait même inutile cette preuve d'intérêt pour sa personne, cet excès de zèle à voir plutôt le salut de l'Empereur que l'honneur de sa couronne. C'était avant l'entreprise, et surtout avant son départ pour l'Afrique, qu'il fallait ouvrir cette opinion et non quand la guerre était à demi terminée par de glorieux succès. Car il aurait pu se tenir tranquille en Espagne sans exposer ses jours, sans guerre avec qui que ce fut, rester sourd aux plaintes de ses malheureux sujets et mépriser toutes les insultes faites à son pavillon. Qu'il avait eu de grandes raisons, comme ils ne l'ignoraient pas, pour en venir à cette nécessité, où pour l'honneur de la couronne et la réputation de son nom, il ne restait plus qu'à remporter une victoire éclatante ou bien, si le ciel la refusait, à trouver une mort glorieuse ; car il avait toujours préféré à la vie l'honneur et la gloire. Que ceux qui voulaient s'en retourner en Europe le pouvaient, ou bien qu'ils se résignassent au sort que la fortune réservait à ses armes à la prochaine aurore. Que si l'ennemi refusait la bataille qu'il allait lui présenter, il ferait à l'instant même marcher toute son artillerie sur Tunis, persuadé que le Dieu des armées favoriserait la justice de sa cause.

L'autre partie du conseil, appuyant l'avis de l'Empereur, disait qu'il n'avait rien fait aussi longtemps que le cœur du royaume n'était point tombé en son pouvoir, ainsi que toutes les îles voisines qui menaçaient de lui susciter de l'embarras. Le duc d'Albe et l'Infant don Louis furent ceux qui insistèrent le plus sur ce point. Cet avis qui était le plus sage prévalut. C'est pourquoi on résolut d'attaquer Barberousse qui se trouvait alors dans les environs de Tunis; et l'ordre fut donné à toutes les troupes de marcher sur cette ville. Entretemps, Charles avait fait reconnaître le pays qui s'étend de la rive occidentale du lac jusqu'aux bois des oliviers. Car le chemin sur l'autre rive n'était point praticable. Il était hérissé de pas de montagne et conséquemment très-dangereux. Muley-Assan lui avait donné des renseignements positifs sur la situation de Tunis, sur l'alcaçaba ou citadelle, sur le pays et les citernes qui se trouvent avant d'arriver à cette ville.

Le 19 de juillet on s'apprêta à marcher sur la capitale du royaume. Les gentilshommes de la cour et de la maison de l'Empereur avaient sauté à cheval tout armés. Les soldats traînaient à bras le matériel. Le soleil était terrible et donnait à plein sur les soldats qui n'avaient plus de tentes pour s'abriter. L'eau manquait. On commença à murmurer et à mal augurer de la campagne. Informé de ce qui se passait, Charles remit le départ au lendemain, ordonnant que toute l'armée fut prête à marcher avant l'aurore.

Le mardi 20 juillet, aux premières blancheurs de l'aube, la fanfare du clairon sonna le départ. Charles vêtu d'une cotte blanche parcourut ses escadrons, remontant le cœur de ses soldats, les exhortant à souffrir avec patience la soif, la chaleur, la fatigue de la route et celle des armures. Lui-même forma son armée en ordre de marche et de bataille tout à la fois, comme s'il eut voulu donner une preuve nouvelle de son génie et de ses connaissances profondes dans la stratégie. Il ne fallait rien moins que son coup-d'œil militaire et les sages dispositions qu'il prit pour triompher de forces aussi supérieures.

A l'avant-garde marchaient de front deux colonnes de vétérans espagnols, fortes chacune de quatre mille hommes. Ces soldats présentaient toutes les garanties de troupes accomplies. Sages, disciplinées et intrépides, ils étaient commandées par de dignes chefs. A l'aile gauche, près du lac, il plaça les Italiens sous les ordres du prince de Salerne; à l'aile droite, vers le bois des oliviers, les Espagnols venus d'Italie, sous le commandement du marquis Del Guast. Cette avant-garde était commandée par le marquis d'Alarçon, dont la vieille expérience valait bien à elle seule des mille hommes. Elle formait une longue file, parce que le terrain où elle s'avançait ne lui permettait point de se déployer sur ses flancs. En-dehors de ces colonnes venaient les arquebusiers sur deux lignes, lesquelles s'étendaient jusqu'à l'arrière-garde. Entre les deux corps d'avant-garde étaient placés les piquenaires, les petites armes, les enseignes et les tambours, ainsi que douze pièces de campagne qui marchaient de front, traînées par des Allemands et des marins. L'Empereur marchait au centre, à la tête d'un escadron de quatre cents chevaliers et gentilshommes qu'il commandait. Le comte Jean de Boussu portait son grand étendard. Charles avait placé quelques centaines de chevau-légers devant les Italiens qui formaient l'aile gauche de l'avant-garde, pour les protéger contre les Arabes qui auraient pu venir les attaquer par le chemin et le bord du lac, dont la vase desséchée par la sécheresse était durcie et ferme. Derrière l'Empereur et à la distance de cent pas, venait un corps de six mille Allemands commandé par Maximilien d'Eberstein. Ce corps avait une toute autre forme que les deux colonnes qui précédaient. Il était large et avait moins de profondeur. Il couvrait le derrière de l'avant-garde. Après les

Allemands on voyait venir les bagages et les gens inutiles serrés près du lac. Le marquis de Mondéjar marchait à la tête de trois cents chevaux andalous du côté du bois des oliviers. Entre lui et les bagages étaient placées quelques pièces d'artillerie pour la sûreté du derrière de l'armée. Les éclaireurs de la cavalerie andalouse étaient le duc de Medina Sidonia et don Alonzo de Cueva. A l'arrière-garde était placée la jeune infanterie espagnole en deux corps, l'un près du bois où commandait Philippe de Cervellon, l'autre près du lac sous les ordres d'Alvarès Gradoy. Le duc d'Albe avec deux cents grosses lances fermait la marche. Le roi de Tunis et six cents lanciers mauresques cheminaient près des bagages. Ses cavaliers portaient à la tête un rameau d'olivier, pour être reconnus de l'armée chrétienne dans la bataille.

De son côté Barberousse, malgré l'étendue de la perte qu'il venait d'éprouver, s'apprêtait à bien défendre Tunis. Cette ville, capitale du royaume du même nom, située sur la côte de Barbarie, entre Tripoli et Alger, comptait alors dix mille maisons et cinquante mille habitants. Il s'y trouvait trois gros faubourgs dont l'un avait plus de dix mille habitants. On voyait encore debout la grande et somptueuse mosquée fondée par le roi Zacharie, et dont la tour était si élevée, qu'après celle de Fez, elle passait pour la plus haute de toute l'Afrique. Il y avait un couvent de moines franciscains dans le faubourg des *Rabatins*, ou Chrétiens. Il y était établi depuis la conquête de la Mauritanie par les Mahométans, c'est-à-dire depuis sept cents ans. D'autres donnaient une origine moins ancienne à cette population franque. On disait qu'un roi de Sicile, Charles frère de St.-Louis, le même qui consomma en Italie la ruine de la maison de Souabe, pour venger la mort de ce prince avait fait une descente en Barbarie, et que ayant mis le siège devant Tunis, il avait forcé cette ville à racheter la paix au prix de quinze mille doblas ou pistoles d'or et exigé, en outre, la liberté de tous les captifs qui eurent la permission de s'établir dans cet endroit, en payant le tribut comme les naturels. Il y avait aussi cinq églises : celles de St.-Marc, de St.-Laurent, de St.-Roch, de St.-Sébastien et de Notre-Dame d'Estrelles. Elles possédaient des cloches avant l'arrivée de Barberousse qui les avait fait enlever pour les fondre. Tunis était entouré d'un mur de quarante coudées de hauteur flanqué d'un grand nombre de tourelles carrées et crénelées, et entouré de boulevards et de fossés. Mais cette ville était dominée par des montagnes. Son enceinte était trop vaste et ses murs en trop mauvais état pour que Barberousse pût espérer de la défendre avec avantage. Néanmoins, il en avait garni les murailles de défenseurs. Comme d'ailleurs il ne pouvait compter sur la fidélité des habitants, ni espérer que les Maures et les Arabes soutinssent les travaux et les fatigues d'un siège, il prit la résolution hardie de s'avancer à l'encontre des Chrétiens à la tête de son armée et d'abandonner la destinée de son royaume aux chances d'une bataille. Car telle était alors sa position, qu'il craignait ses ennemis et redoutait ses sujets.

Il fit part de son dessein à ses principaux officiers, en leur représentant le danger de laisser dans la citadelle dix mille esclaves chrétiens qu'il y avait enfermés, et qui auraient fort bien pu se révolter en l'absence de ses troupes. Dévoré de soucis et devenu plus féroce que lui-même, il conçut un projet d'une cruauté inouïe. Il leur proposa, comme une mesure nécessaire à la sûreté commune, de les faire mourir avant de marcher, en mettant le feu aux poudres placées sous leurs cabanons. Il appuya son projet de l'exemple d'Asdrubal, qui se voyant dans cette province attaqué par Scipion, ordonna de mener dans une plaine tous les prisonniers Romains qu'il avait faits, et les fit mettre à mort. Les officiers applaudirent avec joie au dessein qu'il avait de hasarder une bataille; mais, quoique leur métier de pirate les eût familiarisés avec toutes sortes de scènes de carnage et de barbarie, l'affreuse proposition d'égorger dix mille hommes à la fois leur fit horreur. Sinan parvint à le dissuader. Il lui exposa qu'une action aussi horrible devait nécessairement ternir l'éclat de sa gloire et de son trône, en l'avilissant aux yeux de ses sujets, et qu'il ne tarderait point à s'en repentir. Une pareille résolution d'ailleurs devait prouver sa crainte et son plus affreux désespoir. Ce qui ne pouvait manquer de lui être très-nuisible dans la rude guerre qu'il soutenait. Que cette action atroce aurait pu attirer sur sa tête la colère de Soliman dont le grand cœur détestait et vengeait ordinairement les crimes contre l'humanité. Il l'engagea donc à laisser vivre les Chrétiens dans leurs fers, aussi longtemps que le ciel le voudrait. Il ajouta que bien gardés et sans armes ils pourraient encore lui être utiles un jour, et si un malheureux amour de la liberté les poussait à briser leurs chaînes, ils ne pourraient le tenter sans courir à leur perte. Qu'assurément il n'était point en leur pouvoir de retarder la victoire, ni de la donner à ses ennemis. A ces paroles le tyran rougit. Il accorda la vie aux Chrétiens moins par humanité que par crainte de déplaire à ses officiers, se promettant bien de faire sauter les Mazmoras par la poudre s'il avait le dessous. Il sortit alors de la citadelle pour se rendre dans la plus grande mosquée où il harangua ses troupes qu'il engagea, au nom de Dieu et du divin Mahomet son prophète, à combattre jusqu'à la mort. Les principaux Tunisiens y ayant été convoqués, Barberousse leur ordonna de prendre toutes les mesures nécessaires à la défense de leur ville, pendant que lui avec toutes les forces du royaume, irait en plaine combattre les ennemis.

Pendant ce temps-là les colonnes chrétiennes s'avançaient sur

Tunis. Elles suivaient le chemin qui conduit à la porte d'Elbaar et au faubourg de ce nom, alors exclusivement habité par des juifs Vénitiens et Génois. Del Guast avait reçu ce jour-là de Charles le commandement suprême. Il avait pris toutes les mesures que la prudence commande à un bon général. Chaque soldat portait des vivres pour quatre jours. L'armée s'avançait en une grande colonne serrée. L'Empereur revêtu de sa plus brillante armure, la massue d'or à l'arçon, montait un superbe genêt tout bardé d'acier. Il marchait au centre, derrière le grand étendard du Christ, au milieu d'un groupe de cavaliers dont les brillantes armures étincelaient au soleil (1). Louis de Portugal était à ses côtés. La chaleur était accablante. Le vent soufflait du désert, et l'on respirait avec un air brûlant une poussière fine et pénétrante. Charles gai et plein de confiance avait, en parcourant les rangs, parlé aux soldats des anciennes victoires que leur courage lui avait values. « Aujourd'hui, leur avait-il dit, j'espère plus encore
» de votre valeur. Vous aurez devant vous des ennemis du nom
» chrétien, mal armés, peu disciplinés. Supportez donc avec
» constance le poids de vos armes, la fatigue, la privation, en un
» mot déployez dans vos souffrances le même courage que vous
» avez déployé dans les combats ; jusqu'à ce qu'enfin, trouvant
» l'ennemi face à face, vous le mettiez pour jamais en fuite. Le
» succès n'est point douteux. Vous avez à venger la querelle du
» Christ, vous triompherez par son étendard. La victoire est à vous
» et la récompense de vos nobles travaux dans l'opulente Tunis.
» Là vous attend un riche butin. » Tout ce qui peut ébranler l'âme généreuse de ses soldats, tout ce qui peut réveiller leur

(1) Imperator a summo capite imum usquè calcaneum armatus, sublimi conspiciendus in equo antecedebat vexillium primarium quod Domini Jesu Christi crucifixi habebat effigiem.

Diarium exped. Tune. pag. 30.

valeur assoupie par les tourments de la soif et de la chaleur, il le trouve dans son âme. « Courons vers ces murs où le ciel a mar-
« qué le terme de vos exploits. » Il dit et un seul cri s'élève dans toute la plaine : *Vivat Imperador!* à *Tunis!* à *Tunis!* tous s'écrient qu'ils surmonteront les obstacles, que fiers de conserver intacte leur ancienne réputation de vaillance, non seulement ils le mèneront sur le trône d'Afrique, mais encore sur celui de Jérusalem, où il lui est réservé de délivrer le tombeau du Christ. Paroles qui prouvent bien qu'avec St.-Louis n'était point mort l'esprit des croisades. Cependant la marche était des plus pénible... Cette masse armée s'avançait enveloppée d'un énorme nuage de poussière, à travers des syrtes d'une arène embrasée, sous un soleil de feu. Les armures brûlaient comme en sortant de la forge (1). Ce qui aggravait surtout les maux des soldats, c'était le lourd matériel de siège qu'il fallait traîner. La sueur ruisselait de tous leurs membres. Une poussière épaisse s'attachant aux parties nues ajoutait encore aux tortures qui dévoraient leurs poitrines. Le vin manquait et les outres d'eau étaient épuisées. On voyait les chefs et les soldats tomber privés de sentiment !...

Déjà on était près des citernes dont avait parlé Muley-Assan. Le soldat ne les eut pas plutôt aperçues, que succombant à une soif immodérée, il abandonna ses rangs pour se précipiter tout-à-coup vers cet endroit, malgré les défenses et les menaces du général. Del Guast prévoyait bien que l'armée ne pouvait rompre ses rangs sans le plus grand danger, et que l'ennemi, caché dans les bois profiterait du désordre pour fondre sur elle. Mais sa voix et son épée sont impuissantes. Charles court aux premiers rangs. Sa présence et son autorité ne suffisent point pour arrêter ses soldats. Il

(1) Las armas ardian como si salieran de la fragua
SAND II. pag. 373.

doit faire usage de sa ginete, car l'excès de leurs maux les avait rendus sourds à la voix du chef. Déjà plusieurs avaient trouvé la mort près de ces citernes où ils avaient espéré trouver la fin de leurs maux. De ce nombre était un centurion distingué du nom d'Alpinas qui, sous le pape Clément, avait coupé le bras à Magalotus préfet de Rome. Charles ayant enfin rétabli l'ordre, quoique avec la plus grande peine, l'armée continua sa marche, ou plutôt son supplice.

Elle s'était avancée environ huit mille pas, quand on découvrit sur une hauteur assez près d'un aqueduc antique, une barrière de fer (1). C'était le camp de Barberousse. Il était retranché et hérissé de zarçabanas ou fauconneaux. C'était là que ce prince venait défendre sa capitale, et c'était aussi en cet endroit que Charles se proposait de faire passer la nuit à ses soldats et de leur donner quelque répit; parce qu'il s'y trouvait des casales champêtres pour les abriter contre l'humidité de la nuit. Barberousse devinant son dessein, n'avait point eu de peine à le devancer en ce lieu; car l'armée chrétienne avait eu plus d'espace à parcourir que lui, pour y parvenir, et elle se mouvait avec difficulté, à cause des sables brûlants et des embarras que donnait le nombreux matériel qu'elle traînait à sa suite. Sorti avant le jour de Tunis, Barberousse était arrivé là après une marche de trois heures seulement, et ses troupes avaient eu le temps de se reposer. Il en avait abrité la plus grande partie dans les bois contre l'ardeur du soleil. C'était en cet endroit où Charles devait absolument passer, que le corsaire l'attendait de pied ferme avec une armée considérable. Les colonnes chrétiennes anéanties par la fatigue n'auraient plus su ni reculer, ni avancer.... Il leur fallut combattre !

(1) Le 20 S. M. partit vers Tunis, où il rencontra Barberousse en mi-chemin lequel présenta la bataille accompagné de 150,000 hommes.
Ms. Vanden Es.

On voyait flotter dans l'armée ennemie, outre les enseignes des soldats, trois grands étendards de taffetas de couleur où étaient peintes une quenouille et une queue de cheval ; enfin une quantité considérable de drapeaux rouges, verts, jaunes et d'autre couleur ; vain étalage par lequel il cherchait à répandre la terreur. On portait le nombre de ses soldats à cent mille, dont vingt mille de cavalerie. Ce qui est d'autant plus probable qu'il avait engagé par serment de guerre tous les Maures et les Arabes à le suivre. Un grand nombre de chameaux et de dromadaires portaient l'eau qu'on distribuait aux Arabes avec autant de profusion qu'il y en avait disette dans l'armée chrétienne. On apercevait Barberousse à la tête de ses capitaines, vêtu d'un gaban de soie, coiffé à la mauresque d'un grand voile blanc, à cheval, le bouclier au bras et la portuisane d'or à la main. L'armée de Charles, au contraire, ne présentait pas vingt mille combattants. Elle était donc beaucoup inférieure en force numérique, mais supérieure en force morale, parce qu'elle était pleine de confiance en elle-même et dans les chefs habiles qui la commandaient.

Décidé à tenter la fortune, Barberousse voulait attaquer avant de l'être. Dix zarçabanes, traînées par quatre chevaux chacune, étaient placées à son avant-garde. Aussitôt que l'armée chrétienne déboucha, ses troupes au repos et cachées dans le bois, coururent dans la plaine se ranger en front de bataille, avec autant d'ordre que si elles ne l'eussent point quitté. Prévoyant bien que les Chrétiens seraient exténués de fatigue et torturés par la soif, lorsqu'il les rencontrerait, il s'était avancé d'un millier de pas au-delà des citernes. Il fit plus, il les mit à sec et les empoisonna, action atroce et bien digne d'un corsaire !

Charles dont les troupes sont abattues par la fatigue, voit toute l'étendue du danger. Mais il sait que la nécessité rend fort. Pour vaincre il fallait agir avec la dernière vigueur, et ses soldats étaient capables des plus grands efforts de dévouement sous un chef comme lui, qui possédait au plus haut degré l'art de les entraîner. Il presse leur marche et les range en bataille. Les Italiens près du lac occupent l'aile gauche avec les piquenaires et un corps d'Allemands. Les vétérans Espagnols, l'aile droite. Il place l'artillerie au centre avec le reste de l'armée. Le duc d'Albe à la tête des jeunes troupes espagnoles et de la grosse cavalerie, est à l'arrière-garde.

Barberousse de son côté oppose aux Italiens un corps de dix mille chevaux turcs et arabes, dans l'espoir de les prendre en flanc le long du lac, pendant que son artillerie les foudroyera en front. A l'aile gauche et vis-à-vis des Espagnols, il place un corps de neuf mille Turcs et renégats, arquebusiers et escopetins, en qui il avait le plus de confiance. Il appuie ce corps de douze pièces d'artillerie. Enfin vers l'aile droite de l'armée chrétienne, du côté des oliviers, il jette de grandes masses de cavalerie. Tout le reste de ses forces placé avantageusement sur de petits monticules, fait face au front de l'armée chrétienne. Barberousse mesurant les fatigues des Chrétiens au chemin qu'ils avaient fait, et se voyant en possession des citernes, espérait bien en triompher. Ce fut justement cette dernière circonstance qui amena sa défaite et sa ruine.

Charles voyant les dispositions de l'ennemi demanda à Alarçon qui joignait à de grands talents militaires beaucoup de sagesse et de prudence : *Père, que faut-il faire? Quel est votre avis?* Il lui donnait ce nom à cause de son grand âge et de ses cheveux blancs. Le vieux soldat répondit : *d'attaquer à l'instant, seigneur, la victoire est à nous, vrai comme vous êtes notre Sire!* Charles remit alors le commandement de son escadron à l'Infant de Portugal, et seul avec cinq cavaliers et un page portant une bannière de couleur pour le faire reconnaître, il courut dire un dernier mot aux

soldats. Dans sa course la selle de sa monture ayant tourné, il tomba, mais sautant sur le cheval de son guidon de guerre, il continua sa course. L'épée nue, il fut à l'avant-garde. « La vic-
» toire, dit-il, ce n'est point la multitude qui la donne, mais la
» justice de la cause. L'ordre d'attaquer est dans ma main, la vic-
» toire est dans celle de Dieu! » Ces paroles, dites avec assurance et conviction, furent acceptées comme une sainte espérance. A quelques pas de l'endroit où partait l'Empereur, un chevalier s'avisa de dire que les ennemis étaient nombreux : *Tant mieux*, reprit d'Aguilar, *le triomphe n'en sera que plus éclatant!*

Cependant l'armée chrétienne s'avançait toujours. Elle se trouve enfin à portée de l'ennemi. L'artillerie de Barberousse placée en première ligne tonne avec fureur, mais sans faire grand mal. Del Guast ordonne à la sienne d'avancer sur le front de l'armée pour la lui opposer. Mais voyant qu'elle se meut avec peine et tarde d'arriver parce que ses roues s'enfoncent dans le sable ; que les tonnelets de poudre et les boulets portés à l'épaule par les rameurs et les marins ont également peine à arriver, il change tout-à-coup de résolution. Souvent dans les plus grands périls, les conseils de l'audace sont les conseils de la prudence. Charles était alors près de lui. Profitant d'une de ces inspirations heureuses qui décident souvent du sort des armées un jour de bataille, il lui dit qu'il commencera l'action sans l'artillerie; que le soldat brûlant de combattre n'attend plus que le signal. « Il faut tout espérer de son courage et de la fortune
» qui ne cesse de vous sourire, dit-il à l'Empereur; car, ajou-
» tait ce général pour motiver son avis, outre que l'artillerie n'est
» pas toujours d'une nécessité absolue dans une bataille, il était
» encore à craindre qu'elle ne se fit trop attendre et que ce retard
» augmentant la confiance de l'ennemi, ne refroidît chez ses sol-
» dats l'impatience, ce présage assuré de la victoire. » D'Avalos,

» lui répondit Charles, si tel est ton avis, et il me semble aussi
» que le temps est venu, fais sonner le signal. » « De suite, beau
» sire, reprit Del Guast, mais comme il est juste que chacun m'o-
» béisse, même celui qui, faisant la loi au monde, a daigné se
» dépouiller aujourd'hui du commandement suprême pour me le
» confier; usant de mon droit, je vous ordonne, sire, de vous reti-
» rer d'ici et de gagner le centre, de peur que la perte d'une seule
» tête ne compromette le salut et la fortune de l'Empire. » Charles
souriant répliqua qu'un pareil malheur n'était pas à craindre,
puisqu'aucun César n'était encore tombé sous le boulet; et bien
qu'armé du sceptre et du pouvoir, il obéit et alla se placer sous le
grand étendard du Christ que portait Jean de Houssu son grand
écuyer. C'est ainsi que rendant hommage à la discipline militaire,
Charles en commandait le respect par son exemple. Le clairon
sonne! L'armée chrétienne marche à l'ennemi d'un pas rapide afin
d'éviter le feu des Barbaresques sous lequel elle était placée. Les
Italiens et les Allemands souffrent beaucoup. Le désordre se met
dans leurs rangs. Del Guast y court, rétablit l'ordre et fait appuyer
sa gauche par un corps de vétérans espagnols. Dans cet intervalle
de temps, l'artillerie arrivée en front de bataille, fait un terrible
ravage dans les rangs ennemis. Barberousse s'en aperçoit. Plein de
confiance dans la prodigieuse supériorité de ses troupes, il leur
ordonne de se ruer toutes à la fois sur les Chrétiens. Aussitôt les
mille étendards s'agitent : les Maures et les Arabes font une décharge générale, puis fondent sur les impériaux, avec de tels hur-
lements qu'on n'entend plus ni commandements, ni instruments
guerriers. Partout les colonnes chrétiennes, immobiles comme l'airain, les reçoivent fièrement au cri de *St.-Jacques!* Leur attaque
est chaudement repoussée. En ce moment le comte de Salinas met
pied à terre et court se placer à l'avant-garde dans les rangs espa-

gnols en s'écriant : *Je viens vaincre avec vous ou mourir en combattant!*

Un chef ennemi suivi de quelques Arabes pousse son cheval jusqu'à l'endroit où était l'Empereur. Charles la lance en arrêt lui fait mordre la poussière, et étonne de ses regards étincelants les autres qui échappent à ses coups (1).

A la première ligne de bataille combat aussi Fernand de Gonzague qui rend d'immenses services par cela même qu'il n'a point de commandement. Il est à la tête des aventuriers, ces héros brillants l'élite et la fleur de l'armée qui ne reçoivent la loi que de leur courage. Il pousse son cheval, perce de sa lance un chef africain, mais sa lance se brise et vole en éclats. Sa main tire alors le sabre. Elle se multiplie et frappe cent coups à la fois. Il fait des prodiges. C'est que l'amour de la patrie et de la gloire conduit le bras du héros. Ses guerriers le suivent dans le chemin qu'aplanit son épée et enfoncent le carré ennemi. Sur toute la ligne le heurt est furieux. La mêlée devient affreuse. Déjà à son aile droite l'ennemi recule devant la tempête qui se précipite... Les Chrétiens les poursuivent mais un corps de Turcs retranché derrière les ruines d'un aqueduc antique les arrête au passage. Le capitaine Ibarra témoin de leur stupeur, crie à ses soldats de marcher. *Il n'y a que la crainte*, dit-il, *qui fasse combattre derrière des murailles*. Il se détache avec la moitié de sa troupe, prend les Turcs par derrière, en fait un grand carnage et met le reste en fuite. Toute sa troupe passe et déborde les lignes des ennemis. C'est en vain qu'à travers le bois des oliviers un corps nombreux de cavalerie arabe se jette sur l'arrière-garde. Le duc d'Albe, à la tête de ses vétérans espagnols et de la grosse cavalerie, reçoit ce choc en troupe d'élite,

(1) De Vera. *Hist. de Charles-Quint*, pag. 214.

les culbute et profitant du désordre de cette poursuite, lance ses escadrons sur leurs pas.

Au centre l'artillerie et les arquebusiers avaient fixé la fortune en dépostant les ennemis d'une position avantageuse. Ils s'étaient emparés de sept zarçabanes qu'ils avaient tournées contre eux. Nulle part, enfin, l'impétuosité des hordes barbaresques n'avait pu tenir contre le choc soutenu des redoutables bandes de Charles vieillies sous le harnais. L'infanterie africaine, après avoir abandonné l'artillerie s'était réfugiée sur les troupes que commandait Barberousse. L'engagement était devenu général et, sur tous les points, les impériaux combattaient avec un acharnement qui tenait de la fureur, quand les Maures, jugeant impossible d'en triompher, plient et se débandent en jetant leurs armes. Les Arabes en font autant. Barberousse seul résiste. Pendant qu'à ses côtés tout se précipite, seul il s'arrête et montre aux Chrétiens un front menaçant. Enfin malgré tous les efforts qu'il fait pour les retenir, malgré l'exemple qu'il leur donne en s'exposant aux plus grands périls, il est lui-même entraîné dans la déroute. Déchiré de douleur et pâle de colère, il tourne la bride de son cheval en s'écriant : *Ces chiens ont vaincu!* Il abandonne le champ de bataille et gagne avec ses Turcs la capitale, où le lendemain il ne trouve plus que quinze mille hommes pour la défendre. Quand le ciel obscurci par la fumée et la poussière s'éclaircit, les Chrétiens aperçurent devant eux une masse d'hommes, de chevaux et de chameaux morts et mourants et au loin, aussi loin que la vue pouvait s'étendre des bandes de fuyards se sauvant vers les collines qui environnent Tunis.

La bataille dura jusqu'à la tombée de la nuit. Les impériaux y déployèrent un tel courage que malgré la fatigue et les tortures de toutes espèces qui les avaient épuisés, et bien qu'ils eussent affaire à des troupes fraîches, impétueuses et supérieures en nombre, ils les mirent en complète déroute. Un immense butin tomba en leur pouvoir. Ils en eussent fait sans doute un plus grand carnage, si la chaleur excessive leur eût permis de les poursuivre plus avant. La perte des Chrétiens fut peu sensible en comparaison de celle des ennemis qui laissèrent plusieurs mille hommes sur le champ de bataille. On compara avec raison cette victoire à celle qu'Alexandre-le-Grand remporta avec trente mille Macédoniens sur les Perses au nombre de cent mille. Si Barberousse, qui avait pour lui l'avantage du climat, avait pu opposer une plus longue résistance, c'en était fait peut-être de toute l'armée chrétienne, que la chaleur eut étouffée dans les sables brûlants. Les Maures et les Arabes, qui avaient attaqué les ailes de l'armée, gagnèrent les faubourgs de Babasvee, d'autres coururent jusqu'aux jardins de Bardo, le reste de l'armée se réfugia dans le faubourg de Rabat et dans la ville.

La nuit commençait à se faire. Charles fit planter le piquet sur le champ de bataille même, ordonnant à ses soldats de se tenir prêts à marcher sur Tunis aux premiers rayons de l'aurore. Les ennemis avaient jeté leurs cadavres dans les citernes qui se trouvaient à quelque distance du champ de bataille. Là l'eau mêlée au sang répugnait aux soldats. Aussitôt qu'on apprit que l'armée allait passer la nuit en cet endroit, on vit les Chrétiens courir de tous côtés pour chercher de l'eau. Dans les jardins et les douars voisins les puits et les citernes furent assiégés par tant de soldats à la fois, que les sources ne tardèrent pas à être troublées, ce qui n'avait point empêché qu'on en fit usage. Telle était la soif mortelle qui torturait les soldats, qu'on les voyait, ne pouvant plus trouver d'eau claire, sucer à travers des morceaux de linge, l'humidité de la terre et de la fange qu'on retirait des fontaines. La pénurie de liquide se fit tellement sentir, que l'on offrit quatre ducats pour une orange, un verre d'eau et qu'il ne se trouva point de vendeur. Aussi grand nombre de ces malheureux tombèrent défaillants parmi les champs. Il n'est donc pas étonnant que ces braves qui venaient de triompher d'une manière aussi brillante de l'ennemi, vaincus à leur tour par des tourments de toute nature, s'oubliassent tout d'un coup jusqu'à éclater en murmures, en plaintes et en malédictions. Il fallait les entendre vouer à tous les diables Muley-Assan qui, après de si pompeuses promesses, laissait l'armée de Charles plongée dans le plus absolu dénuement. Telle est la condition misérable de l'humanité, qu'elle est sujette à des besoins dont il n'est pas même donné aux plus forts de triompher. Mais l'Empereur venait-il à paraître, qu'aussitôt on faisait trêve à toutes les plaintes. Tant une seule tête parfois impose, quand elle sait se faire chérir et commander avec dignité !

Bientôt la nuit survenant, les soldats chrétiens livrèrent au repos leurs membres épuisés. Comme un chef vigilant Charles reposa le dernier. La flotte leur fit parvenir un peu de vivres. Ce qui leur fit oublier tous les maux de la journée. Ils fermèrent la paupière hâtant de l'impatience de leurs vœux le retour du jour. Le sommeil de Charles dut être léger et paisible, sa tête reposait sur des trophées, au milieu du théâtre de son triomphe !

Déjà souffle un vent plus frais, avant-coureur de l'aurore. Le jour se fait. Les Chrétiens sont sous les armes. Le camp retentit de leurs cris. Les clairons guerriers sonnent le réveil. Charles se met à la tête de son armée qui s'avance dans le même ordre que la veille, et avec toutes les précautions nécessaires dans un pays ennemi. Il avait strictement défendu qu'on quittât les rangs, car il craignait que les Arabes ralliés ne lui livrassent bataille ou ne lui tombassent sus en quelqu'endroit. Ceci heureusement n'arriva point... Les enfants du désert avaient fui pour toujours!

Aussitôt que le soleil parut, l'armée fut accablée comme le jour précédent par la chaleur, la poussière et la soif. Déjà elle n'était plus qu'à un mille de Tunis, quand tout-à-coup on découvrit ses maisons blanches, ses minarets asiatiques et ses cent mosquées (1) assises sur une montagne crayeuse. A cette vue mille cris confus répètent *victoire!* Sur une colline à droite, on apercevait beaucoup de peuple qui avait fui de la ville. « Seigneur, dit alors Muley-Assan à l'Empereur, vous mettez les pieds où jamais prince chrétien, à la tête d'une armée, ne les a posés. » « S'il plaît à Dieu, reprit Charles, j'irai encore plus loin. » En ce même moment, un cavalier, tout haletant, perçant les rangs vint annoncer de la part des captifs la nouvelle de leur délivrance.

On venait d'apprendre à Tunis la défaite de Barberousse. L'épouvante avait saisi cette ville. On avait donc crié aux armes, fermé les portes, placé des soldats sur les murailles, comme si déjà l'ennemi était prêt à donner l'assaut. Mais pendant que le corsaire se mettait en mesure de défendre sa capitale, un jour, bien fatal pour lui, avait ramené l'espoir et le bonheur dans le cœur des captifs. Le dessein du tyran n'avait pu être longtemps caché. La rumeur du supplice qui leur était réservé, avait frappé les voûtes des cabanons où gémissaient les esclaves. Abattus et consternés, la mort était déjà présente à leurs yeux, car ils ne pouvaient ni fuir ni se défendre. Il y avait alors parmi eux un hospitalier de St.-Jean, Piémontais de naissance, appelé frère Paul Siméoni. Barberousse n'avait jamais voulu le mettre en liberté, quelque rançon que la Religion lui eût offerte. Voici quelle était la cause de sa rigueur :

Au commencement de ce siècle, Bajazet et le Soudan d'Egypte

(1) Sandoval, II. p. 283.

irrités contre les chevaliers de Rhodes, qui dominaient dans toutes les mers du Levant, avaient fait secrètement une ligue pour détruire une puissance qui ruinait le commerce de leurs sujets. Bajazet surtout ne pouvait pardonner aux chevaliers d'avoir reçu dans leur île son neveu Amurat. Il avait donné ordre à tous les corsaires qui naviguaient sous sa bannière d'invader les îles qui dépendaient de la souveraineté du Grand Maître de Rhodes. Camali fameux corsaire fit une descente dans l'île de Lero. Il mit à terre cinq cents Turcs qui commencèrent à battre le château avec toute l'artillerie de leurs vaisseaux. Le gouverneur de cette petite place était alors malade à l'extrémité. Il laissa le soin de sa défense à Siméoni, à peine âgé de dix-huit ans. Ce jeune commandant n'ayant pour secours que quelques pauvres habitants qui cultivaient les endroits de l'île les moins arides, ne laissa point de faire bonne contenance, et de répondre avec tout le feu de sa place à celui des infidèles. Mais comme il vit que leur artillerie avait abattu un grand pan de muraille de son château, pour intimider les ennemis et les empêcher de monter à l'assaut, il fit habiller en chevaliers et avec la croix blanche, les habitants de l'île et même leurs femmes. Cette nouvelle milice, par son ordre bordait en foule la brèche. Les Turcs les prenant pour autant de chevaliers, et croyant que c'était un secours qui, au bruit du canon, était arrivé de nuit dans l'île, levèrent le siège avec précipitation dans la crainte d'être surpris par les galères de l'Ordre. C'est ainsi que la Religion de Rhodes fut redevable de la conservation de cette place à la fermeté et à l'adresse du jeune Siméoni (1).

Quelque temps après la fortune trahit sa valeur. Il fut capturé dans un combat, et jeté dans les fers. En vain l'Empereur de

(1) *Hist. des Chev. de Malte*, vol. 5. pag. 205.

Constantinople lui fit offrir les plus grandes dignités de l'empire s'il voulait changer de religion. Siméoni préféra l'esclavage au déshonneur. Il gémissait donc dans l'esclavage à Tunis depuis de longues années. A la nouvelle du supplice affreux qui menace tous les captifs, son âme généreuse conçoit une grande idée. Il veut sauver ses frères. Siméoni puisant tout son courage dans le plus affreux désespoir, plein de confiance dans la divine providence, et sans doute aidé de son secours, parvient à gagner deux rénégats. C'étaient François de Medellin, ville d'Espagne en Estramadure et Vincent Catare, Dalmate de nation. Ce dernier s'appelait chez les Tunisiens Giafferez. Barberousse avait fait instruire l'autre dans sa jeunesse et lui avait fait apprendre l'arabe. Il le chérissait et l'appelait du doux nom de Memi. Ces deux hommes pleins d'horreur pour la barbarie de leur maître, et faisant un retour vers la vraie religion qu'ils avaient autrefois professée, avaient consenti, dans des entretiens secrets, à aider Siméoni dans ses nobles efforts. Celui-ci s'étant procuré par leur moyen des marteaux et des limes brisa ses fers et aida à rompre ceux des compagnons de son infortune. Voilà par quel miracle dix mille esclaves nus, faibles et sans armes, forcèrent leurs prisons. Ramadan, alcayde ou commandant de la citadelle, surpris par le bruit des chaînes qu'on brisait, court à la porte de la citadelle avec tous les hommes qu'il peut ramasser. Il est trop tard. Un jeune Sicilien aussi remarquable par les qualités du corps que celles de l'esprit s'en était déjà rendu maître. Le Sicilien tombe sous le fer d'un plus grand nombre, la porte de l'alcaçaba s'ouvre, et Ramadan chargeant à la hâte sur des chameaux tout ce qu'il y avait de plus précieux dans la citadelle, s'échappe portant à Barberousse la funeste nouvelle de la révolte. Pendant ce temps-là les esclaves débarrassés de leurs chaînes et s'armant de tout ce qui se trouve sous la main, s'étaient jetés sur la garnison turque et l'avaient massacrée. Ils envahissent l'arsenal, et dirigent le bronze meurtrier contre leurs oppresseurs. Maître de la citadelle qui eut pu servir de dernier asile à Barberousse, Siméoni, général improvisé, se dispose à la défendre avec la dernière vigueur.

Cependant Barberousse qui était à cheval depuis la veille, se présente le matin devant la vieille alcaçaba, espérant dompter la révolte et d'enlever les autruches, l'artillerie et les autres trésors que Ramadan n'avait point eu le temps de sauver. Son intention était de livrer aux flammes les provisions de bouche et de guerre qui y étaient restées. Il crie qu'on lui ouvre. Il supplie les esclaves maîtres de la citadelle de le recevoir, promettant le pardon général et la liberté.... Mais eux, justement exaspérés par le souvenir de leurs longues infortunes et exaltés par un succès inespéré, ne lui répondent qu'à coups de pierre et par les épithètes les plus outrageantes. Barberousse verse des larmes de rage, et chargeant d'imprécations et ses Dieux et Sinan qui l'avait dissuadé de son projet de massacre; il s'écrie : *Tout est perdu puisque ces chiens sont maîtres de la citadelle et de mes trésors!* Alors furieux comme l'ouragan, il lance quelques flèches sur ceux qui la défendaient et disparaît.... (1).

Comme l'armée chrétienne n'était plus éloignée de la capitale, craignant de tomber en son pouvoir, il s'enfuit avec précipitation par la porte Helbeb-Halich avec Sinan, *Chasse-Diables* et tout ce qu'il put ramasser de Maures et de Turcs, reprochant sans cesse à ses officiers leur fausse compassion et se reprochant à lui-même la faiblesse qu'il avait eu de céder à leur avis. Les Arabes appre-

(1) Ms. Van den Es.

nant sa fuite et sachant qu'il emportait de grandes richesses, tombèrent sur ses bagages et les pillèrent.

Telles étaient les heureuses nouvelles que ce courrier des esclaves apportait à l'armée chrétienne. Comment douter de leur vérité? un Cheik accouru de Tunis, couvert de poussière et goûtant de sueur, informait aussi Muley-Assan de la fuite de Barberousse. Déjà cette bonne fortune de Charles volait de bouche en bouche, et les Chrétiens fiers de la victoire et enorgueillis par leurs succès, voyaient devant eux les minarets de Tunis, quand voici s'élever du sommet d'une tour de l'alcaçaba une colonne de fumée, des feux en croix et une blanche bannière! Un soldat de Siméoni qui du haut d'une tourelle observait la plaine, ayant aperçu à l'horizon une forêt d'armes étincelantes s'avançant au milieu d'un large nuage de poussière, avait aussi arboré l'étendard enlevé par les soldats de Tabacchès aux troupes du comte de Sarmient. Ces signaux apprenaient à Charles que les portes de la ville étaient ouvertes et qu'il pouvait s'y présenter en sûreté. A cette vue une joie indicible touche tous les cœurs. Les officiers criaient : *Imperio! victoria!* les soldats s'embrassaient. On eut dit qu'une commotion électrique partie de cette bannière s'était communiquée à toute l'armée. C'est que ce signal était tout à la fois celui de la délivrance, de la conquête, et la fin de toutes les souffrances!

Les capitaines Jean et Bocanegra furent envoyés en avant pour s'approcher de la citadelle et porter secours en cas de besoin aux captifs qui luttaient encore avec les troupes turques.

Charles à la tête de son armée s'avançant toujours était enfin arrivé à cinq cents pas des portes du Tunis, quand le gouverneur et les magistrats en habits de suppliant et un rameau d'olivier à la main, lui en apportèrent les clefs, sur un bassin d'or, en signe de soumission. Ils le félicitèrent sur sa victoire où le sang avait si peu coulé, lui promettant complète obéissance ; heureux, se disaient-ils, d'être délivrés de la cruelle tyrannie du corsaire. Ils ne demandaient qu'une faveur de la clémence du vainqueur, c'était de préserver du pillage la ville, en défendant à ses troupes d'y entrer. Ils promettaient de fournir en abondance aux soldats tout ce qu'ils auraient pu désirer et trouver dans la place. Muley-Assan lui-même, vivement inquiet sur le sort de sa capitale, suppliait l'Empereur de leur accorder cette grâce, pour laquelle il offrait quarante mille doblas. Charles paraissait assez enclin à la clémence. Mais, comme il n'avait point reçu les subsides de guerre qui lui avaient été promis, que d'ailleurs la ville, dont les tours et les remparts étaient garnis de défenseurs, faisait mine de vouloir se défendre, plutôt que de se rendre, ce qui était pour lui un motif de soupçonner la foi punique, il leur répondit qu'il ne pouvait, dans ces circonstances, s'abstenir d'entrer dans Tunis. Il l'eut fait peut-être sans les murmures avec lesquels toute l'armée repoussa leurs supplications. Mais la liberté de langage était grande autour de Charles. Ses soldats se plaignaient hautement qu'après avoir supporté courageusement les fatigues de la route, les incommodités de la traversée et subi mille tourments, il ne serait point juste de les priver du fruit de la victoire ; qu'épuisés de travaux et de privations, le seul espoir du pillage les avait soutenus jusqu'alors, et qu'il y aurait de l'inhumanité à les en priver, pour épargner de vils brigands, les ennemis les plus acharnés du nom chrétien.

Charles avait fait demander, dit un historien, à Muley-Assan, s'il n'avait point dans la ville quelques amis qu'il désirait qu'on épargnât. « Non, répondit Assan, si j'en avais eu quelques-uns, ils seraient venus me trouver au camp. Il m'est donc indifférent que l'on ne fasse aucune distinction entre les habitants. » Cette réponse de Muley-Assan nous paraît invraisemblable et en opposition surtout avec les sentiments d'humanité que Paul Jove et Etrobius prêtent à ce prince.

On vit alors un spectacle des plus émouvant. La ville était plongée dans la plus profonde consternation. Le tumulte était à son comble. Une grande partie des habitants fuyait avec leurs familles pour se soustraire au pillage et à la violence de la soldatesque. Tous les chemins étaient couverts de Tunisiens, les vêtements en désordre, qui se sauvaient dans les montagnes. On eut cru voir une de leurs grandes migrations d'autrefois quand ces peuples fuyaient la cruauté des Vandales de Genseric, abandonnant les tombeaux de leurs aïeux pour gagner le calme et la paix des déserts. En cet instant plusieurs centaines de captifs brûlant de la plus vive impatience de contempler leurs libérateurs, se hasardèrent au milieu de cette populace, la veille encore si hostile, et traversant la ville en vainqueurs, des armes et des rameaux d'oliviers à la main, ils étaient accourus à la porte d'Elbaar à la rencontre de l'Empereur pour le bienveigner et le féliciter sur sa victoire. La joie dans le cœur, la louange à la bouche, ils témoignèrent leur affectueuse reconnaissance pour un si grand bienfait par des démonstrations si sincères et si chaleureuses, qu'elles émurent celui qui en était l'objet. Les larmes de l'humanité si longtemps opprimée retombaient en pluie d'amour sur Charles, ce libérateur descendu du ciel. Les uns se jetaient à ses pieds et lui baisaient les genoux. Les autres cherchaient à toucher ses vêtements, son armure, comme pour s'assurer que tout ce qu'ils voyaient n'était point un songe! Des femmes tenant à bras leurs enfants, dont les yeux s'étaient ouverts dans la sombre nuit de l'esclavage, fendaient la presse pour se frayer un passage vers celui qu'elles appelaient leur *père*, leur *sauveur*; et ces noms si doux aux âmes généreuses, firent plus de plaisir à Charles que le titre de conquérant qu'il venait de mériter. Aussi le souvenir de cette journée se grava si profondément dans son cœur, qu'il la compta toujours au nombre des plus belles et des plus heureuses de sa vie.

Siméoni le noble religieux était à la tête des esclaves. Charles en l'embrassant : « Ami chevalier, lui dit-il, béni soit à jamais » la courageuse résolution qui vous a fait rompre vos chaînes, faci- » liter ma conquête et augmenter la gloire de votre Ordre. » L'humble hospitalier, le héros de Lero répondit en s'inclinant : « Le Très-Haut a armé mon bras pour frapper les ennemis des » Chrétiens. A lui seul toute la gloire de mon entreprise. Que son » nom trois fois saint soit béni ! »

A quelques pas de là, des scènes attendrissantes ravissaient et faisaient fondre en larmes de vieux guerriers. Un marin de Naples presque aveugle et sur le déclin de l'âge, le capitaine Gioberti retrouvait parmi ses libérateurs le plus jeune de ses fils qu'il avait laissé au berceau, en partant, trente ans passés, pour les échelles du Levant. Sa famille ne l'avait plus revu. Attaqué en mer par des corsaires, il avait perdu le poignet droit en se défendant à l'abordage, et capturé avec son équipage dont il était le seul qui vécût encore, il avait été emmené dans les fers à Tunis. Qu'on se figure les étreintes convulsives de ce père et de ce fils qui se retrouvaient sans s'être jamais vus ! Car au départ du père l'enfant ouvrait à peine les yeux à la lumière, et chez le père qui retrouvait son fils, le grand âge venait de les fermer.

On voyait parmi ces captifs de diverses nations des vieillards blanchis dans les chaînes, des hommes, des femmes qui y avaient passé les plus belles années de la vie. Ils couraient au-devant des soldats de leur pays, s'attachant à eux, nommant la ville où ils avaient vu le jour, disant leur nom, et cherchant partout à retrouver des compatriotes qui pussent leur donner des renseignements sur leur famille. Beaucoup, hélas! n'en avaient plus! Il se trouvait parmi eux des personnages de si grande qualité, qu'ils avaient vainement offert pour leur rachat à Barberousse jusqu'à douze mille ducats. Les autres, en plus grand nombre, étaient des artisans dont l'usurpateur avait su utiliser les talents et l'industrie dans la construction et l'armement des vaisseaux et qu'il avait employés au creusement du port. Ils gémissaient depuis longues années dans l'esclavage le plus dur, enchaînés dans des cachots humides, traités avec la dernière inhumanité. On remarquait, parmi ces esclaves, les officiers pris autrefois à bord de la galère du capitaine Portundo, sujets du dauphin de France et du duc d'Orléans. Charles les traita tous avec bonté. Il fit remettre ces derniers au sire de Velly, ambassadeur du roi de France, qui résidait devers lui, pour les faire rentrer en France leur patrie.

Charles ne se contenta point de combler d'éloges les captifs chrétiens dont la belle conduite avait si miraculeusement contribué à la conquête. La main glorieuse qui avait brisé leurs fers leur fit encore distribuer de l'or et des vêtements. De plus, il leur assura la nourriture et le passage sur ses vaisseaux qui devaient les ramener sous le ciel de la patrie *plus doux, pour l'exilé, que les parfums d'Orient*. Il répandit ainsi, dans toutes les parties du monde, des témoins de sa générosité, de sa valeur et de sa clémence. C'étaient vingt mille voix qui entonnaient le concert de louanges qui s'élevait de toutes parts en son honneur. Quant aux eunuques Medellin et Giafferaz, qui avaient donné aux Chrétiens les moyens de récupérer la liberté, il les combla de riches présents. Dans la suite, on recueillit d'eux beaucoup de renseignements sur les desseins et les mœurs de Barberousse.

Charles à la tête de son armée fit son entrée dans la ville de Tunis le 21 juillet au matin. C'était un mercredi. L'empereur alla prendre son logement à la nouvelle alcaçaba au palais de Muley-Assen. Sandoval remarque à ce sujet que ce fut un mercredi 16 juin que Charles débarqua entre la Goulette et Carthage, que le mercredi 14 juillet il prit la Goulette, et que le mercredi 21 juillet il fit son entrée dans la capitale du royaume.

Del Guast fut aussitôt envoyé à la citadelle où on le reçut avec joie. Il y trouva des provisions de toute espèce. Un esclave ligurien lui fit connaître une citerne où Barberousse avait caché dans des sacs de cuir trente mille ducats d'or. Le général les ayant fait retirer, Charles lui en fit présent. Cet officier de haute distinction avait bien mérité de l'Empereur dans toutes les guerres; et comme il était libéral, généreux et enclin aux largesses, plus que tous les princes de son âge, Charles fut charmé de trouver ainsi l'occasion de lui fournir les moyens de continuer la vie fastueuse qu'il menait.

On trouva dans l'arsenal de l'alcaçaba des armes de toute espèce qui remontaient à une très-haute antiquité. C'étaient des balistes, des traits assez semblables pour la forme à ceux des impériaux, des arbalètres, des arquebuses, des arcs, des flèches, des rondelles (1), des harnais (2) de diverses sortes et fort anciens, tels que cuirasses en lamelles de fer, casques, elmes, (3) brassards, gantelets et grèves (4) ornés de dorures, de ciselures et de figures allégoriques. C'étaient les armures des anciens chevaliers français qui étaient venus, trois cents ans auparavant, pour faire le siège de Tunis avec le roi de France St-Louis. Ces trophées y

(1) Petits boucliers.
(2) Armures complètes.
(3) Heaumes.
(4) Pièces de l'armure pour la jambe.

étaient soigneusement conservés en mémoire de ces événements. Ils excitèrent l'étonnement et l'admiration des soldats. Charles ordonna qu'ils fussent enlevés et transportés en Espagne où ils figurent depuis, au musée d'antiquité.

Le 23 juillet Charles-Quint informa le roi de France de ses succès en ces termes :

Tunis 23 juillet.

« Très-haut etc., nous supposons que nostre chier et féal chevalier, conseillier et ambassadeur résident devers vous, le visconte de Lombeke, vous aura adverty de ce que luy avons escript de temps à aultre de notre voyage dois (depuis) notre partement de Barcellone, et mesme la prinse de la Goulette, et comme la chose est passée; et maintenant luy escripvons la desfaicte et fuyte de Barberoussa et prince de ceste cité de Thunis, délivrance et liberté de XVIII à XX^m chrestiens captifz, comme de lui pourrez entendre plus au long; ne faisant double que ce vous sera gros plésir de savoir ceste bonne nouvelle, tant utile au commung bénéfice de la républicque chrestienne. A tant etc. »

Le même jour il adressa à la reine de France la lettre suivante :

« Madame ma meilleur seur. Vous entendrez du sieur de Liedekerke, mon ambassadeur, comme depuis la prinse de la Goulette, Barberousse a esté défaict et s'en est enfuy, et aussi la prinse de ceste cité, et comme le tout est passé, que me gardera d'en estre plus prolixe. Bien vous advertiz-je que, entre aultres choses, j'ay incontinent faict mectre plainement et favorablement en liberté les gens de mes cousins, les Daulfin et duc d'Orléans, que se sont trouvez en nombre de dix, que furent prins avec les galères de feu le capitaine Portendo, et joinctement tous aultres subjetz du roy très-chrétien, monsieur mon frère,

« trouvez captifz en ce lieu, qui sont en tout LXXXI, et feray
» tenir main qu'ilz s'en retournent saulvement en France; et en
» me remectant des particularitez de ceste victoire à mon dit am-
» bassadeur, feray fin. »

A la suite et de la main de l'Empereur on lisait encore :

« Madame ma meilleur seur, je vous prie ne prendre mal que
» telle nouvelle ne la vous escriptz de ma main, mon ambassadeur
» y satisfera de bouche, et vous en advertira bien au long. J'ay
» faict délivrer les serviteurs du Daulphin que j'ai ici trouvez et
» aultres françois; je ne sçay se encoires cela satisfera pour me
» faire le roy rendre mes vassaulx qu'il tient en ses galères, et
» sans y prendre plus de délays ni longueurs pour visiter les galè-
» res les ungs des aultres. C'est de votre meilleur frère (1). »

« CHARLES. »

Nous venons de parler de St-Louis. On sait que dans cette malheureuse croisade le monarque français mourut de la peste et que son armée décimée par la dyssenterie eut peine à regagner l'Europe.

Qu'on nous permette une digression dans l'histoire de France en rapportant ici le trépas glorieux de ce prince. Ce récit d'ailleurs n'est point aussi étranger à la nôtre qu'on pourrait le croire, puisque St-Louis fut un des aïeux de notre immortel Charles-Quint.

St-Louis entra dans la baie de Tunis au mois de juillet 1270. Mais la prospérité semblait l'abandonner dès qu'il passait les mers; comme s'il eut toujours été destiné à donner aux infidèles l'exemple de l'héroïsme dans le malheur. Il ne pouvait attaquer Tunis avant qu'il eût reçu les secours que devait lui amener son frère, le roi de

(1) Documents inéd. sur l'*Hist. de France*. Paris 1841. vol. 2, pag. 365.

Sicile. Obligée de se retrancher dans l'isthme, l'armée fut attaquée d'une maladie contagieuse, qui en peu de jours emporta la moitié des soldats. Le soleil de l'Afrique dévorait ces hommes accoutumés à vivre sous un ciel plus doux. Des combats continuels achevaient d'épuiser toutes les forces de l'armée : les vivants ne suffisaient point à enterrer les morts ; on jeta les cadavres dans les fossés du camp, qui en furent bientôt comblés.

Déjà les comtes de Némours de Montmorency et de Vendôme n'étaient plus ; le roi avait vu mourir dans ses bras son fils chéri le comte de Nevers. Il se sentit lui-même frappé, il s'aperçut dès le premier moment que le coup était mortel ; que ce coup abattrait facilement un corps usé par les fatigues de la guerre, par les soucis du trône et par ces veilles religieuses et royales que Louis consacrait à son Dieu et à son peuple. Il tâcha néanmoins de dissimuler son mal, et de cacher la douleur qu'il ressentait de la perte de son fils. On le voyait, la mort sur le front, visiter les hôpitaux, comme un de ces Pères de la Merci consacrés dans les mêmes lieux à la rédemption des captifs et au salut des pestiférés. Des œuvres du saint il passait aux devoirs du roi, veillait à la sûreté du camp, montrait à l'ennemi un visage intrépide, ou assis devant sa tente, rendait la justice à ses sujets, comme sous le chêne de Vincennes.

Philippe fils aîné et successeur de Louis ne quittait point son père qu'il voyait près de descendre au tombeau. Le roi fut enfin obligé de garder sa tente : alors ne pouvant plus lui-même être utile à ses peuples, il tâcha de leur assurer le bonheur dans l'avenir, en adressant à Philippe des instructions sur son lit de mort.

La maladie faisait des progrès. Louis demanda l'extrême-onction. Il répondit aux prières des agonisants avec une voix aussi ferme que s'il eût donné des ordres sur un champ de bataille. Il se mit à genoux au pied de son lit pour recevoir le Saint-Viatique, et on fut obligé de soutenir par les bras ce nouveau St.-Jérôme, dans cette dernière communion. Depuis ce moment il mit fin aux pensées de la terre et se crut acquitté envers ses peuples. Eh, quel monarque avait jamais mieux rempli ses devoirs ! sa charité s'étendit à tous les hommes : il pria pour les infidèles qui firent à la fois la gloire et le malheur de sa vie ; il invoqua les saints patrons de la France, de cette France si chère à son âme royale. Le lundi matin, 25 août, sentant que son heure approchait, il se fit coucher sur un lit de cendres, où il demeura étendu les bras croisés sur la poitrine, et les yeux fixés vers le ciel.

On n'a vu qu'une fois et on ne reverra plus jamais un pareil spectacle. La flotte du roi de Sicile se montrait à l'horizon ; la campagne et les collines étaient couvertes de l'armée des Maures. Au milieu des débris de Carthage le camp des Chrétiens offrait l'image de la plus affreuse douleur. Aucun bruit ne s'y faisait entendre ; les soldats moribonds sortaient des hôpitaux, et se traînaient à travers les ruines, pour s'approcher de leur roi expirant. Louis était entouré de sa famille en larmes, des princes consternés, des princesses défaillantes. Les députés de l'empereur de Constantinople se trouvèrent présents à cette scène : ils purent raconter à la Grèce la merveille que Socrate aurait admirée. Du lit de cendres où Saint-Louis rendait le dernier soupir on découvrait le rivage d'Utique : chacun pouvait faire la comparaison de la mort du philosophe stoïcien et du philosophe chrétien. Plus heureux que Caton, Saint-Louis ne fut point obligé de lire un traité de l'immortalité de l'âme, pour se convaincre de l'existence d'une vie future. Il en trouvait la preuve invincible dans sa religion, ses vertus et ses malheurs. Enfin vers les trois heures de l'après-midi, le roi, jetant un grand cri prononça distinctement ces paroles : « Sei-

« gneur, j'entrerai dans votre maison, et je vous adorerai dans » votre saint temple, » et son âme s'envole dans le saint temple qu'il était digne d'habiter.

On entend alors retentir la trompette des Croisés de Sicile : leur flotte arrive pleine de joie et chargée d'inutiles secours. On ne répond point à leur signal. Charles d'Anjou s'étonne et commence à craindre quelque malheur. Il aborde au rivage, il voit les sentinelles, la pique renversée, exprimant encore moins leur douleur par ce deuil militaire que par l'abattement de leur visage. Il vole à la tente du roi son frère. Il le trouve étendu mort sur la cendre. Il se jette sur les reliques sacrées, les arrose de ses larmes, baise avec respect les pieds du saint, et donne des marques de tendresse et de regrets qu'on n'aurait point attendues d'une âme si hautaine. Le visage de Louis avait encore toutes les couleurs de la vie, et ses lèvres même étaient vermeilles.

Charles obtint les entrailles de son frère, qu'il fit déposer à Montréal près de Salerne. Le cœur et les ossements du prince furent destinés à l'abbaye de Saint-Denis; mais les soldats ne voulurent point laisser partir avant eux ces restes chéris, disant que les cendres de leur souverain étaient le salut de l'armée. La France qui ne se pouvait consoler d'avoir perdu sur la terre un tel monarque, le déclara son protecteur dans le ciel. Louis placé au rang des saints devint ainsi pour la patrie une espèce de roi éternel (1).

Dans le pillage de la citadelle, Muley-Assan eut à déplorer la perte de trois précieuses collections. D'abord celle de la bibliothèque arabe. Il s'y trouvait des manuscrits très-anciens contenant non-seulement les préceptes de toutes les doctrines, mais encore les faits et gestes des rois précédents et les diverses interprétations

(1) Chateaubriand. *Itin. de Paris à Jérusalem* pag. 265.

de la loi de Mahomet. La plupart de ces livres étaient richement écrits en lettres d'or et d'azur. Ce prince aurait bien donné la valeur d'une ville pour les racheter. La seconde chose était son magasin des parfums de l'Inde, où consacrant de grandes sommes à l'exemple de son père Mahomet, il avait réuni avec un luxe extraordinaire tous les trésors de l'Orient. Il s'y trouvait des coffres de plomb contenant un nombre infini de cassettes d'ivoire pleines d'une si grande quantité de musc, d'ambre, d'aloès et de sibet à l'usage des bains et dont on se servait pour parfumer les appartements tant de jour que de nuit ; qu'on l'estimait à une valeur considérable. Toutes choses cependant que Barberousse avec ses habitudes du camp et du tillac avait méprisées ; enfin une grande quantité de fard et de couleurs préparées pour la peinture, que les esclaves et les soldats, uniquement attentifs aux objets qui avaient un prix réel à leurs yeux, avaient follement éparses et foulées aux pieds. Car on trouva dans l'arsenal des monceaux de bleu d'outremer, que les Grecs appellent azur ; ainsi que beaucoup de sacs de grains de coccus et de laque indienne avec quoi on fait la couleur de pourpre ou écarlate, que les grands peintres achètent très-cher. Tous ces trésors périrent sans utilité pour personne.

À peine Charles avait-il fait son entrée dans Tunis, que les soldats espagnols voyant que les esclaves pillaient tout dans l'alcazaba et craignant d'être privés du butin qu'ils s'étaient promis, n'obéissant qu'à l'instinct de leur cupidité, fondent soudain dans tous les quartiers, enfonçant avec impétuosité les magasins des marchands, les boutiques des artisans, et livrent tout au plus affreux pillage. Les Tunisiens qui ne s'attendaient point à ces affreux excès, invoquent tout éplorés la protection que leur avait promise Muley-Assan. Ils ne sont point écoutés. Car si cette nation mobile et portée à l'adulation a salué le retour du roi de Tunis par des acclamations et des démonstrations de joie inusitées, ce n'était de sa part qu'une manière adroite dont elle cherchait à cacher la haine qu'elle vouait aux Chrétiens, et voilà pourquoi ceux-ci ne se laissaient point fléchir par la pitié. Ils n'ignoraient point non plus qu'elle s'était attiré tous ces maux par son manque de fidélité à son souverain légitime.

Rien n'échappe donc à leurs recherches, et, sur les indications des esclaves chrétiens qui s'immiscent dans ces scènes de dévastation, ils descendent dans les souterrains les plus profonds, dans les puits et les citernes. D'un œil avide ils parcourent les recoins les plus secrets des habitations et en retirent d'immenses richesses. Les enfants, les vieillards, troupe faible et sans défense, le vulgaire des femmes, qui ne savent ni frapper ni combattre, vont porter dans les mosquées leurs prières et leurs larmes. C'est en vain! On n'épargne ni les mosquées, ni les oratoires particuliers, ni les lieux secrets des demeures où se conservent précieusement les objets du culte. Pour s'emparer des fermoirs d'or et d'argent, les soldats lacèrent les livres de la loi mahométane, enlèvent les vases précieux et jusqu'aux ornements en or qui décoraient le marbre et le jaspe noir des tombeaux placés dans les cimetières (1). Leur avidité ne s'arrête que devant une petite chapelle consacrée par le respect et les sacrifices de la population franque. C'était la seule église du royaume qui possédât encore des cloches.

Il était trop tard pour songer à réprimer la cruauté et la licence des vainqueurs. Tunis fut en proie, dans ce jour néfaste, à tous les outrages que le soldat est capable de commettre dans une ville prise d'assaut et à tous les excès où peuvent se porter les passions, quand elles sont irritées par le mépris et la haine qu'inspire

---

(1) Les cimetières des Maures et des Turcs s'élevaient autour de la ville enrichis de tombeaux de marbre et embellis de parterres de fleurs, qu'ombrageaient de longs cyprès semblables à des obélisques noirs.

la différence de mœurs et de religion. On eut dit que les Chrétiens voulussent enchérir sur la violence et la lubricité des peuples les plus barbares. Plus de douze mille habitants périrent dans cette funeste journée. Les Maures qui avaient survécu au massacre s'étaient sauvés dans les montagnes à la distance de trois milles à la ronde. Les soldats les poursuivirent, et en atteignirent un grand nombre qu'ils ramenèrent en ville où ils furent vendus. Ce nombre s'élevait à dix mille (1). Ceux qui furent assez heureux pour échapper aux recherches de la soldatesque, périrent de soif dans les sables et les déserts voisins, étouffés par les chaleurs excessives qui se font sentir dans ces climats brûlants. Les malheureux habitants de l'un et de l'autre sexe éprouvèrent dans leurs personnes et dans celles qui leur étaient chères, des tortures et différentes sortes de gêne pour les obliger à découvrir à leurs cruels vainqueurs les trésors cachés. La richesse du butin répondit largement aux espérances que le soldat en avait conçues. Les jeunes filles étaient exposées à des infamies encore plus odieuses et plus insupportables que les plus cruels supplices; et quand le soldat fut las de tuer ou d'assouvir sa brutalité, sans aucun égard pour l'âge, le sexe ou la naissance, il chargea de chaînes tout ce qui tomba entre ses mains. Les Mauresques les plus belles et les plus jeunes étaient arrachées d'entre les bras de leurs mères et les officiers se les réservaient pour les faire servir à leurs plaisirs et à leurs passions.

(1) Entraron a manadas, y commençaron a soquear matando a los que contradezian, viejos, ninos y mugeres, que passavan de diez mill.
SANDOVAL II. pag. 279.
Vertot dans son *Histoire des Chevaliers de Malte* prétend sur la foi de Bozio, annaliste de la Religion de Rhodes, que plus de deux cent mille personnes périrent ou furent esclaves. Il fait aussi monter le nombre des prisonniers à plus de quarante mille de différents sexes. Malgré le respect qu'on doit à cet historien, on est forcé de rejeter ces chiffres comme évidemment exagérés.

Un grand nombre d'entre elles furent dirigées vers la flotte, car les marins ayant appris que la ville était livrée au pillage y étaient aussi accourus pour en profiter.

Parmi ces esclaves infortunées, dit Vertot, se trouvait une jeune fille des premières maisons de la ville et à qui tout Tunis donnait la palme de la beauté. Elle s'appelait Ayza. Elle était tombée en partage à un officier espagnol qui l'emmenait au camp dans sa tente. Muley-Assan qui la rencontra garottée d'une manière indigne de sa haute naissance, touché de compassion et peut-être d'un sentiment encore plus vif, arrêta et offrit à son maître de la racheter. La Mauresque naturellement fière et outrée de douleur et de colère, s'écria en lui crachant au visage : *Retire-toi perfide, méchant Assan, toi qui pour recouvrer un royaume qui ne t'appartenait pas, as trahi honteusement Mahomet et la nation!* Mais ce prince sans se rebuter continua d'offrir des sommes considérables pour sa rançon. Ayza furieuse lui répéta : *Retire-toi, te dis-je, je ne veux point d'un tyran pour libérateur.*

Etroblus, à qui nous avons emprunté une partie de ces détails, prétend que les Allemands ne retirèrent aucun profit de ce sac, par la raison, dit-il, qu'il ne leur fut permis d'enlever que les provisions de bouche, et qu'ils ne trouvèrent que peu de caves pleines d'un vin généreux. Il y avait bien des citernes d'eau douce capables de les désaltérer, mais l'eau ne faisait point l'affaire de ces robustes poitrines. Aussi se montrèrent-ils très-courroucés et se livrèrent-ils au meurtre sans aucune retenue. Ce n'est pas là, à notre sens, le motif qui porta les Allemands au massacre. Dans le sac de Tunis, comme dans celui de toute ville prise par des troupes de nations diverses, on remarque un penchant naturel, qui perçant dans les actions individuelles, distingue entre eux, sous le nom de caractère national les hommes appartenant à ces différents peuples. Ainsi, pendant que les Espagnols et les Italiens enclins par caractère à la rapine et aux femmes, n'en voulaient qu'à l'or, aux bijoux et à la beauté; les Allemands plus froids, plus féroces et peut-être plus fanatiques, s'abreuvaient à longs traits du sang mahométan. Ce furent eux qui remplirent tous les lieux de cadavres, massacrant sans pitié et sans merci, jusque dans les mosquées la foule craintive qui s'y était réfugiée vers ses Dieux. D'ailleurs le pillage fruit spontané, quoique prévu, de la victoire n'eut ni limites, ni conditions. Les chefs n'auraient pu en exclure les troupes d'une nation au profit d'une autre, sans faire naître un mécontentement dont les suites n'eussent pas manqué d'être fatales pour eux-mêmes.

L'humanité de Charles répugnait à ces scènes de massacre. Il gémit de l'accident fatal qui avait souillé l'éclat de son triomphe. Cependant au milieu de cette horrible destruction, le spectacle de vingt mille esclaves dont il brisait les fers, tempéra l'amertume de ses peines. Muley-Assan lui-même, au rapport de Paul Jove, ne put retenir ses larmes et supplia Charles de faire cesser le massacre (1). Le pillage le vengeait assez de sujets qui ne lui avaient point tenu leur serment, et qui à la nouvelle des premiers succès remportés par l'Empereur, n'avaient point couru aux armes, pour soutenir la cause de leur roi légitime contre l'usurpateur ; mais aussi il allait monter sur un trône au milieu du sang et du carnage, en exécration à ses sujets sur lesquels il avait attiré tant de calamités, et méprisé de ceux-là mêmes dont la fureur était la cause de tous ces maux.

(1) Il paraît assez que le pillage avait été permis par Muley-Assan. Cela résulte du moins d'un passage de Zenocar de Schauwenburg, secrétaire de Charles-Quint qui dit : Urbem permissu Muleasseni regis militibus suis diripiendam triduo concessit. Pag. 151.

Quant au petit nombre de familles mauresques qui lui avaient été fidèles, il s'empressa de les racheter ainsi que ses familiers, ses parents, et environ cinquante femmes qui formaient son harem au temps de sa prospérité. On rapporte même qu'il délivra pour deux pièces d'or celle qu'il chérissait le plus et qui allait passer dans les bras d'un simple soldat.

Le lendemain un édit de Charles défendit le pillage sous peine de la hart, et ordonna à tout soldat de regagner son enseigne, de peur que cette licence n'amenât quelque grave accident. Il était temps, on avait renouvelé pendant trois jours les plus affreux abus de la victoire.

Pendant son séjour à Tunis, Charles arrêta au sein du conseil toutes les mesures qu'il convenait de prendre sur terre et sur mer dans les circonstances que la fortune lui avait faites. La fortune, dit un grand écrivain, ce nom payen donné à la puissance qui régit toutes choses ici bas, c'est la providence favorisant le génie qui marche dans les voies du bien, c'est-à-dire, dans les voies tracées par sa sagesse infinie. Il eut des conférences avec Muley-Assan et conclut avec lui un traité qui garantissait pour le présent et l'avenir le repos et les intérêts de la chrétienté. C'est de cette ville que Charles-Quint dépêcha des courriers à tous ses royaumes pour leur annoncer la nouvelle de sa conquête. La dépêche datée de l'alcaçaba est du 25 juillet. La même dépêche fut aussi remise aux ambassadeurs qui étaient à sa cour. C'étaient ceux de France, de Portugal, d'Angleterre, de Milan, de Florence, du sénat de Venise, de Ferrare, de Saluce, de Gênes, de Sienne, de Mantoue et de Naples; de sorte qu'en peu de jours toute l'Europe apprit ses triomphes. Il envoya Martin Ninon, chevalier de Tolède, vers le pape Paul III, qui lui avait accordé le dixième des revenus ecclésiastiques dans tous les états de la maison d'Autriche pour subvenir aux frais de l'expédition. Georges de Melon, chevalier portugais, partit pour l'Espagne avec des dépêches pour l'impératrice Isabelle sur qui Charles concentra toujours ses plus chères affections.

La joie que causa cette victoire en Espagne et en Italie est inexprimable. Elle fut comparable à la frayeur qu'avaient inspiré les violents brigandages de Barberousse. La gloire et la réputation de Charles augmentèrent considérablement. Son astre ne pouvait guère atteindre plus haut dans la sphère radieuse où il gravitait. Tous ses royaumes étaient remplis du bruit de son nom. Tous les rois chrétiens paraissaient petits devant lui; tant l'éclat de sa renommée obscurcissait toute autre gloire. On révérait en lui un prince généreux qui avait exécuté une entreprise si difficile dans l'intérêt de tous les Chrétiens habitant les bords de la Méditerranée. On respectait cette habileté et ce courage qui l'avaient montré aussi bon général que soldat intrépide; courage qui en excitant l'ardeur des siens, les avait fait trembler plus d'une fois pour les jours de leur prince. Dans toutes les villes qu'il traversa, à son retour de la conquête, on fit à ses troupes triomphantes des honneurs et des fêtes pompeuses. Vingt mille Chrétiens délivrés par lui de l'esclavage et ramenés à ses frais dans leur patrie, firent bénir dans toute l'Europe le nom de Charles-Quint qu'ils élevèrent jusqu'au ciel!

La gloire du capitaine rejaillit sur ses soldats, et de même qu'autrefois on lisait sur la tombe de ceux qui avaient visité les saints lieux, ces mots qui les recommandaient à l'admiration de la postérité : *Pélérin de Jérusalem* ; de même les pierres sépulcrales élevées aux braves qui firent sous la conduite de Charles-Quint la mémorable conquête de Tunis, portèrent plus tard cette honorable mention : *Il fut à Thunes contre Barberousse.*

Lui seul, hélas! n'a point de tombe dans sa patrie! Aucun

témoignage de l'amour de ses peuples n'associe non plus son souvenir et ses traits à ceux de Godefroid de Bouillon, de Charles de Lorraine, de Marguerite d'Autriche. Aucun monument en Belgique, cette terre classique des beaux-arts, ne rappelle les hauts faits du potentat qui n'eut point d'égal dans son temps, dont la fortune couronna longtemps les belliqueux travaux, et qui après avoir fourni la plus brillante carrière à laquelle prince puisse jamais aspirer, eut le courage de se dépouiller du fardeau de ses couronnes, de renoncer aux pompes et aux grandeurs pour aller offrir à Dieu, dans le silence d'un monastère, les dernières années d'une vie qu'il lui avait, pour ainsi dire, toute consacrée.

Le souvenir de leurs vertus, de leur génie devrait bien suffir pour faire ériger aux grandes ruines royales un monument digne de leur splendeur passée. Y mettre la première pierre est une dette que les gouvernements contractent implicitement envers leurs sujets. Car l'aspect des statues monumentales, ces pages vivantes de l'histoire, ajoute au sentiment de notre dignité humaine et de notre grandeur nationale. Debout sur leur socle de marbre, elles ne font que grandir et développer davantage en nous ce sentiment sublime qu'on appelle amour de la patrie et qui s'enflamme au seul récit de brillants exploits ! Le jour n'est pas éloigné, sans doute, où le gouvernement belge, comblant les vœux de la nation et jaloux de réparer le silence de trois siècles, concourra avec la ville de Gand à l'érection d'un monument digne de la gloire et des vertus de l'Empereur des deux mondes.

Ce fut le 27 juillet que Charles quitta Tunis, après un *Te Deum* solennel chanté en musique dans l'église des Religieux de l'Ordre de St.-François au faubourg des Rabatins. Il ramena son armée chargée d'or dans le beau village de Luda situé à deux milles de la Goulette (1). Il y séjourna jusqu'au dimanche 1ᵉʳ août afin de dédommager ses troupes de leurs privations et de les faire reposer de leurs fatigues. Non loin de là coulait un ruisseau qui leur fut d'un grand secours. Ce qui détermina Charles à accélérer son départ de la ville de Tunis, ce fut le désir d'y voir rentrer les habitants qui avaient pris la fuite et se tenaient encore cachés dans les montagnes et les vallées, comme le gibier après la battue.

Le 1ᵉʳ août, au jour naissant l'armée partit de Luda et arriva vers le soir dans la plaine où il avait dressé ses tentes avant le siège de la Goulette près de la Tour des Eaux. Chemin faisant, on rencontra une grande quantité de cadavres mauresques qui jonchaient la terre ; soit parce que les soldats n'avaient point voulu se charger de la besogne de les inhumer, soit qu'ils aient voulu venger ainsi sur ces corps inanimés les maux de toute espèce qu'ils avaient endurés. Plusieurs cadavres de femmes étaient si gros que leurs jambes l'emportaient en volume sur les cuisses des hommes les plus corpulents de nos contrées. Ce que l'on aurait peine à croire, si le témoignage de toute une armée n'en déposait.

Ce fut le 6 du mois d'août, dans la Tour des Eaux, que le roi de Tunis arrivé au camp depuis deux jours, confirma et ratifia par serment le traité conclu entre lui et l'Empereur. Pour plaire à ce prince, Charles permit qu'il portât aussi la date de l'ère de Mahomet, l'an 942 le 6ᵐᵉ jour de la lune du mois de Zaphar. Muley-Assan accompagné de ses conseillers et de ses principaux officiers, après avoir ouï la lecture de l'acte en langue arabe, se montra très-satisfait de son contenu, et prenant son sabre qu'il portait en écharpe, il le tira environ une palme hors de la gaine, puis mit la main sur la lame et jura par Mahomet le grand prophète et son

---

(1) Van den Es l'appelle *Radile*.

alcoran de garder et d'observer fidèlement le traité. De son côté Charles portant la main qu'il avait baisée sur la croix de l'habit d'un commandeur de l'Ordre de St.-Jacques, en jura aussi l'observation par la croix. Il dit alors d'un ton grave à Muley-Assan ces paroles remarquables et si dignes de lui : « Assan ! j'ai gagné ce
» royaume en perdant le sang de mes sujets, tu as à le conserver
» en gagnant le cœur des tiens. N'oublie point les bienfaits que tu
» as reçus et travaille à perdre la mémoire des injures qu'on t'a
» faites. »

Muley-Assan rendit grâces à Charles pour les grandes faveurs dont ce prince l'avait comblé. Il montra toute sa reconnaissance par paroles et par gestes énergiques, et après avoir pris congé de l'Empereur et de sa cour, il regagna sa capitale avec les princes mauresques qui l'avaient accompagné. Il y fut reçu comme roi, mais ne mit point de couronne sur la tête, cette cérémonie étant contraire à la loi de Mahomet.

Avant de quitter l'Afrique, Charles-Quint voulut célébrer la fête de St.-Jacques, patron de l'Espagne, et en solenniser la mémoire dans son camp. Après avoir assisté à la messe qui fut chantée en musique, il alla dîner sur la grande caraque de Malte où il fut servi par les chevaliers avec une extrême munificence. Alors désirant conserver le souvenir de sa conquête par quelque institution fameuse, et croyant de sa grandeur et de sa justice de récompenser la valeur dont ses officiers avaient fait preuve dans cette expédition, il créa l'ordre militaire de la Croix de Bourgogne. Ce magnifique Empereur parut sur le château de poupe de la grande caraque, portant un manteau blanc sur lequel était brodée en relief une croix de Bourgogne avec plusieurs flammes à l'entour. Il fit plusieurs chevaliers auxquels il donna le collier, composé d'une chaîne d'or entrelacée de croix de St.-André, où pendait une escopette qui tirait des étincelles de feu d'un caillou, avec cette inscription : *Barbaria* (1). Ce prince donna aussi des ordres pour ériger à Tunis une haute pyramide qui attestât aux âges futurs son passage et ses victoires en Afrique. Les changements survenus peu après dans le gouvernement tunisien furent cause que ce projet resta sans exécution.

Charles en accomplissant sa promesse faite au roi mauresque de le rétablir sur le trône de ses pères, ne négligea point de prendre les dispositions nécessaires pour réprimer le pouvoir des corsaires africains, et pour assurer la paix de ses sujets aussi bien que les intérêts de la couronne d'Espagne. Telles étaient les principales conditions du traité conclu entre lui et Muley-Assan, dont nous donnons le texte original à la fin de cette expédition. Que le roi mauresque tiendrait le royaume de Tunis en fief de la couronne d'Espagne et en ferait hommage à l'Empereur comme à son seigneur et souverain; que tous les esclaves chrétiens, qui se trouvaient alors dans ses états, et de quelque nation qu'ils fussent, seraient délivrés sans rançon. Que les sujets de l'Empereur auraient dans son royaume la liberté de faire le commerce et de professer publiquement la religion chrétienne. Qu'outre le fort de la Goulette dont l'Empereur resterait en possession, tous les ports du royaume qui étaient fortifiés lui seraient encore remis, tels que Bone, Biserte et Afrique. Que Muley-Assan ne souffrirait aucun corsaire dans ces ports ni ailleurs; qu'il payerait tous les ans douze mille ducats d'or pour l'entretien de la Goulette et de sa garnison espagnole, et huit mille pour la garde du château de Bone. Qu'il ne conclurait aucune alliance avec les ennemis de l'Empereur et qu'il lui ferait présent, tous les ans, en reconnaissance de sa vassa-

---

(1) HERMANT. Hist. des ordres de la chevalerie, page 561.

lité, de six chevaux arabes et de six faucons pour la chasse. Le tout sous peine d'une amende de cinquante mille ducats d'or pour la première fois qu'il négligerait de satisfaire à ses engagements, de cent mille pour la deuxième, et pour la troisième, sous peine de perdre son royaume.

Après le départ de Muley-Assan, Charles n'eut rien de plus empressé que de réunir son conseil de guerre, pour concerter, dans son sein, les mesures d'intérêt général à prendre eu égard aux lieux, à la saison et aux événements qui venaient de s'accomplir. A la vue des revers qui accablaient Barberousse, Charles eut bien désiré profiter de son impuissance pour réduire Alger que le corsaire tenait sous sa tyrannie. Mais arrêté par les difficultés que présentait une entreprise de cette importance, dans une saison où la mer allait être close et avec une armée affaiblie par les maladies, obéissant à la nécessité, il la remit à un autre temps. Il résolut donc de visiter avec sa flotte ses royaumes de Sardaigne, de Sicile, de Naples et d'Italie, afin d'y rétablir l'administration et d'y réformer les abus qui avaient pu s'y glisser par la négligence des gouverneurs et des vice-rois.

C'est pourquoi il fit ravitailler le fort de la Goulette et y établit pour commandant Don Bernardin de Mendoça, frère de Pedro Hurtado marquis de Mondéjar, avec une garnison espagnole de mille hommes. Il laissa dix galères dans la baie sous le commandement d'Antoine Doria et fit démolir les tours des Eaux et des Salines, dont les Arabes auraient pu s'emparer pour faire grand mal à ce fort.

Quant à Barberousse qui venait de recueillir un désastre au lieu du triomphe dont il s'était flatté, il avait marché à grandes journées sur le fleuve Bagrada, à dix lieues de Tunis, que les naturels appellent Majordech, et l'ayant trouvé guéable, à cause de la grande sécheresse qu'il avait fait, il l'avait traversé pour échapper à la poursuite d'un corps de Numides levé parmi les amis de Muley-Assan chez les clients de Dorax son oncle. Au passage de ce fleuve, il eut la douleur de perdre un de ses chefs les plus distingués, *Chasse-Diables*. Blessé à la jambe, harassé de fatigue à cause de son extrême corpulence et dévoré par une soif ardente, ce capitaine avait eu l'imprudence de se désaltérer à ce fleuve et avait trouvé la mort sur ses rives. D'autres prétendent qu'il mourut de soif dans les sables de la Lybie où il s'enfonçait en fuyard avec un corps de troupes. Barberousse s'arrêta trois jours à Veja où il fut bien reçu. Après trois jours de marche il arriva heureusement à Bone, capitale du royaume de Numidie, bâtie près des ruines de l'ancienne Hippone, à cinquante lieues de Tunis. Cette ville fait aujourd'hui partie de la province de Constantine. Il y donna deux jours de repos à ses troupes. Son intention était de tenter la fortune sur mer. Il convoque donc ses capitaines et leur fait voir que ses revers ne doivent point être attribués à la supériorité des ennemis, mais bien à la perfidie des esclaves. Il n'a point de peine à les consoler, car le dogme du fatalisme dont ces peuples sont imbus, suggérant l'idée que toute destinée est arrêtée d'avance, ils ne pouvaient voir dans ses malheurs autre chose qu'un arrêt immuable du destin. Il les exhorte à supporter avec patience l'adverse fortune, et à se concilier ses faveurs par un nouveau déploiement de courage. Il leur communique son projet de mettre en mer sa flotte et de gagner le plus tôt Alger, où aidé de nouveaux renforts, il tenterait une entreprise digne de lui et conforme à leurs vœux. Jamais général, après une défaite aussi désastreuse que celle qu'il venait d'essuyer, ne fut mieux accueilli par les acclamations unanimes de ses soldats. Il furent les premiers à lui demander ses ordres, quelques difficultés et quelques dangers qu'ils présentassent, se disant tout disposés à les exécuter, pourvu qu'il les menât contre les Chrétiens. Fort de ce dévouement et de l'appui de ses soldats, il fait retirer du fleuve Jadoc qui se jette dans la mer à Bone, les quatorze galères qu'il y avait mises en sûreté; les fait gréer, élève même un ouvrage de défense sur le bord du port et l'arme de canons, car il s'attendait à quelque opposition de la part de la flotte chrétienne à la sortie du port. Charles et Doria prenaient en effet des mesures pour l'empêcher de s'évader par mer. Ils pensaient qu'il ne serait pas difficile d'anéantir sa flotte dans le port même de Bone, si, avant qu'elle fût équipée et armée, on envoyait contre elle une partie de leurs vaisseaux. Doria choisit pour cet exploit Adam, commandant de l'escadre de Gênes, marin peu expérimenté, il est vrai, mais c'était un de ses parents et d'ailleurs un sujet fidèle et tout puissant par ses richesses. Celui-ci part avec quatorze galères pour Bone, sûr de remporter une victoire facile et croyant surprendre Barberousse occupé des apprêts de sa flotte. Mais quand il eut passé Biserte et qu'il fut arrivé dans les parages de Bone, il fut tout surpris d'apprendre que le corsaire déployant une activité extraordinaire à armer ses vaisseaux, en était parti. Les officiers d'Adam lui déconseillèrent de poursuivre Barberousse, persuadés que la chance du combat était inégale, parce que sur ses galères, principalement celles d'Espagne, de Naples et de Sicile, les bons soldats étaient en petit nombre et d'ailleurs peu disciplinés. Barberousse hésita aussi s'il devait attaquer la flotille d'Adam; mais ses officiers l'en dissuadèrent par des motifs puisés dans la supériorité de la marine chrétienne. Adam ayant laissé échapper l'occasion de détruire la flotte ennemie, fit voile vers Alger. Il ne fut pas plus heureux dans ces parages et revint sans avoir rien fait. Il ne manqua que cette capture à la gloire de Charles-Quint. Privé de sa marine, il ne restait plus à Barberousse un lieu de sûreté pour s'y réfugier. Car s'il avait dû gagner Alger par terre, les Arabes devenus les ennemis des Turcs, s'élançant sur lui à chaque gorge de montagne, l'eussent traqué pendant sa marche pénible et détruit sa petite armée avant qu'elle eût pu atteindre cette ville.

Doria s'en prenant à lui-même de cet insuccès, mit aussitôt à la voile pour Bone avec sa flotte particulière et quelques grands vaisseaux. L'échec fut réparé. Il prit la ville, en détruisit les murailles, s'empara de la citadelle et y mit une garnison sous le commandement d'Alvar Gomès. Ensuite il vint rejoindre le gros de la flotte. Plus tard, comme l'entretien de cette citadelle était trop coûteux, Charles-Quint la fit raser.

Retour en Europe.

Après avoir ainsi réglé les affaires d'Afrique, châtié l'insolence des corsaires, assuré à ses sujets une retraite et à ses flottes une rade favorable et de bonne tenure sur les côtes mêmes d'où tant de pirates avaient surgi pour venir ravager ses états, Charles-Quint ne songea plus qu'à retourner en Europe. Il avait mis soixante douze jours à la conquête du royaume de Tunis. Le dix août il s'embarqua sur la Réale dans l'attente d'un vent favorable. Le 17, le vent ayant franchi, la galère Capitane fit signal et la flotte appareilla. Elle s'élargit en mer de grand matin et aborda au port de Zafran, à trente milles de la Goulette. Elle y jeta l'ancre pour faire de l'eau et pour rallier le reste de la flotte. De là l'Infant de Portugal prit la route de Barcelone. Le 19 la flotte se réunit et se mit de nouveau en mer. Le dessein de Charles était de s'emparer en passant d'Afrique qui se trouve dans le golfe d'Adrumette. Cette ville que les naturels appellent Mahedia, avait une forteresse formidable, occupée par les Turcs, qui faisait beaucoup de mal aux Siciliens. Mais une affreuse tempête qui s'éleva dans la mer de Sicile, n'ayant point permis à ses gros navires qui portaient les troupes et l'artillerie de doubler le promontoire de Clypée aujourd'hui Calibia et d'entrer dans le golfe, forcé de renoncer à ce projet, Charles fit prendre à sa flotte la route de la Sicile.

Le 22, il arriva au port de Trapano, dans ce royaume. Il n'y trouva qu'une partie de sa flotte, l'autre ayant dû relâcher à

Naples et à Palerme. Il avait laissé derrière lui quelques navires montés par deux mille soldats, qui poussés par le vent en haute mer étaient arrivés en vue de la cité d'Afrique. Ils s'y trouvaient à l'ancre depuis quelques jours, quand un brigantin qui leur fut envoyé, leur annonça l'arrivée de toute la flotte au port de Trapano. C'est pourquoi ils tournèrent la proue vers cet endroit, et voguant à pleines voiles, ils y abordèrent quelques jours après. Bien que l'état de la mer et la saison avancée ne permissent point à Charles de faire en personne le siége d'Afrique, néanmoins comme cette ville inquiétait beaucoup ses états, il résolut de la faire attaquer. Il chargea de cette expédition André Doria, à qui il remit les galères qui se trouvaient en rade de Trapano. Car celles nouvellement arrivées avaient besoin d'être radoubées ou manquaient de bons équipages. Quant aux galères du pape, elles avaient déjà repris la route de l'Italie. Il y ajouta dix navires pourvus de gens de guerre, de vivres, d'artillerie et de toutes les munitions nécessaires. Il adjoignit au prince Doria Ferdinand de Gonzague et autres capitaines expérimentés avec de bons soldats.

Trapano, endroit fameux par ses souvenirs poétiques, est une ville élégante et forte. Elle est située sur la mer. Son port est très-beau. Il a la forme d'une faulx, il est plus vraisemblable qu'il tire son nom de cette circonstance que de la faulx de Saturne, étymologie que lui donne l'ignorance. Il y a un fort près du port bâti sur un rocher qui s'avance sous les eaux. Il peut battre à deux milles en mer tout ce qui se présente. A la sortie de cette ville, sur le chemin qui conduit à Palerme, on voit un château fort, flanqué de tourelles. A quatre cents pas de la ville s'élève une haute montagne appelée anciennement le Mont-Eryx, aujourd'hui Mont Saint-Julien, à cause d'une église consacrée à ce bienheureux. On voit sur ce mont une ville plus grande que Trapano et dont la fondation remonte à des temps très-reculés. On prétend qu'il y avait là un temple dédié à Vénus, ce qui fait que les poëtes ont donné à cette déesse l'épithète d'*Erycina*. Près de là est un château inaccessible de tous côtés, excepté par un seul endroit ou se trouve un pont-volant. Il est taillé dans la cime d'un rocher.

Charles partit de Trapano le dernier d'août, et après une course de dix-huit milles, il arriva et passa la nuit dans une petite île nommée Tinchi, près d'Alcano.

Le 3 septembre il débarqua à Montréal, séjour délicieux. Cette ville régulièrement bâtie et située sous un beau ciel, est assise sur une colline environnée de hauts rochers. Elle possède une grande quantité de fontaines d'une eau très-limpide et très-saine. A ses pieds s'étend la riante vallée de Mazare, verdoyante d'orangers, d'oliviers, de vignobles, de citronniers et autres arbustes fructifères. On découvre de cet endroit la cité de Palerme ainsi que les vaisseaux qui arrivent dans son port. Montréal possédait à cette époque un évêché d'un revenu de trente mille ducats. Sa cathédrale est remarquable par son antiquité et son architecture. Tout l'édifice repose sur de hautes colonnes de marbre, d'une seule pièce depuis la base jusqu'aux chapiteaux. Une riche mosaïque en couvre les murailles et le pavement. Les colonnes sont de marbre de Paros, ornées de figures en jaspe, en porphyre, en chrysolites, en sardoniques et autres pierres précieuses. Ces figures sont si artistement travaillées qu'on dirait qu'elles sont animées. C'est une œuvre inestimable et qui commande au plus haut degré l'admiration des visiteurs. Charles prolongea son séjour à Montréal jusqu'au douze septembre qu'il fit son entrée dans la ville de Palerme. Il y entra sous des arcs de triomphe, au milieu de la population émerveillée des prodiges qui venaient de s'accomplir en Barbarie. Il y fut reçu avec toutes les démonstrations de la plus vive allégresse, par les habitants épris de sa gloire qui le complimentèrent sur les succès éclatants qu'il venait de remporter et auxquels la Sicile allait être redevable de toute sa sécurité. A son entrée les femmes et les enfants crièrent : *Justice! Justice!* Car on avait beaucoup à se plaindre de ceux qui l'administraient en son nom.

Le parlement des Etats de ce royaume s'assembla à cette occasion en la cité de Palerme, et accorda à l'Empereur en don gratuit, outre les aides ordinaires, la somme de vingt-cinq mille ducats, comme preuve de l'affection et de l'amour que cette île portait à son légitime souverain.

Charles profita de son séjour dans la capitale de la Sicile pour mettre ordre au gouvernement. Il réforma les abus que la cupidité ou une coupable indulgence des gouverneurs y avait laissé introduire. Il rétablit la police la plus sévère. Mais ce fut la justice qui appela plus particulièrement son attention. Des abus exécrables s'y commettaient. Il prit des mesures pour qu'à l'avenir toute espèce de crime n'y restât plus impuni. Pour mieux atteindre son but, il effraya ses sujets par l'exécution de plusieurs bourgeois, nobles et barons qui expièrent au gibet les concussions, les forfaitures et les crimes de toute nature dont ils s'étaient souillés, et l'on trembla pour la première fois au nom de justice !

Puis pour récompenser les services éclatants et la haute fidélité de Ferdinand de Gonzague, il l'appela à la vice-royauté de Sicile. C'était un capitaine d'une prudence et d'une expérience consommée et dont les conseils et le bras lui avaient été très-utiles dans l'expédition de Tunis. Charles-Quint en lui mettant la couronne sur la tête, en présence du peuple assemblé, lui dit à haute voix ces grandes instructions, ces paroles remarquables : « Je te confie
» le gouvernement d'un peuple qui m'est cher. Conduis-toi de ma-
» nière à me conserver tout son amour, et à faire aimer ton sceptre

» qui est le mien. Rends justice à chacun, aux pauvres
» comme aux riches. Doux et facile pour les bons, montre-toi
» inflexible pour les méchants. Que les charges et les honneurs
» soient le prix de la vertu et de l'habileté, et qu'à ce faire Dieu te
» vienne en aide! » Effet remarquable de la suprême sagesse qui
conduit toutes choses ici-bas! Trois siècles plus tard une vertueuse
princesse, née dans ce val enchanteur de Mazare, et qui rappelle
les belles qualités de l'Archiduchesse Isabelle et de Marie-Thérèse,
vient s'asseoir sur le trône de Belgique, patrie de Charles-Quint,
et perpétue dans sa noble descendance le beau titre de *Comte de
Flandres*, auquel ce prince attachait tant de prix!

Le séjour de l'Empereur à Palerme ne devait durer que jusqu'au
13 octobre, mais il dut se prolonger jusqu'au 20 de ce mois à cause
de l'expédition d'une multitude d'affaires qui surgissaient chaque
jour. Il prit alors le chemin de Messine, située à quarante lieues de
là, pour passer de cette ville à Naples.

On a vu plus haut que Doria et autres capitaines de distinction
avaient été laissés à Trapano avec une notable partie de la flotte,
pour s'emparer du port et de la cité d'Afrique. Mais comme l'hiver
s'approchait, que depuis le départ de l'Empereur les vents avaient
toujours été contraires, et qu'il ne s'était point trouvé de rade
assez sûre pour abriter non-seulement les gros navires, mais même
les felouques, les brigantins et les chaloupes, il parut préférable à
Doria de ne rien tenter dans cette saison, plutôt que de s'exposer à
un insuccès préjudiciable et deshonorant. Cette résolution reçut
l'approbation de Charles. L'automne approchait; il eut coûté considérablement pour hiverner avec une armée si nombreuse, c'est
pourquoi, de l'avis de tout son conseil, Charles ordonna le licenciement de l'infanterie allemande qui était demeurée près du prince de
Melphi pour cette expédition, avec paiement de la solde et de son

voyage dans ses foyers. On veilla à ce que leur retour dans leur pays se fît en bon ordre et sans rapine. Quant aux Espagnols, ils devaient retourner dans leurs garnisons en Sicile et en Calabre. Charles ne conserva près de sa personne que quelques bandes de vétérans espagnols et deux mille piétons d'élite allemands et belges. Doria ayant exécuté ponctuellement ces ordres partit pour Palerme où sa flottille eut ordre d'aller mouiller. Antoine Doria y arriva bientôt aussi avec six grands navires qu'il ramenait de la Goulette. Après un entretien qu'il eut avec lui, Charles convoqua son conseil pour délibérer sur ce qu'il y avait à faire pour la défense et la conservation de la Goulette, de Bone et autres places maritimes assises aux frontières de Barbarie; car on annonçait comme chose certaine que Sinan infestait ces lieux avec dix grands navires et autres bâtiments. On résolut d'envoyer contre lui le prince de Melphi et son neveu Antoine Doria, avec une bonne flotte capable de protéger ces places contre les attaques de l'ennemi, de retenir les Maures dans la fidélité, et de détruire, si l'occasion favorable s'en présentait, le pirate et sa flotte.

Barberousse n'eut pas plutôt appris le départ de l'Empereur des côtes de Barbarie, qu'il passa aux îles Baléares avec onze galères qu'il avait ramassées et armées à Alger, quinze autres qu'il avait amenées de Bone, deux qui étaient venues des Gelves par son ordre et d'autres bâtiments arabes, qui faisaient en tout trente cinq voiles, bien garnies de troupes, d'armes et de munitions. Arrivé à Minorque, avec cette flotte, il arbora le pavillon chrétien et entra à Mahon. Les habitants croyant que c'était une partie de la flotte de l'Empereur, firent une salve générale d'artillerie et d'autres démonstrations de joie; mais deux religieux franciscains, qui sortirent dans une barque pour reconnaître les galères, s'étant bientôt aperçus que c'était les ennemis, se retirèrent promptement avec tous les gens de mer ; en sorte que les habitants fermèrent les portes sur le champ et se disposèrent à se défendre. Barberousse débarqua deux mille cinq cents hommes et prit une caravelle portugaise qui avait été obligée par le mauvais temps de relâcher à ce port. Il assiégea la ville à l'instant et ayant dressé les batteries, il fit une brèche, par laquelle cinq cents de ses hommes montèrent à l'assaut. Mais ils furent repoussés. Jean d'Olivet voulut passer dans cette place avec trois cents soldats pour la secourir ; mais les ennemis marchèrent à sa rencontre, et quoique les insulaires combattissent courageusement, ils furent contraints de se relever après avoir perdu Jean d'Olivet leur général et beaucoup d'autres de leurs camarades.

Les habitants de Mahon soutinrent le second assaut et arrêtèrent Barberousse pendant quatre jours. Celui-ci craignant que la flotte espagnole ne vînt, soit en s'en retournant en Europe, ou dans la vue de secourir la place ; et qu'alors il ne fût entièrement détruit, profita de la frayeur des assiégés pour leur offrir des conditions avantageuses, s'ils voulaient lui remettre la ville. Un soldat nommé Avila s'y opposa fortement, parce qu'il comprit que Barberousse ne pouvait rester dans l'île, à cause du danger évident où était sa propre personne et ses galères. Malgré toutes ses remontrances, six habitants croyant aveuglément les promesses du corsaire, firent goûter aux autres leur avis qui fut de livrer la ville. Mal leur en prit. Les Barbaresques pillèrent tout ce qu'il y avait dans les maisons et firent esclaves huit cents personnes, tant hommes que femmes et enfants, avec lesquels Barberousse remit à la voile, passa à Alger et de là à Constantinople (1) laissant Sinan exercer ses brigandages dans tous les lieux maritimes.

(1) De Ferreras, Hist. gén. d'Espag., vol 9. p. 180.

L'empereur qui apprit cette triste nouvelle, en fut si touché, qu'il résolut de conquérir Alger. En attendant, il ordonna à Doria de mettre de nouveau à la voile pour balayer la Méditerranée, et établir des garnisons partout où il jugerait convenable.

Pendant ce temps-là Charles après avoir traversé Polizzi, Trachyna, Monaco, Rendachi et Thoromina, près du mont Etna sur lequel on a tant écrit, était arrivé le 20 octobre à Messine. Partout on lui décernait le titre d'Africain (1). Dans cette dernière ville il fut l'objet d'une grande ovation, d'une véritable pompe de l'empire romain. Les habitants, le haut clergé et le sénat élevèrent en son honneur des arcs de triomphe, où par une ingénieuse allusion, on avait ressuscité les statues de Scipion et d'Annibal. Le sénat et les patriciens le complimentèrent dans la langue que parlait l'illustre Romain et que Charles entendait comme lui (2), sur sa glorieuse conquête qui allait désormais assurer le repos de toute la Sicile. Puis ils lui offrirent sur un bassin de vermeil un don de dix mille ducats d'or, en témoignage de leur reconnaissance et de leur attachement sincère à sa personne. Beaux jours où les peuples et les monarques savaient s'apprécier mutuellement, où l'amour populaire consolidait le sceptre royal, et où enfin les trônes n'étaient point, comme de nos jours soi-disant progressifs, constamment exposés aux secousses continuelles de quelques démagogues, rebuts de la fortune et de la société! Charles les remercia en peu de mots, mais ses paroles étaient empreintes de tant d'affabilité et de douceur, que la députation se retira joyeuse et enchantée.

(1) *Tertius Africanus publice appellatus est*, dit Zénocar de Schauwenburg.

(2) Charles-Quint n'avait point appris le latin dans sa jeunesse, son gouverneur répétant souvent que son élève était né pour régner et non pour être un savant. Il l'apprit plus tard et tout porte à croire de Jean Second, qu'il s'était attaché comme secrétaire intime.

L'Empereur fut joint à Messine par une grande partie de la noblesse espagnole qui s'était embarquée à Palerme peu de temps après son départ. Elle l'accompagna jusqu'à Naples.

Non loin du port de Messine est le détroit de Sicile si orageux, si redoutable au rapport de Justin. A douze milles de Messine vers l'occident on voit le rocher de Scylla si tristement fameux par un grand nombre de naufrages, et à l'orient le gouffre de Carybde qui engloutit tant de vaisseaux. Charles traversa heureusement le détroit le 4 novembre, et arriva à une petite ville, bâtie sur une hauteur très-élevée, appelée Flumen de More. Ce fut dans ces environs qu'il reçut Pierre Farnèse, légat du pape Paul III, qui vint le complimenter à la tête d'une députation de cent cinquante chevaliers romains, et le féliciter sur son heureux retour d'Afrique. Le 6 il arriva à Cusac où il reçut un brillant accueil. Il traversa ensuite la principauté de Besignano dans le duché de Castro. Partout sur son passage le témoignage de leur amour se confondit avec les bénédictions des peuples. Il arriva le 20 à Salerne et six jours après il fit son entrée triomphante à Naples où les états lui accordèrent un don de trois cent mille ducats (1). André Doria y arriva aussi quelques jours après, revenant de Barbarie où il avait réduit Biserte pour la remettre au pouvoir du fils de Muley-Assan. L'Empereur reçut à Naples une foule d'ambassades, entre autres celle de la république de Venise qui lui offrit un collier d'or de la valeur de mille ducats. Ce fut dans cette ville que Charles-Quint maria sa fille naturelle, madame Marie, avec Alexandre de Médicis duc de Parme et de Florence, ainsi qu'il en avait été convenu avec le pape Clément VII. Il y eut à cette occasion des fêtes triomphales, de grandes réjouissances publiques, une ivresse générale, des

(1) Ms. Van den Es. de la bibl. de Bourg. N° 17,116.

jeux de cannes, des joûtes et des courses de taureaux, où la troupe vêtue à la mauresque divertit infiniment le peuple. Charles-Quint séjourna environ quatre mois à Naples, d'où il partit pour Rome le 22 mars.

Pendant cette expédition de Charles-Quint en Barbarie, qui lui valut le surnom de *Délices de la Chrétienté*, ce fut Marie douairière de Hongrie qui gouverna les Pays-Bas.

Traité de paix entre l'Empereur et Muley-Assan, roi de Tunis.

Au camp de la Goulette, 6 août 1535.

A tous que ces présentes verront soit chose notoire, comme aujourd'huy, date de cestes, entre très-hault, très-excellent et très-puissant prince, Charles, par la divine clémence, Empereur des Romains, tousjours auguste, Roi des Allemaignes, des Espaignes, des Deux-Secilles etc..... et Muley-Alhacen, Roy de Thunes, etc..... sont esté passez les articles suyvans :

Premièrement que ledit roy de Thunes, recongnoissant comme il avait esté expulsé et deschassé de son royaulme par Kayerardin-Bassa, surnommé Barbarossa, natif et originel de Turquie, ayant usurpé et détenant occupé iceluy royaulme tyranniquement et avec sinistres moyens, cruaultez, forces et violences usées envers les subjectz dudit royaulme, et que ledit roy de Thunes en demeurait expulsé et deschassé, sans espérance quelconque de le pouvoir recouvrer, ne fût que par la voulenté et clémence de Dieu, le créateur tout-puissant; ledit sr Empereur est venu avec très-puissante armée des Chrestiens au reboutement et chastiement dudit Barbarossa, et pour restitucion dudit sr roy, s'estant remis du tout au pouvoir et dernier reffuge de sa majesté Impériale, laquelle a par force d'armes prins la place et fort de la Goulette, estant fortisfiée, pourveue, munye et équippée de grand nombre de gens Tureqz et autres et grosse quantité d'artillerye, et signamment ayant vaincu et deffait en camp et bataille rangée et mis en fuite ledit Barbarossa et ses gens, et successivement prins par armes la cité dudit Thunes, laquelle, ensemble ledit royaulme, sa dite majesté a remis et délaissé ès mains dudit roy, avec toute faveur et assistance pour la réduction des subgeetz en sondit royaulme. Pour ces causes entre autres, icelluy roi a traieté, convenu et accourdé, de son propre mouvement, la restitucion en playne et entière liberté de tous et quelzconques Chrestiens, hommes, femmes et enfants, qui sont et seront trouvez détenuz captifs, esclaves et serfs en et partout sondit royaulme, où, comment, par qui et pour quelconque cause que ce soit et puist estre, libéralement, franchement, quietement et sans pour ce demander, exiger ny prendre desdits captifs et esclaves chose quelconque, ny permettre ou souffrir leur estre fait aucun maltraictement, et les favorizera et assistera pour leur passaige et retour en ladite chrestienté : le tout de bonne foy.

En oultre, ledit roy de Thunes a traieté et convenu, traicte et convient, pour luy, ses hoirs et successeurs, roys dudit royaulme de Thunes, que doiresenavant à jamais ne se pourront captiver, ne se détenir en servitude audit royaulme, comme ny pour cause que ce soit, chrestiens quelconques, hommes, femmes ny enfants, tant de l'empire romain, nations et pays en estans et deppendant que des royaulmes, pays et subgeetz patrimoniaulx que tient ledit s' Empereur et tiendra par cy-après, tant des Espaignes, Naples, Secille que aultres ysles, et aussi de tous ses pays de la basse Allemaigne et Bourgoingne, et ceulx de la maison d'Austrice tenuz par le roy des Romains, frère de sa majesté impériale.

Et semblablement sadite majesté impériale a traieté convenu et accourdé que esdites terres de l'empire, ny en sondit royaulme et pays, ny en ceulx dudit roy des Romains, son frère, ne se captiveront ny tiendront en servitude nulz subgeets dudit roi de

Thunes ny de ses successeurs; et ainsi le feront garder, observer et entretenir perpétuellement et inviolablement ledit s[r] Empereur et ses successeurs et ledit roy de Thunes et sesdits successeurs.

Item, que icelluy roy de Thunes permectra, et aussi ses hoirs et successeurs [à] tous les Chrestiens, doiresenavant et a tousjours, vivre, résider et converser en et partout le dit royaulme de Thunes, en la foy chrestienne, paisiblement et sans moleste ny empeschement quelconque, directement ne indirectement; et que les églises d'iceulx Chrestiens, tan[t] de réligieulx que autres y estans, demeurent et soyent entretenues, sans contredict ny destourbier, et en puissent les dits Chrestiens, faire édiffier et construyre d'autres, quant bon leur semblera et selon leurs dévocions, ès lieux et quartiers où ilz auront leurs maisons et demeurances.

Item, que le dit roy de Thunes ne réceptera, reffugera ni permectra vivre ne demeurer en son dit royaulme, les Mores nouveaulx convertiz, subgectz de sadite majesté impériale, tant de Valence et Grenade que d'aultres royaulmes et pays de sadite majesté; ains les reboutera et deschassera, et fera rebouter et deschasser entièrement par tous ses officiers, dudit royaulme de Thunes, les tenant et faisant tenir pour ennemys de sondit royaulme, et procéder à l'encontre d'eulx comme telz, toutes les fois qu'ilz viendront et se troveront en sondit royaulme pour eulx y retirer et reffuger, henter ny comerser, synon avec l'exprès consentement et licence de sadite majesté, et dont il apparoistra par ses lectres patentes ou celles de ses vis-roys, lieutenants et capitaines généraux.

Item, pour ce qu'il y a aucuns fors en la frontière et coste et du long de la mer de ce royaulme, détenuz et occupez par le dit Barbarossa, si comme Affricque, Bona et Biserta et autres, par le moyen desquelx le dit Barbarossa pourrait continuer ès violences piratiques qu'il a usé jusques à oires à l'encontre des Chrestiens, et aussi gréver le dit s' roy et ses successeurs, et entretenir partialitez en ce dit royaulme de Thunes ; et n'aye icelluy roy moyen de les recouvrer selon les grans dommaiges et pertes qu'il a receu par le dit Barbarossa, aiant pillé les trésors dudit s' roy ; icelluy s' roy a consenti expressément et accourdé, consent et accourde que tous ceulx desdites places, fortz et lieux maritimes que sa dite majesté conquerra par armes, maintenant et cy-après, pendant l'occupacion d'iceulx par ledit Barbarossa et aultres Turcqs, soient et demeurent avec leurs apertenance à sa dite majesté impériale et ses successeurs, en toute supériorité, ensemble de tout le revenu, prousfitz et émolument, purement et perpétuellement et doiresenavant, pour à donque, faire le dit s' roy en la manière avant dite, cession, don et transport audit s' Empereur, acceptant pour luy et ses dits successeurs, de tous et quelconques droiz, actions et réclamacions qu'il a ou pourrait avoir cy-après et ses dits hoirs en iceulx, et que ledit s' Empereur les ayt, tienne et possède playnement et paisiblement, tant pour la sheurté dudit royaulme de Thunes et obvyer aux inconvéniens que autrement en pourraient advenir, que pour celle de la chrestienté et des royaulmes, pays et subgeetz maritins de sa dite majesté.

Item, pour ce que l'expérience a démonstré qu'il empourte grandement et nécessairement de garder le lieu et place de ladite Goulette, par lequel et à l'occasion d'icelluy ledit Barbarossa avait occupé ladite cité de Thunes, et successivement ledit royaulme, et en ladite Goulette avait mis et colloqué grande partye de ses forces, pour la garder et deffendre, et successivement par ce moyen soy maintenir audit royaulme ; et que sans fortisfier, pourvcoir et tenir assheuré icelluy lieu de la Goulette, ledit Barbarossa pourrait, par le moyen et assistance des Turcqz ou autres, tant par terre que par mer, retourner à seignorier ledit lieu, et remectre en hasard l'estat dudit s' roi, n'ayant moyen de la fortisfier et soubstenir, dont non-seulement adviendroit audit s' roy, mais aussi à la chrestienté, et signamment à sa dite majesté impériale et sesdits royaulmes, pays et subgectz, austant ou plus grand dommaige que celluy qui estoit advenu par l'occupacion et usurpacion faicte dudit royaulme par ledit Barbarossa, évident et très-apparant de succéder trop plus grand, sans le remède y mis par sadite majesté; et ayant aussi regard que sa dite majesté impériale, par force d'armes et avec hazard et danger de ses gens, et très grans fraiz, a prins ladite goulette, laquelle, par droit de guerre, luy appartient.

Pour ces causes et autres à ce mouvans ledit s' roy, il a cédé, quicté, renoncé et transpourté pour luy et sesdits hoirs, audit s' Empereur, aussi acceptant pour luy et sesdits hoirs, tous droits et actions quelconques que ledit roy et sesdits hoirs vouldroient, peuvent et pourroient, maintenant ou cy-après, prétendre et quereller à eulx compéter et apertenir, à quelconque tiltre et moyen que ce soit, en ladite place de la Goulette, pourpris et extendue d'icelle, avec deux milles de territoire à l'environ, comprenant en icelles la tour dicte et appelée des Eaues ; pourveu que ceulx qui seront et auront charge de ladite Goulette ne empescheront les voisins des villaiges prouchains situez, où que souloit anciennement estre la cité de Cartaige, à prendre de l'eaue des puytz que sont près de ladite Tour, qui s'entendent estre compris et incluz en icelle. Et veult et consent que icelluy s' Empereur puist icelle place (selon qu'elle s'extend) fortisfier et la tenir et posséder ensemble sesdits apertenances, pour luy et sesdits hoirs, perpétuellement et a tousjours, ensemble le navigaige libre, avec telz basteaulx et en tel nombre qu'il voudra dois ladite Goulette, par l'estang et canal d'icelle, jusques à la cité dudit Thunes et terracenal estant auprès d'icelle cité ; et que iceulx que seront de la part de sadite majesté et de ses successeurs en ladite Goulette et à la garde d'icelle puissent aller, venir, surjourner, estre et demourer en ladite cité et par tout ledit Royaulme, pour eulx pourveoir et fournir à convenable et raisonnable pris, et tels qu'il sera pour le temps entre les cytoiens et habitans desdits cité et royaulme, de vivres et autres choses nécessaires à ladite Goulette et à ceulx que seront à la garde d'icelle ; le tout franchement, librement, paisiblement et sans contredict, ny pour ce payer aucunes imposicions d'arres ny gabelles vielles ou nouvelles ; mais si ceulx de ladite Goulette contractent ou pourtent à vendre aucunes marchandises en ladite cité, ilz payeront les droits accoustumez, et que justement se devront payer pour icelles marchandises, et en ce ne pourront vacquer ny entendre synon les personnes que seront désignées et députées par l'alcayde et capitayne que, de par sadite majesté ou sesdits successeurs, seront pour le temps en ladite Goulette. Et si en ce que dessus se treuve abbuz ou fraude, ou que les personnes que, comme dit est, yront et seront envoyés audit Thunes font ou commectent aucun délict et chose digne de chastoy, ledit alcayde et capitayne que sera en ladite Goulette en fera la pugnicion conforme à droit et justice, et encourront lesdits cupables, et seront tenuz ès mesmes peynes que audit royaulme sont establyes contre ceulx qui commectent frauldes en la conduyte et contractation des marchandises ; et que ledit alcayde et capitayne que de temps à autre sera en ladite Goulette, jure de garder et observer les présents chappitres; et au surplus se tiendra doiresenavant auprès de ladite place de la Goulette la contractation de toutes marchandises, selon qu'elle a cy-devant esté, pour et au prousfit dudit s' roy et de ses successeurs, sans empeschement ny destourbier de ceulx que pour ledit temps auront charge d'icelle Goulette, ains y bailleront toute assistance et faveur. Et seront les droits d'imposicions et tonlieux des marchandises et contractacion d'icelles par mer au prousfit du dit s' roy et de sesdits hoirs, sur lesquelx et des plus clers et prompts denyers se prendra et recouvrera annuellement doiresenavant, en premier lieu et en préalable, la somme de douze mille ducatz d'or, payables chacun an à deux termes par esgale portion, le premier au jour de feste Sainct-Jacques, qu'est au XXV° de juillet chacun an, et l'autre en fin du mois de janvier ensuygant, que seront à chacun desdits termes six mil ducatz d'or; et commencera à courir ledit premier terme dois le premier jour du mois de janvier prouchainement venant, que sera en l'an mil cinq cens trente et six, de sorte que le premier payement commencera audit jour de feste Sainct-Jacques dudit an trente et six, et subsécutivement dès-là en avant de terme en terme, comme dit est; et que ceulx qui auront charge et entremise de recouvrer et recevoir lesdits tonlieux seront tenuz de payer précisement ausdits termes, et au deffault de ce, ceulx qui auront charge de ladite Goulette pourront, playnement et de leur auctorité, incontinent entrer en la recette et administracion d'iceulx tonlieux, et contraindre réalement et de fait lesdits administrateurs au payement de la dite somme de terme à aultre. Et en oultre, demeure expressément et spécialement réservé audit sieur Empereur et sesdits hoirs pour à jamais la négociation, contractation praticque et vendaige de tous coraulx dont se fera contractation au lieu avantdit, pour la commectre et encharger, par sadite majesté et son ordonnance, à qui et comme elle et ses dits successeurs vouldront; le tout au prousfit de sa dite majesté et ses dits hoirs, et sans que aultres en puissent faire négociation ne contractation, synon ceulx en ayant particulière charge de par sadite majesté et sesdits successeurs.

Et y aura doiresenavant ung consule et juge commis et député de la part de sa dite majesté impériale pour cognoistre, juger et décider entre tous les subgeetz de sadite majesté de quelconques ses royaulmes, traictans et négocians en ce cousté, lequel exercera ladite justice, et la fera exécuter précisément, réalement et de fait, sans contredict ny empeschement quelconque dudit roy ny de ses officiers, lesquels ne s'en entremectront ny empescheront comme qu'il soit, ny pourra-t-on avoir, quant à eeux, recours à eulx.

Item, que ledit roy de Thunes recognoissant le très-grand bénéfice par luy receu de sadite majesté impériale, avec très-grandz fraiz et coustange, et combien il luy empourte et convient de avoir, tenir et observer ledit s' Empereur et sesdits successeurs pour singuliers protecteurs et desfenseurs de son estat, a accordé et promis, accorde et promect, pour luy et sesdits successeurs audit royaulme, de bailler et délivrer annuellement audit sieur Empereur et sesdits successeurs, rois des Espaignes, a chascun jour de ladite feste St.-Jacques, que se célèbre les XXV° de juillet, ès mains de l'alcayde et capitayne que pour lors sera, de par sa dite majesté et sesdits successeurs, en la dite Goulette, lequel les recevra pour et en nom d'eulx, six bons chevaux morisques et douze faulcons, et ce en perpétuel et vray tesmoingnaige et recognoissance dudit bénéfice receu, comme dit est, soubz peyne de cinquante mille ducatz d'or à commectre au prousfit dudit s' Empereur, l'acceptant pour luy et ses dits successeurs, pour la première fois que défailly y aura esté, et pour la seconde faulte d'autres cent mille ducatz, et pour la tierce, de fourfaicture et commisce dudit royaulme pour et ou prousfit dudit s' Empereur et ses dits successeurs roys des Espaignes, et qu'ilz le puissent occuper réalement et de leur propre auctorité. Promectant aussi ledit s' roy, pour luy, ses dits hoirs et successeurs, que luy ny eulx ne prendront ny feront doiresenavant alliances ni traictez quelzconques, soit avec princes, communaultez ny aultres estatz quelzconques, soyent Chrestiens, Turcqz ou autres, au préjudice directement ou indirectement dudit s' Empereur, sesdits hoirs ou successeurs, ne de sesdits royaulmes, pays et subgectz; ains en tous leurs dits traictez et conventions réserveront tousjours expressément et spécisfiquement ledit s' Empereur, sesdits royaulmes, pays et subgectz, et advertyra icelluy s' roy de temps à aultre le dit s' Empereur de tout ce qu'il verra et entendra empourter à son honneur et biens de ses dits royaulmes et subgectz : le tout syncèrement et de bonne foy; et aussi sadite majesté impériale ne fera ny traictera aucune chose au préjudice dudit s' roy ny de son royaulme, et l'advertira de ce qu'il verra empourter à son bien et prousfit et de son dit royaulme, et pour empescher le dommaige d'iceulx.

Item, a esté traicté et convenu entre ledit s' Empereur et ledit roi de Thunes, pour eulx, leurs dits hoirs et successeurs, que entre eulx, leurs royaulmes, pays et subgectz sera et se entretiendra bonne, paisible et mutuelle voisinance, avec contractation par mer et par terre de toutes marchandises licites et permises, pour lesquelz les subgectz d'ung cousté et d'aultre pourront venir, aller, surjourner, demeurer et négocier réciproquement ès royaulmes et pays d'un cousté et d'autre, seheurement, librement, franchement et le tout de bonne foy.

Item, ne récepteront ny assisteront de victuailles ou autres choses quelconques ledit roy de Thunes et ses successeurs roys dudit royaulme, coursaires ni pirates et robeurs de mer en ses portz, ni aussi autres ennemys de sadite majesté, et gens qui taichent de adomaiger ses royaulmes, pays et subgectz, ains les rebouteront et déchasseront le dit sieur roy et ses successeurs, et en feront tout leur myeulx pour les chastier et desfaire.

Promectans lesdits seigneur Empereur et roy de Thunes, et chacun d'eulx en droit soy respectivement, en foy de princes et soubz leur honneur, et avec l'obligacion de tous et singuliers leurs biens et ceulx de leurs dits successeurs, observer, garder et entretenir inviolablement, entièrement et perpétuellement toutes et singulières des choses avant dites et chacune d'icelles, le tout de bonne foy, et sans jamais aller, venir ny souffrir estre faict au contraire.

En tesmoignaige desquelles choses, et afin qu'elles soient perpétuellement fermes et stables, le dit sr Empereur et aussi le dit roy de Thunes ont signé de leurs noms et seings manuelz deux escriptures de la teneur et substance de la présente en langaige castillan et aultre deux langaige arrabique, esquelles escriptures lesdits srs Empereur et roi ont faict mectre et apprendre le seaul de sa majesté, et d'icelles escriptures demeurent deux, assavoir une en castillan et une en arrabique ès mains dudit sr Empereur, et les deux aultres réciproquement audit roy de Thunes et sesdits successeurs; que furent faictes et passées en la tente de sa majesté Impériale, en son camp près de la tour appelée des Eaues, à deux milles de la Goulette, le sixième jour du mois d'aoust, l'an de nativité Nostre Seigneur Jhesu-Crist, mille cinq cens trente cinq, stil des Chrestiens, et selon le stil des Mores, le VIe jour de la lune du mois de Zaphar, de l'an de Mahomet IXe quarante et deux; pris pour tesmoings à à ce expressément appelez, joinets et assemblez messire Nicolas Perrenot, chevalier seigneur de Granvelle, conseiller d'estat et premier maistre aux requestes ordinaires de l'hostel de sa majesté; et le docteur Fernando de Guevara aussi conseiller de sadite majesté; le capitaine Alvar Gomès de Crozo Elzagal, et Mahomet Tantem, Hamet Gamarazam et Abderchem, Mores serviteurs dudit roy de Thunes.

Pour plus grand esclaircissement et déclaracion de l'intencion desdits s^{rs} Empereur et roi est expressément convenu que, d'ici en avant, ledit s^r Empereur ny ses hoirs ne pourront occuper par force, ne autrement acquérir place, forteresses ny autres lieux de ce royaulme de Thunes, possessées par ledit s^r roy de Thunes, cestuy traicté étant observé par eulx ; et ce moyennant le dit s^r roy, par dessus ce qu'est cy-devant traicté de la ville, terre, forteresse et seigneurie d'Affrique, a expressément accordé et accourde que, en cas que ledit Affrique retourne au pouvoir dudit roy, soit par force d'armes ou autrement, sadite majesté en puist à tousjours disposer et en faire entièrement son bon plésir, et, si bon lui semble, la puist avoir et retenir pour luy et ses successeurs, roys et roynes d'Espaigne.

Fait les an, mois, jour et lieu que dessus et présens les témoings avant nommés. Ainsi signé *Io El Rey*, et du signet accoustumé dudit roy de Thunes.

EXPÉDITION CONTRE ALGER.

(1541.)

*... Ponto non incubat ira
Præsentemque viris intentant omnia mortem*
Virg. Æneid, lib. II.

Motifs de l'expédition. Charles-Quint se rend à son armée d'Italie. — Grands armements à Naples, à Gênes, en Espagne et en Sicile. Fernand Cortez et les vice-rois de Sicile et de Naples en sont chargés. Départ de Charles-Quint pour Lucques. Il fait goûter son projet au pape Paul III. On augure mal de l'expédition. — L'Empereur s'embarque à Porto-Venere. Violente tempête. Il arrive au mouillage de Bonifacio, à Alghière, au Port-Mahon, à l'île Majorque. Il y rallie ses escadres; aborde sur la côte d'Afrique. Débarquement des troupes. Charles-Quint marche sur Alger. Il établit son camp sous cette ville. Combat avec les Arabes. Tempête épouvantable qui dure plusieurs jours et détruit la flotte chrétienne. — Disette et dénuement de l'armée. Charles-Quint fait tuer ses chevaux pour nourrir ses soldats. Les débris de son armée regagnent le cap de Matafuz. Massacre des Espagnols naufragés. Les débris de la flotte se réfugient à Bugie. Arrivée de la flotte à Biserte. L'escadre de Malte gagne Trépano et Palerme. Retour et arrivée de Charles-Quint en Espagne.

Charles-Quint s'étant rendu en Allemagne pour mettre fin aux différends en matière de religion, trouva son frère Ferdinand empereur des Romains en dissension avec le fils de Jean de Zapoli qui venait de monter sur le trône de Hongrie. Ces deux princes se disputaient le droit de régner sur ce royaume. Jean avait appelé les Turcs à son secours. Ferdinand pour arrêter cette armée auxiliaire mit le siège devant Bude, et Rocandorf un de ses généraux en poussa les travaux avec des forces considérables. Charles sentant toute l'importance qu'il y avait d'éloigner les Turcs de ce pays si voisin de ses possessions, envoya au secours de son frère une partie de ses troupes pour presser le siège. Mais repoussées par le bon état des fortifications et par la garnison de Bude Ferdinand vit qu'il n'y avait plus qu'un parti à prendre qui était de combattre les ennemis en plaine. Tel était l'état des affaires en Hongrie. Les frontières de l'Autriche étaient menacées. En Afrique le nouveau gouverneur d'Alger, Hassen-Aga, exerçait ses déprédations contre tous les États Chrétiens avec une activité si étonnante qu'il surpassait, s'il est possible, Barberousse lui-même en audace et en cruauté. Ses corsaires avaient presque interrompu le commerce de la Méditerranée. Il jetait si fréquemment l'alarme sur les côtes d'Espagne, dit l'historien Robertson (1), qu'on fut obligé d'élever de distance en distance des corps-de-garde, et d'y entretenir continuellement des sentinelles, pour veiller sur l'approche des Barbaresques, et garantir les habitants de leurs invasions. L'Empereur recevait depuis longtemps des plaintes très-pressantes de la part de ses sujets ; on lui représentait que son intérêt et l'humanité lui faisaient également un devoir de réduire Alger, devenu depuis la conquête de Tunis, le réceptacle de tous les pirates, et d'exterminer cette race de brigands, ennemis implacables du nom chrétien. Déterminé par leurs prières, séduit encore par l'espérance de donner un nouveau lustre à la gloire de sa dernière expédition en Afrique, Charles avant de quitter Madrid pour son voyage des Pays-Bas, avait donné des ordres en Espagne et en Italie pour équiper une flotte et lever une armée destinée à cette entreprise. Il avait aussi envoyé d'Allemagne des ordres à Doria pour tenir

---

(1) Histoire de Charles-Quint, vol. IV, p. 560.

prête une quantité suffisante de vaisseaux, afin de pouvoir passer ses troupes. Doria se trouva d'autant plus embarrassé que le faux bruit courait que les Turcs paraîtraient bientôt avec une flotte sur les côtes d'Italie, et qu'il songeait à la défense de ce pays et surtout de Gênes, sa patrie. D'ailleurs on ne pouvait savoir si François Ier ne ferait pas de jour à autre une irruption en Italie. En conséquence il conseilla à Charles de songer plutôt à la défense de l'Italie qu'à de nouvelles conquêtes.

Charles renvoya sur le champ le messager, en écrivant qu'il ne voulait recevoir conseil de personne dans des choses qu'il avait une fois résolues. Qu'il n'aimait pas qu'on voulût arrêter l'exécution de ses projets. Que si l'Italie avait besoin de secours, il saurait lui en fournir; mais qu'il ne voulait différer ou abandonner pour aucune raison la guerre d'Alger qu'il avait résolue depuis si longtemps; qu'en conséquence il ordonnait à Doria de mettre tout autre projet de côté, pour s'occuper uniquement de celui-là. Doria obéit.

Les changements qui survinrent dans ces circonstances ne firent point changer Charles de résolution ; ni les progrès que faisaient les Turcs, ni les remontrances de ses plus fidèles partisans en Allemagne qui lui représentaient que son premier devoir était de défendre l'empire. C'eut été pour lui une entreprise honorable que d'aller attaquer le Sultan en Hongrie, mais outre qu'elle était au-dessus de ses forces, elle ne s'accordait pas avec ses intérêts. Il eut fallu faire venir des troupes d'Espagne et d'Italie, pour les conduire dans un pays très-éloigné; pourvoir aux préparatifs immenses que demandait le transport de l'artillerie, des munitions et des bagages d'une armée entière; terminer dans une campagne une guerre qu'il était difficile de rendre un peu décisive, même dans l'espace de plusieurs campagnes ; un semblable projet eut entraîné des dépenses trop longues et trop fortes, pour que le trésor épuisé de l'Empereur pût y suffire (1). D'un autre côté, son expédition d'Afrique, dont les préparatifs étaient achevés et presque toutes les dépenses faites, ne demandait qu'un seul effort qui, outre la sûreté et la satisfaction que cette entreprise procurerait à ses sujets, exigerait si peu de temps que le roi de France ne pourrait guère profiter de son absence pour envahir ses états d'Europe. Charles-Quint crut donc faire une utile diversion en portant la guerre en Turquie et dans les états de Barberousse. C'était en effet le moyen le plus certain de l'éloigner de la chrétienté. Néanmoins il s'est trouvé des écrivains qui ne saisissant pas les secrets impénétrables de sa politique, n'ont vu dans Charles-Quint partant pour l'Algérie qu'un prince ambitieux, qui plein d'indifférence pour son frère et le bien de sa maison, n'était allé courir en Afrique qu'après le titre de conquérant. On comprend dès lors qu'à leurs yeux l'insuccès de l'expédition d'Alger a dû être la juste punition de son insensibilité et de son orgueil. Telles sont les raisons qui déterminèrent Charles à persister dans son premier dessein avec une résolution inflexible. C'est pourquoi, ayant laissé à Ferdinand les troupes qu'il avait envoyées à son secours, Charles lui abandonna la défense de cette partie de ses états, et se rendit de sa personne à grandes journées à son armée d'Italie. A son arrivée, il leva de nouvelles légions, fit équiper un grand nombre de bâtiments dans les ports de Gênes et de Naples, en Espagne et en Sicile, ordonnant partout des préparatifs conformes à la grandeur de l'entreprise qu'il avait projetée. Ce fut Fernand Cortez marquis del Valle de Huaxaca, cet Espagnol qui s'était couvert de gloire à la conquête du Mexique (2), qui fut chargé de l'armement en Espagne.

(1) ROBERTSON. Histoire de Charles-Quint, vol. 4, p. 561.
(2) Fernand dans le Mexique et François Pizzaro au Pérou avaient précédemment découvert d'immenses terres. Après avoir vaincu dix-huit rois

Fernand de Gonzague et Pierre de Tolède, vice-rois de Sicile et de Naples, ne déployèrent pas moins de zèle dans ces deux royaumes. Il vint d'Allemagne et des Pays-Bas un corps de six mille hommes, pour la plupart vieux soldats. Et de grandes levées furent faites dans toute l'Italie par les soins de Camille Colonne, Auguste Spinula et Antoine Doria revêtus de la commission de colonels. C'était pour la troisième fois que Charles-Quint se proposait la conquête de l'Algérie.

Cette fois encore l'Espagne vola à cette sainte entreprise avec une ardeur et un dévouement indicibles. Jalouse de partager la gloire dont elle croyait que le vainqueur de Tunis allait s'y couvrir, la fleur de la noblesse castillane le suivit dans cette expédition. On remarquait parmi les principaux seigneurs Fernand Alvare de Tolède duc d'Albe, commandant de l'escadre de cette nation, don Goncales de Cordoue duc de Sessa, don Pedro Fernand de Cordoue comte de Feria, avec ses deux frères, don Fernand Rui de Castro marquis de Sarria, don Fernand Cortez avec ses deux fils Louis et Martin ; Louis Leyva prince d'Ascoli, François de la Cueva marquis de Cuellar, Juan de Vega seigneur de Grajal, Claudius de Quinones comte de Luna, Martin de Cordoue comte d'Alcan-

---

en dix-huit batailles, ils avaient soumis leurs royaumes à la religion chrétienne et au sceptre de Charles-Quint.
En 1524, Fernand envoya du Mexique vers l'Empereur don Diego Soto avec de grands trésors et une coulevrine d'argent massif estimée cinquante mille carolus d'or. Ébloui par l'éclat et la richesse de ses conquêtes, Fernand avait fait graver sur cette pièce un phénix avec cette devise qui caractérise si bien l'orgueil castillan, mais dont sa gloire personnelle et celle de son souverain semblent, jusqu'à certain degré, devoir excuser l'extrême hardiesse :

   Aquesta nascio sin par
   Io en servir os sin segundo
   Vos sin igual en el mundo.

C'est-à-dire :

   Cet oiseau naquit sans pareil
   Moi à te servir je suis sans second
   Toi sans égal dans le monde.

dête gouverneur d'Oran, le comte de Chinchon, don Pedro de Guevara seigneur d'Ascalante, don Pedro de Cueva grand commandeur d'Alcantara et général de l'artillerie, et don Fadrique de Tolède massier d'Alcantara. Ils s'embarquèrent sur quinze galères de Bernardin de Mendoça avec leurs chevaux, leurs servants et leurs riches armures damasquinées.

Les chevaliers de Malte furent invités par l'Empereur à joindre leurs armes aux siennes dans cette guerre qui avait encore pour objet la ruine des corsaires, la tranquillité de leur ordre et la paix de la Chrétienté. Car cette descente devait nécessairement faire abandonner aux Turcs la Hongrie. La Religion, dont la vocation était de détruire les Infidèles, répondit amplement à la haute opinion que leur bienfaiteur avait de son dévouement. Il se présenta pour cette expédition un si grand nombre de chevaliers, que Malte et le couvent seraient restés déserts, si la prudence du grand maître Jean d'Omedès n'avait modéré leur zèle, en restreignant ce secours à quatre cents chevaliers. Ils s'embarquèrent sur quatre galères bien gréées et armées, chacun suivi de deux soldats. George Schilling, grand bailli d'Allemagne (c'était une des dignités de l'Ordre de Malte) alors général de la flotte de la Religion, prit le commandement de cette escadre.

Charles croyait nécessaire avant tout d'attaquer l'Afrique. Car il craignait en marchant droit sur Constantinople de laisser derrière lui un ennemi redoutable pour l'Espagne. Il avait d'autant plus besoin de ménager ce royaume, que c'était avec ses hommes et ses trésors qu'il allait faire la guerre. Le peuple espagnol du reste conservait au fond de son cœur un trésor de dévouement à son prince. L'éloignement de Barberousse qui était passé à Constantinople, lui faisait croire qu'il ne rencontrerait que de faibles obstacles à la conquête d'Alger. Les forces qu'il avait assemblées étaient aussi bien capables d'inspirer les plus grandes espérances même à un prince moins hardi. Il voyait dans Alger une autre Tunis. Malheureusement il n'en fut pas ainsi, et pour la première fois la victoire fut infidèle à ses armes ou, pour mieux dire, fatiguée de suivre ses drapeaux elle les abandonna.

Déjà les troupes étaient levées et les vaisseaux prêts à mettre à la voile. Pendant qu'on effectuait l'embarquement des hommes, des chevaux, des vivres et du nombreux matériel de guerre et de siège, Charles se rendit à Lucques près du souverain pontife pour lui communiquer ses projets, car il attachait un grand prix à leur sanction par le Vatican. Le Pape eût mieux aimé que Charles tournât ses armes contre la Hongrie que contre Alger. Comme l'Afrique est sans port de mer, il ne fut point d'avis que l'Empereur entreprît l'expédition pendant l'automne. Dans cette saison il eût été bien plus difficile encore de pénétrer dans la Hongrie, car l'hiver serait venu avant que l'on eût atteint ses frontières. L'absence de ports de mer était aussi un motif pour que Charles s'abstînt de descendre dans ce pays en toute autre saison de l'année. Ce prince avait trop de raisons à faire valoir pour ne point persister dans sa résolution. Il représenta au Saint-Père les progrès des ennemis en Hongrie, et combien il importait à la Chrétienté que la guerre ne s'y continuât point. Or, le moyen de la faire cesser, c'était de la porter à Constantinople et de forcer les Turcs à la repousser de leurs propres foyers. Pour atteindre ce but, il n'y avait point de temps à perdre, il fallait déployer la plus grande activité. Mais comme l'étendue de l'Empire ottoman demandait des forces considérables qu'on n'aurait pu mettre sur pied qu'au printemps prochain, Charles jugea utile de porter d'abord ses armes en Barbarie. Par là il délivrait l'Espagne des craintes que lui inspirait ce pays de pirates, et l'incitait par ce moyen à le soutenir dans l'expédition qu'il méditait contre la Turquie. Car lorsqu'il demandait des subsides aux Espagnols pour la guerre contre les Turcs, ils ne manquaient point de parler d'un autre ennemi plus rapproché et appuyaient toujours leur refus du prétexte de la crainte des Barbaresques. Cédant à ces motifs le Saint-Père finit par approuver le projet de l'Empereur et donna à sa magnanimité les éloges les plus mérités.

L'expédition étant décidée, le St.-Père célébra une messe solennelle pour appeler sur les drapeaux de Charles les faveurs du ciel. L'Empereur y assista ainsi que tous les cardinaux. A cette occasion, il fit plusieurs chevaliers et créa prince d'Espinoi Hugues de Melun, seigneur d'Antoing, gentilhomme de sa chambre (1). Dix jours après son entrevue avec le pape, celui-ci partit pour Rome et l'Empereur pour Gênes et Florence, rapportant de ses conférences avec le St.-Père, dit l'historien Sandoval, plus de bénédictions que de trésors (2).

Cependant personne n'augurait bien d'une entreprise faite dans une saison si avancée. Mais comme l'Empereur en poursuivait l'exécution avec beaucoup d'ardeur, on craignait, en général, de publier une vérité contraire à l'inclination du prince. Il n'y eut que le marquis Del Guast généralissime des armées de terre, et André Doria son grand amiral, qui tous deux avaient pris une large part à la glorieuse expédition de Tunis, qui osèrent lui représenter les périls qu'il allait courir. Le premier le conjura de ne point exposer une flotte entière à une perte presque inévitable en risquant l'approche des côtes dangereuses d'Alger, à la saison d'automne où les vents sont si violents sur ces parages. Doria qui

---

(1) Ms. Van den Es n° 17,444 de la bibl. de Bourg.
(2) De Luca despedido del Papa, cargado de bendiciones y no de dineros.

avec les flottilles de Naples et de Sicile venait de soumettre au sceptre impérial les villes de Calybie, Suse, Monaster, Mahometa, Fuxia, et refoulé les Barbaresques et les Turcs jusque dans les syrtes de l'île de Meninge, se crut aussi en droit de tenir à Charles le langage de la vérité. Il lui dit donc que dans une pareille saison, il n'y avait point de pilote qui osât, sans une extrême nécessité, tenir longtemps la mer; que celle de Barbarie était alors fort orageuse, et qu'il craignait qu'un coup de vent ne dissipât la flotte et n'empêchât le succès de ses armes. Ce vieux guerrier, le plus grand amiral de ce siècle, lui tint ce langage digne de la franchise d'un marin : « Souffrez, sire, qu'on vous détourne de cette entreprise, car, par Dieu, si nous y allons, nous périrons tous. » A quoi l'Empereur répondit en riant : « Vingt-deux ans d'empire et soixante-douze ans de vie pour vous, doivent suffire à tous deux pour mourir contents. » Et lui, plein sans doute du souvenir de sa brillante conquête de Tunis, il persista inébranlablement dans son dessein. Depuis il voulut la commander en personne.

Le 21 septembre Charles arriva dans le golfe de La Spécie situé sur la côte orientale de Gênes. Les galères de Malte étant abordées, il leur fit distribuer six mille écus. Le 26, il passa la revue des six mille allemands qui s'embarquèrent sur treize navires (1). Après avoir ordonné aux vaisseaux qui portaient ces troupes et les Italiens, de gagner l'île Majorque où il devait les rallier, lui-même mit à la voile le 28 après-midi de Porto-Venere avec une flotte de trente-six vaisseaux et galères se dirigeant sur l'île de Corse. Il prit terre le lendemain dans celle de Coreyre appartenant aux Génois. Le samedi 1er octobre il cingla tirant vers l'ouest.

(1) Ms. Van den Ee cité.

Le commencement de ce voyage ne fut pas de bon augure. Charles ne tarda pas à sentir la vérité de ce qu'on lui avait dit au sujet des dangers de la navigation, et à reconnaître que Doria avait jugé, mieux que lui, un élément qu'il devait aussi mieux connaître. En effet, la flotte impériale avait à peine quitté les côtes de l'Italie pour gagner la haute mer qu'elle eut à essuyer de violentes tempêtes qui ne lui permirent point de tenir sa route et la dispersèrent en différents lieux. Le vaisseau amiral qui portait Charles et sept autres navires ne purent continuer la navigation qu'à force de rames. Ce ne fut qu'avec des peines inouies et après avoir couru les plus grands dangers, qu'ils atteignirent la partie de l'île qui fait face à l'Italie où ils durent relâcher. Ils y furent retenus deux jours par les vents contraires. Mais comme l'Empereur était quelquefois d'un courage inébranlable et d'un caractère inflexible, les dangers qu'il venait de courir n'eurent d'autre effet sur lui que de l'affermir encore dans sa funeste résolution. Après la tempête la partie de la flotte qui avait fourvoyé, les rejoignit. Charles continua avec elle la route vers Bonifacio, située à quinze lieues d'Ajaccio, où il débarqua le 2 octobre à la tombée de la nuit. Il y demeura jusqu'au 6, qu'il revint dîner sur sa galère. De là la flotte gagna le royaume de Sardaigne. Vers le soir elle passa un détroit près de Gener île inhabitée et pleine de cerfs et de sangliers. Charles aborda au milieu de la nuit au port de Porté et descendit à terre le vendredi matin pour aller à la chasse. Il se rembarqua vers midi. Un bon vent le conduisit ensuite à Alghière, ville considérable de Sardaigne où était fixé le rendez-vous général de toute la flotte. Il y trouva l'escadre de Naples sous le commandement de Don Garcias de Tolède.

Alghière est une ville assez bien fortifiée. L'homme et la nature ont fait beaucoup pour elle. La mer qui la baigne de presque tous côtés est pleine d'écueils cachés sous les eaux. Le corail que l'on pêche sur ses côtes est le plus estimé de tous ceux de la mer Méditerranée. Vers l'intérieur du pays la ville est close par une solide muraille flanquée, à chaque extrémité, de deux fortins qui en défendent facilement toute approche; et comme elle est située dans une plaine que ne domine ni montagne ni colline, elle n'a point à craindre d'être attaquée de ce côté-là. Après avoir passé deux jours à Alghière, Charles se remit en mer le 9. Sa navigation jusqu'à l'île Majorque ne fut pas moins périlleuse que celle qu'il venait de faire. A la fin de la seconde journée une brise légère gonflant les voiles le conduisit en vue de l'île Minorque. Il y allait arriver, quand les vents contraires pensèrent le jeter sur la rive opposée. Il fallut voguer à rames une grande partie de la nuit pour prendre terre. La manœuvre était si pénible qu'on eut peine à faire sept milles en autant d'heures, bien qu'on ne cessât point de manœuvrer. La flotte eut beaucoup de voiles déchirées et d'antennes brisées par le mauvais temps. Le reste de la nuit fut consacré au repos. Le jour suivant se passa à l'ancre. Comme Mahon n'était point éloigné de là, la flotte dirigea la proue vers ce port. C'est sans contredit le plus beau et le plus sûr qu'il soit possible de voir. Il est à l'abri de toutes sortes de vents, ce qui fait dire que *dans la Méditerranée juin, juillet, août et le port Mahon font la sûreté des vaisseaux.* Toute la côte maritime de cette île est ceinte de hautes montagnes qui vont en s'allongeant sous les eaux, de manière à former un passage étroit en forme de canal entre deux jetées. Les vaisseaux ont besoin d'un bon vent pour y entrer. Du reste, il est facile et de bonne tenure. Il s'avance jusqu'à quatre milles en mer, formant des anses et des sinuosités où les navires trouvent un abri contre la tempête. C'est au fond du port, sur une colline, élevée qu'est bâtie la ville. Elle-même est dominée par de hautes montagnes qui fournissent du bois en abondance. Si elle avait été aussi bien fortifiée par les travaux de l'homme qu'elle l'est par la nature, Barberousse ne s'en fut pas emparé si facilement quelques mois après la prise de Tunis, et cette ville n'eut pas eu à souffrir les horreurs d'un sac de la part de ce corsaire.

Le mauvais temps retint la flotte pendant deux jours dans le port Mahon. La mer s'étant enfin aplanie, elle fit voile de ce port pour Majorque, où elle arriva le 13. Charles trouva dans cette ville outre sa maison et sa cour huit mille Espagnols venus de l'armée d'Italie sur sept galères avec Ferdinand de Gonzague, vice-roi de Sicile, quatre cents chevau-legers, les six mille Allemands qui s'étaient embarqués à La Spécie sous les ordres de George Fronsberg, six mille Italiens venus de Livourne, commandés par Camille Colonne et Augustin Spinula. Ces troupes, ainsi que les munitions de guerre et les vivres étaient réparties parmi soixante navires. Il s'y trouvait en outre cinquante galères; savoir : quatre de Malte, autant de Sicile commandées par Berenger de Réquésens, six d'Antoine Doria, cinq de Naples aux ordres de don Garcias de Tolède, deux du prince de Monaco, deux autres du vicomte de Cigala, deux du marquis de Terra-Nova, quatre du comte d'Aguilar, neuf de la république de Gênes, et douze de André Doria grand amiral de toute la flotte. Charles descendit à terre le même jour et fit son entrée dans la ville en passant sur un magnifique débarcadère qui s'avançait jusque dans la mer et sous des arcs de triomphe dressés en son honneur. A l'abordée on tira force artillerie sur terre et sur mer. Il devait encore arriver d'Espagne quinze bâtiments de hautbord et un grand nombre de vaisseaux de charge. La flotte les attendait depuis trois jours, quand le 17 octobre, au moment où l'Empereur allait s'embarquer, une galère andalouse apporta la nouvelle que l'escadre espagnole se trouvait à Iviça et à Formentera. Elle se composait de seize galères et de soixante vaisseaux tels que escorchapins, taphorées, vaisseaux de biscaye, ourques ou baleiniers des Pays-Bas et autres petits navires. Elle était chargée d'une immense provision de vivres, de munitions et d'artillerie. Elle avait aussi à bord quatre cents hommes et six cents chevaux genêts. Il ne vint point d'Espagne d'infanterie soldée à cause du grand nombre de volontaires de toute arme et de toute condition, chevaliers et gentilshommes, qui se présentèrent pour cette expédition, sans même qu'il fût nécessaire de faire appel à leur dévouement. Ces troupes espagnoles se faisaient remarquer par la richesse de leurs costumes. Elles étaient armées comme les soldats d'élite connus alors sous le nom de *Gusmans*.

L'escadre d'Espagne était placée sous les ordres immédiats du duc d'Albe. Charles lui ordonna de se diriger droit sur Alger.

Majorque est une île considérable. La nature du sol diffère de celui de l'autre Baléare. La côte maritime est plane et fertile. Dans l'intérieur se trouvent de hautes montagnes frappées la plupart de stérilité. Comme cette île est plus méridionale que l'Espagne, l'hiver y est aussi plus tempéré et le froid encore moins sensible que dans ce pays. Elle abonde en oliviers et en vin délicieux. On y trouve tous les fruits que fournit l'Afrique. La ville est grande et ornée de beaux édifices. Elle est divisée par une rivière qui prend sa source dans les montagnes. Ses eaux servent à l'apprêt des laines. Ses habitants étaient alors régis par les lois de Tarragone, ville d'Espagne dans la Catalogne. Leurs mœurs et leur langue ont beaucoup d'analogie avec celles des Tarragonois. Après que la flotte s'y fût pourvue de toutes les choses nécessaires, Charles mit la proue vers Alger. On était alors arrivé au 18 du mois d'octobre. Avant le jour, les galères avaient tiré les nefs hors du port pour les mettre à voiles. Charles qui s'était embarqué au soleil levant, arriva vers midi à la Cabrera, île inhabitée. Les nefs prirent vent en haute mer tirant contre Barbarie (1). Le jeudi matin 20 on découvrit la terre ferme de Barbarie, et environ vers les sept heures Charles arriva à sept milles en vue d'Alger. Il trouva, en effet, l'escadre espagnole qui l'avait dévancé dans ce parage. Elle avait pris position à dix milles à l'occident de cette ville. Les galères espagnoles n'eurent pas plutôt aperçu la flotte impériale qu'elles s'avancèrent à sa rencontre. Mais Charles leur ordonna de retourner au poste qu'elles occupaient, pour garder la côte et pour remorquer et amener les vaisseaux qu'elles avaient laissés à trente milles de là. Presque tous furent remorqués ce jour là. Charles s'étant avancé quelques milles, envoya en avant, de l'autre côté d'Alger, Jean Doria avec douze navires, pour rechercher s'il y avait une retraite plus sûre contre la tempête. Sur son avis favorable, il longea la ville à la rame et gagna ce port. Il y jeta l'ancre pour attendre les bâtiments de charge. De cet endroit la vue plongeait sur la ville d'Alger. On découvrait tout le pays. Le lendemain la mer devenant plus orageuse, la flotte craignant les coups de mer leva l'ancre et l'Empereur alla se réfugier à l'abri des vents à quinze milles de là dans une anse appelée Sarra sous le promontoire de Matafuz. Il y demeura jusqu'au samedi 22. Bernardin de Mendoça fut aux Coxinas à trois lieues au couchant d'Alger. Pendant la traversée deux frégates turques vinrent se jeter au milieu de la flotte chrétienne. L'ayant reconnue, elles s'empressèrent de virer de cap pour gagner la haute mer, mais on se mit à leur poursuite. L'une fut coulée bas par la galère la Cigala, l'autre parvint à gagner le port d'Alger. On apprit des prisonniers qu'on fit qu'elles avaient mission d'épier la flotte chrétienne et de reconnaître sa

(1) Ms de VAN DEN ES cité plus haut.

force. Le reste de la journée se passa à l'ancre en attendant le calme et l'arrivée des autres navires.

Pendant ce temps-là Fernand de Gonzague et Jean de Boussu, capitaines prudents et expérimentés en fait de guerre, avaient reçu l'ordre de monter une frégate et de parcourir le littoral, afin de reconnaître un endroit propre au débarquement des troupes. Après cette exploration, ils revinrent faire leur rapport à l'Empereur. Mais la flotte mouillée sous le cap attendit sur ses ancres que la houle devenue moins forte permît de mettre les chaloupes à la mer. Le dimanche 23 amena un assez grand calme. Charles en profita pour faire approcher la flotte de l'endroit choisi pour le débarquement. Mais, quoique le vent fût tombé, la mer était encore si émue, que pour ne point obliger les soldats à se mettre dans l'eau jusqu'à la ceinture, on le différa de quelques heures. Il se fit ensuite sur une plage extrêmement commode. Toute la flotte impériale montait à soixante-quatre galères, deux cents navires de haut bord et cent plus petits (1). Les galères mirent elles-mêmes leurs troupes à terre. Des chaloupes et des esquifs portèrent sur le rivage celles des gros vaisseaux. Charles assista du haut de la poupe de sa galère Capitane au débarquement. C'était un spectacle magnifique. Lui-même prit terre vers les neuf heures avec toute sa maison, nonobstant la grande résistance des Arabes (1) et fut se loger dans une maisonnette qui se trouvait dans la plaine.

Le débarquement effectué, l'armée de terre se trouva composée de vingt-trois mille fantassins, parmi lesquels il y avait, comme nous l'avons dit, huit mille Espagnols venus des royaumes de Naples et de Sicile, six mille Allemands que l'Empereur avait levés en Allemagne au Duché de Bourgogne et au Pays-Bas, six mille Italiens

(1) SANDOVAL. vol. II. pag. 405.
(1) Mr VAN DEN ES, cité.

et trois mille volontaires de toute nation qui suivaient l'Empereur. Dans ce nombre n'étaient point compris les familiers, la cour, ses gens de service, les rameurs qui s'élevaient à plus de trois mille, ni les quatre cents soldats de toute arme que les chevaliers de Malte en même nombre avaient amenés à leur suite. Le nombre des chevaux ne montait qu'à deux mille. C'est abusivement que quelques historiens l'ont poussé jusqu'à six. Quatre cents avaient été embarqués à Naples, le reste venait d'Espagne. Aussitôt que l'infanterie fut mise à terre, car le premier jour on ne débarqua que peu de cavalerie, les troupes de chaque nation se réunirent avec une joie extrême, avides de combattre et de repousser les Infidèles dont la cavalerie les inquiétait par de fréquentes escarmouches. Venaient-ils à se former en groupes et en bataillons pour attaquer les Chrétiens, le feu des bombardes les dispersait aussitôt. Ce qui les obligeait à ne se présenter qu'en petit nombre et isolés. Ainsi dispersés, ils ne pouvaient faire grand mal. Les ennemis ayant été refoulés dans leurs montagnes, l'armée chrétienne commença de marcher sur Alger.

Charles, selon son habitude, et afin sans doute de prévenir les jalousies nationales, partagea ses troupes en trois corps. Les Espagnols, tous vieux soldats, commandés par Fernand de Gonzague, marchaient à l'avant-garde du côté des montagnes; Charles, au centre avec les Allemands, les Belges et les volontaires; les Italiens sous les ordres de Camille Colonne, auxquels étaient joints les chevaliers de Malte sous les ordres du grand bailli George Schilling fermaient la marche du côté de la mer. Ces derniers ne recevaient d'ordre que de l'Empereur. Chacun de ces corps marchait précédé de trois pièces d'artillerie de campagne, pour combattre les Arabes qui sans garder aucun ordre, attaquaient, tuaient et revenaient continuellement à la charge. Telle fut la disposition des troupes pendant la marche du rivage à Alger. Nous ferons remarquer ici que d'autres écrivains placent les trois corps dans un ordre différent. Nous avons cru ne pas devoir nous écarter en ce point de la relation latine qu'à laissée Nicolas de Villegagnon, chevalier de Malte, qui prit une part brillante à cette expédition et nous avons tout lieu de croire que c'est la seule exacte. Elle n'est point, d'ailleurs, contredite par celle du contrôleur de Charles-Quint, Van Den Es.

Ce jour-là, après une marche de trois milles, l'obscurité tombant, l'armée fit halte et campa au pied d'une montagne où elle passa la nuit. Elle fut pénible et agitée. Vers minuit les Arabes et les Maures, qui avaient été repoussés sur les hauteurs, descendirent dans la plaine. Ils avaient, dit naïvement Van Den Es, *musettes et flageolets et menaient grande hurlerie*. Les Chrétiens exténués par les fatigues de la traversée et de la marche de la journée se seraient bien passés de cette aubade à la lueur des canons. Les ennemis ne cessèrent d'inquiéter le camp en dirigeant particulièrement leurs boulets vers l'endroit où s'élevait le pavillon impérial et sur les feux que les Chrétiens avaient allumés. Charles envoya contre eux Don Antonio de Sandi avec trois enseignes d'arquebusiers espagnols. A la vue des Espagnols, dont la marche était éclairée par un feu continuel, les ennemis gagnèrent les hauteurs et s'embusquant dans les bosquets, ils cherchèrent à les empêcher de les franchir. Ce fut en vain. Ces troupes braves et agiles, qui étaient tout aussi propres à la guerre de montagne qu'à celle de plaine, les atteignirent attaquant de front un obstacle à peu près insurmontable. Ils déployèrent tant de courage et d'ardeur qu'ils chassèrent les Arabes de leur position. Ils parvinrent même jusqu'au sommet des montagnes, mais le nombre des ennemis croissant bientôt d'une manière démesurée, et épuisés d'une course à travers des lieux ardus et escarpés force leur fut de se retirer devant des troupes fraîches. Le combat avait duré jusqu'au crépuscule. Alors les provisions de poudre étant épuisées, ils regagnèrent le camp, ne ramenant qu'un petit nombre de blessés.

Le lundi 24 à l'aurore, Charles et son armée continuèrent leur marche sur Alger. La contrée par où les colonnes chrétiennes s'avançaient était unie et plate, mais hérissée de broussailles, de buissons et de grandes herbes semblables à celles qui croissent dans les forêts. Cette plaine s'étend depuis le promontoire de Matafus où la flotte s'était abritée contre la violence des vents, jusqu'à environ un mille de la ville d'Alger. On rencontre alors des rochers et des dunes que la nature oppose aux flots de la mer; ce qui rompt la plaine. Alger se trouve à douze milles du promontoire en ligne droite, mais si l'on suit les sinuosités du littoral, cette ville en est bien éloignée de vingt milles.

Pendant ce temps-là Charles était arrivé en vue d'Alger. Voyant toutes ses troupes réunies, il résolut de l'investir. Au bout de la plaine, on voyait s'élever quelques collines et des éminences où mouraient les montagnes. Il fallait s'en mettre en possession, puis tenter l'escalade des montagnes qui s'étendaient fort loin à droite de l'armée. Car les ennemis que les Chrétiens laissaient par derrière paraissaient sans cesse pour les assaillir et ralentir leur marche. S'ils avaient le dessous, ils s'y retiraient et faisaient encore beaucoup de mal de leur retraite. Maîtres une fois de ces hauteurs les Chrétiens coupaient le passage à l'ennemi en même temps que cette position était des plus avantageuse pour battre la ville. On jugea donc nécessaire avant tout de déloger les Arabes de ces montagnes et d'y placer l'avant-garde. L'élévation des montagnes et leur accès ardu rendait cette entreprise difficile et périlleuse. Néanmoins les Espagnols sous la conduite de Fernand de Gonzague ne tardèrent point à se montrer sur leur sommet. Ces montagnes étant occupées, le centre de l'armée ou second corps se plaça sur des collines, qui, comme on l'a vu, sont à leur pied; et l'arrière-garde ou troisième corps, un peu plus bas (1). L'armée ayant pris ces positions, la ville, qui était en quelque sorte entourée de tous côtés, ne pouvait plus espérer de recevoir des secours du dehors. Il est vrai que ces troupes auxiliaires auraient pu tomber sur le derrière de l'armée impériale du côté de la plaine, mais la position élevée qu'elle occupait lui était extrêmement favorable pour leur résister. Un autre avantage qu'elle avait, c'était qu'entre la plaine et les monticules où Charles avait établi ses troupes, il se trouvait de profondes ravines qui tenaient lieu de fossés et étaient de nature à arrêter leur course impétueuse. Le quartier de l'Empereur se trouvait entre deux petits ruisseaux, sur une colline entourée de gros canons qui battaient en même temps la campagne et la ville. Sa tente et celles des princes, seigneurs et gentilshommes de sa cour se dressait entre les Allemands et les Flamands (2). Un mamelon voisin était également retranché et armé d'artillerie.

Alger était investi. Charles avait tracé lui-même son camp et dirigé son armée dans les travaux avec la plus grande diligence. Il pensait bien s'emparer d'Alger, quoique cette ville fût défendue par des troupes nombreuses. Il ne faisait point grand cas des Arabes, parce que son camp était dans une position avantageuse qui lui permettait de garder la côte pendant le siège et qu'il avait

---

(1) Le lundy 24, sa majesté et son camp marchèrent et vindrent loger à ung mil près de la ville. Sa majesté en des vignes, les Espaignols sur la montaigne, les princes seigneurs et gentils-hommes et ceulx de la maison à l'entour de sa majesté. Les Italiens vers un pont contre la ville, partie des Allemands en bas et la reste sur une aultre montaigne.

Ms VAN DER Es. de la bibl. de Bourg. cité.

(2) Entre Allemanes y Tudescos.   SANDOVAL, lib. II, p. 406.

décidé d'attaquer à la fois cette ville par terre, par mer et dans le port même. Don Pedro de Cueva et Louis Pisano avaient ordre de la battre avec les plus gros canons de leurs vaisseaux. Doria avec sa flotte était en face du hâvre et le pourvoyeur de l'armée François Duhart faisait débarquer tout le matériel nécessaire, pour le dresser en batteries.

Alger est bâti en forme d'amphithéâtre sur la pente d'une montagne dont le pied est baigné par la Méditerrannée. Ce n'est point Tipasia ni Tampajol Cæsarea, séjour du roi Juba ; ni, comme on le pense communément, la petite Arsenaria qui, selon Pline, était distante d'une lieue de la mer. C'est une ville nouvelle, à ce que disent les Maures, construite avec les ruines de l'ancienne Rusconia municipe romain, aujourd'hui Matafuz que les naturels nomment Tamendifusi. Barberousse y avait construit un beau port avec les débris de Matafuz.

Cette ville n'avait pas cessé d'être sous la dépendance de l'empire turc où Barberousse l'avait placée. Ce corsaire, en se retirant à Constantinople pour prendre le commandement de la flotte ottomane en qualité de Capitan Pacha, avait confié sa défense à un vieil eunuque nommé Hassen-Aga, rénégat originaire de l'île de Sardaigne. C'était un grand homme de mer, dont l'expérience et les services avaient su mériter ce poste éminent; et son courage le rendait digne de l'occuper. Pour répondre à la confiance dont le Dey l'avait honoré, il avait ajouté par de nouveaux travaux stratégiques à la force des fortifications de cette place. Avant d'attaquer la ville, Charles lui envoya un gentilhomme pour l'engager à lui en ouvrir les portes. Cet officier pour l'y déterminer lui avait représenté la puissance de l'Empereur, ses forces navales, son armée de terre, et lui rappelant les malheurs de Tunis, il l'engagea à épargner un pareil sort aux Algériens par une prompte soumission. Il lui promit la protection de l'Empereur et lui offrit des sommes considérables s'il voulait se rendre. Il termina son discours en lui représentant que c'était une occasion favorable pour retourner dans sa patrie, et pour rentrer en même temps dans le sein de l'église dont un revers de fortune l'avait arraché. Le gouverneur écouta paisiblement tout ce discours et quand le parlementaire eut fini de parler, il lui dit pour toute réponse : « S'il est absurde « de vouloir donner des conseils à son ennemi, ce serait le comble « de la folie que de suivre ceux qu'il donne. » Ayant ainsi parlé Hassen congédia le gentilhomme. Celui-ci de retour à la tente de l'Empereur fut encore plus laconique, et rendant compte à Charles de sa mission, il se contenta de lui dire : *Sire! le rénégat ne veut point de conversion.*

Hassen-Aga avait dans la place mille cavaliers turcs très-aguerris et six mille soldats maures, moitié naturels du pays, moitié réfugiés de Grenade, disposés à la bien défendre. Outre de bonnes escopettes, ils avaient pour armes des arbalètes d'acier dont ils savaient tirer un grand avantage. De fortes sommes et des présents avaient été aussi distribués aux capitaines arabes de la contrée pour les engager à se répandre dans la plaine et à harceler les Chrétiens. Ils n'y étaient déjà que trop disposés par le génie de cette nation qui ne vit que d'aventures et de brigandages. Toute la campagne en fut bientôt couverte. On rapporte que pour entretenir l'ardeur des siens et dans l'espoir de jeter le découragement parmi les Chrétiens, si cela venait à leurs oreilles, Hassen-Aga avait des entretiens avec une vieille sibylle. Celle-ci qui avait eu le bonheur de prédire la défaite de Diégo de Vera et de Don Hugo de Moncade, annonçait aussi comme certaine celle de Charles-Quint. Il est à présumer que le vieux rénégat avait moins de confiance dans les oracles absurdes de la pythonisse que dans les tempêtes si fréquentes en automne sur cette mer inhospitalière qu'il connaissait si bien.

Cependant après avoir refoulé l'ennemi dans ses murailles et ordonné tout ce que le génie militaire peut créer pour mettre son camp à couvert des attaques, Charles avait disposé ses avant-postes sur divers points. Tout le camp s'abandonnait à la joie, et les Chrétiens allaient se livrer au repos sans se douter que l'ange de destruction planât déjà sur leurs têtes. Un déluge d'infortunes fondit bientôt sur eux. A la fin de la première veille, c'est-à-dire à neuf heures du soir, il commença à tomber une pluie abondante, froide et mêlée de grêle, qui dura toute la nuit et inonda le camp. Et comme si elle n'eut point suffi à elle seule pour accabler le soldat, il s'y mêla un vent des plus impétueux. Toute l'armée n'avait que le ciel pour couvert, car on n'avait pas encore eu le temps de débarquer et de dresser les tentes des soldats. Ce n'était là que le prélude des plus grands malheurs. Dans le même temps la mer avait grossi d'une manière incroyable et dans sa fureur, elle avait brisé les ancres et jeté quelques vaisseaux à la côte où ils s'étaient brisés. D'autres avaient été engloutis dans ses abîmes. Dans ce premier naufrage, Charles perdit une grande quantité de vivres mais peu de soldats. Le jour ne parut que pour ajouter à leurs désastres. La pluie n'avait point cessé de tomber avec abondance. Elle avait tellement détrempé la terre que l'on ne marchait que dans la boue. A la naissance du jour la tempête redoubla de fureur. Bientôt il fut impossible aux soldats de se tenir debout, et l'humidité du sol ne leur permettant point de s'y coucher, ils se trouvèrent dans une position accablante. Les Infidèles ne manquèrent pas d'en profiter pour tomber sur l'armée (1). S'élançant

(1) Sur les neufz heures du soir vint une pluye avec vent, laquelle sur le poinct du jour s'enforça et le vent semblablement, faisant tourmente en

de la place en très-grand nombre et dans le plus profond silence, ils se jettent sur les postes avancés qu'ils égorgent. C'étaient trois compagnies placées près des portes de la ville. Les Arabes trouvant les soldats transis de froid, n'eurent point de peine à les tailler en pièces. Enhardis par ce succès, ils traversent un fossé et marchent droit au quartier de l'Empereur en poussant de grands cris selon leur coutume. Déjà ils n'étaient plus loin des premiers retranchements quand les colonels Colonne et Spinula accourent à la tête de leurs troupes. Malgré la pluie et le vent qui frappent contre la face, les Chrétiens font tête partout à l'ennemi. On se bat avec un égal courage des deux côtés. Les Arabes se trouvaient sur un mamelon dont ils défendaient l'ascension au moyen d'arbalètes de fer, de flèches, de pierres et de traits de toute espèce, et surtout de longues sagaies qu'ils lançaient avec tant d'adresse qu'il était bien difficile d'en éviter les coups. Les Chrétiens étaient accablés. La pluie ne leur permettait point de faire usage de leurs armes à feu, la poudre de leurs fournimens étant mouillée. Ils n'avaient plus de flèches. Il leur fallut donc les attaquer à la lance, puis les poursuivre à la course. Mais là encore les Arabes avaient sur eux un avantage incontestable. Ils se retiraient devant eux, laissant toujours une distance telle qu'ils pouvaient accabler les impériaux de traits et de pierres, tandis qu'il n'était point possible à ceux-ci de les atteindre avec la lance et la pique. C'était un genre de combat dont les Européens n'avaient point l'habitude. Les Arabes n'en viennent jamais à une bataille rangée. Leurs cavaliers en petit nombre harcèlent et agacent l'ennemi pour l'engager à sortir de

terre et plus grosse en mer ; que dura le mardy tout le jour que fut le 25e. Ce voyant, les Turcqs et Maures estant deans la ville sortirent au poinct du jour, cognoissant pour la grande pluye qui se augmentoit, que l'arquebuserie ne les pouvoit nuyre ; sortirent de la ville en deux bandes, etc., etc.

Ms Van der Es, cité.

ses rangs. S'il les quitte pour les poursuivre, ils feignent de fuir. Si en les poursuivant, on met trop d'ardeur et qu'on s'écarte trop du gros de l'armée, ils font volte-face en masse et massacrent le peu d'hommes disséminés qui sont à leur poursuite.

Les chevaliers de Malte se distinguèrent dans cette occasion. Ils étaient à pied, armés de cuirasses damasquinées, le bassinet en tête et le sponton à la main. Leurs corselets étaient tous de damas ou de velours cramoisi, sur lequel brillaient leurs croix blanches pâtées. Ce qui leur donnait un air de grandeur et de fierté. Frère Nicolas de Villegagnon se jetant avec impétuosité au milieu des infidèles fut blessé au bras gauche d'un coup de lance que lui porta un cavalier maure. Comme le Maure tournait son cheval pour lui donner un second coup, ce chevalier qui était d'une haute taille et d'une force proportionnée à sa grandeur, sauta sur la croupe du cheval de son ennemi, le poignarda et le jeta à terre. De Villegagnon qui parvint plus tard à la dignité de Commandeur de Malte était né Français. C'était un des hommes de son siècle le mieux fait, l'esprit orné de rares connaissances et d'une valeur révérée, même parmi les plus braves capitaines de son temps. Ses camarades ne montrèrent pas moins de courage. Tout se rallia sous l'enseigne de St.-Jean, et Fernand de Gonzague, un des lieutenants de Charles, adressant la parole au grand bailli de l'Ordre : « Courage ! lui cria-
» t-il, généreux Commandeur. Ce n'est point assez que de battre
» ces chiens, il faut les poursuivre et entrer avec eux dans Alger.
» Ce n'est qu'à vos chevaliers qu'il appartient de finir la guerre
» avant qu'elle soit commencée et de prendre une place aussi forte
» sans artillerie et sans armes. » Les chevaliers, qui ne tiraient leurs forces que de leur courage, poursuivirent en effet les infidèles jusqu'aux portes de la ville. Ils étaient prêts de se jeter dans la place, quand le gouverneur sacrifiant à la fureur des Chrétiens ce

qui restait de ses soldats hors de la ville, en fit fermer les portes. Le chevalier Ponce de Savignac, qui portait l'enseigne de l'Ordre, planta son poignard dans la porte comme une preuve qu'il en avait approché d'aussi près qu'il se pouvait.

L'Aga ayant reconnu de dessus les murailles que les soldats de cette sortie n'avaient eu à combattre que contre les chevaliers et quelques compagnies d'Italiens, fit braquer contre eux l'artillerie qui était sur les remparts de ce côté-là. En même temps, pour empêcher leur retraite, il fit une seconde sortie avec de la cavalerie, qui amenait avec elle un nombre égal de fantassins si agiles, qu'ils suivaient les chevaux à la course. Ces troupes étaient aussi armées d'arbalètes de fer dont on se servait utilement dans les temps de pluie. On en vint de nouveau aux mains. Les Italiens, jeunes soldats qui n'avaient jamais vu de guerre, lâchèrent pied, les chevaliers de Malte ainsi que quelques compagnies de Bourguignons et de Belges résistèrent. Mais bientôt l'ennemi, simulant la fuite, ils eurent la témérité de le poursuivre jusque sous le canon de la place, et le feu des remparts en fit un grand carnage. Charles informé du péril où sa troupe se trouvait envoya en toute hâte à son secours quelques compagnies d'Allemands qui firent fort bien leur devoir. Le Bailli Schilling de la même nation se mit à leur tête, chargea de nouveau les Infidèles, et les poursuivant une seconde fois jusqu'aux portes d'Alger, ramena ses soldats couverts de gloire et de blessures. Les chevaliers de Malte se mêlèrent si furieusement à la cavalerie des Turcs et des Maures qu'ils en tuèrent un grand nombre et en démontèrent beaucoup. Les Infidèles se servaient de traits empoisonnés. Tous ceux qui en furent atteints moururent peu après de leurs blessures, entre autres le comte d'Egmond, gentilhomme de la cour de S. M., qui mourut à Carthagène et frère Ponce de Savignac, enseigne de la Religion, ce chevalier qui avait enfoncé son poignard dans la porte d'Alger. Mais en mourant il donna à ses camarades l'exemple de l'héroïsme. Malgré une large blessure que lui avait faite un coup d'arbalète et quoiqu'il sentît que le poison lui gagnait le cœur, il eut le courage et la force, appuyé sur un soldat, de tenir toujours de sa main son étendard levé et ce ne fut qu'en perdant la vie qu'il abandonna le drapeau confié à sa bravoure. Plus de soixante chevaliers périrent dans ces deux combats; parmi lesquels on compte Diégo de Conteras, Espagnol, de Villars d'Auvergne, Lopez Alvarez, navarrois, frère Juan, castillan, Pierre de Ressay, Jean Babot, Charles de Gueval, Jean Pinard, tous Français ; Joseph de la Cosa, Mario Catacrani, Italiens. Trois chapelains de l'Ordre et près de quatre cents hommes à la solde de la Religion y trouvèrent un trépas glorieux.

Le chevalier de Villegagnon qui a laissé une relation écrite en latin de l'expédition contre Alger, s'exprime en ces termes : Il m'est impossible, dit-il, de préciser le nombre des morts et des blessés, car enlevé grièvement blessé et souffrant après le premier combat, je n'ai pu m'enquérir de ce qui en était (1).

Le pays aux environs d'Alger est plein de collines, au milieu desquelles serpente le chemin qui conduit à la ville. Il est plus ou moins large selon que les montagnettes se rapprochent ou s'éloignent entre elles. Ce fut par là que les Chrétiens regagnèrent le camp. Ils ne furent pas plutôt entrés dans ce défilé, que les Infidèles s'élançant de la ville se ruèrent sur eux de nouveau. Après avoir cherché inutilement à les attirer en plaine, où ils les eussent accablés par leur nombre, ils envoyèrent sur les hauteurs qui dominaient les Chrétiens de l'infanterie qui les écrasa sous une grêle de traits et de pierres. Les Chrétiens se défendirent avec un cou-

(1) Villegag., p. 144.

rage inouï, résolus tous de périr les armes à la main plutôt que de fuir. Indignés de trouver tant de résistance dans une si petite troupe, les Barbaresques envoient sur eux leur cavalerie arabe qui les attaque à la lance. Mais les lances et les piques des impériaux plus longues que celles des Arabes leur permettent encore de leur faire tête. Attaqués obliquement et par-derrière ils résistent avec avantage à leurs ennemis en se défendant comme des lions. Une lutte acharnée durait depuis quelques heures dans laquelle les Chrétiens allaient infailliblement succomber sous des forces supérieures, quand enfin ils virent arriver du côté du camp les secours qu'ils espéraient. C'était l'Empereur qui accourait à la tête de ses Allemands (1). Les Infidèles ne l'eurent pas plutôt aperçu qu'ils s'arrêtèrent. Craignant que s'ils étaient repoussés dans la place, les Chrétiens n'y entrassent avec eux, ils prirent précipitamment la fuite après avoir déchargé toute leur artillerie de campagne sur les troupes de l'Empereur qui courut un grand danger. Il était au premier rang exhortant ses soldats, selon son habitude, avant l'action, quand plusieurs tombèrent à ses côtés frappés par la mitraille ennemie. Charles montra ce sang-froid admirable qu'il savait si bien conserver dans la chaleur du combat, cette fermeté d'âme qu'aucun péril ne pouvait ébranler. Non-seulement il n'interrompit point sa harangue, mais on ne remarqua point la moindre altération sur son visage ; car chez lui l'oubli de sa personne était tel qu'il se faisait un jeu de braver la mort. Ayant atteint le but qu'il s'était proposé qui était d'arracher sa troupe à un péril imminent, Charles regagna le camp en bon ordre. Quoique mouillé jusqu'à ses premiers vêtements et brisé par les fatigues du débarquement, rentré au camp il ne voulut point gagner sa tente (2). Il engagea

---

(1) Ms Van den Es.
(2) La pluye la gresle et le vent que avoient duré dès le poinct du jour

les chevaliers de Malte à aller se reposer. Lui passa toute la nuit à veiller à la sûreté des blessés. Les Turcs et les Maures perdirent 500 hommes dans ces deux combats.

La perte des Chrétiens avait été aussi assez forte, mais peu considérable si on la compare à celle que Charles fit le même jour (c'était le 25 octobre) de la plus grande partie de sa flotte. Jamais vicissitude plus contraire ne brisa en moins de temps une armée florissante. A peine l'armée chrétienne était rentrée dans ses campements, que des nuages noirs commencèrent à dérober la lumière du jour, et le ciel se tendit de toutes parts. Alors on entendit mugir dans le lointain les montagnes. Bientôt des éclairs perçant la voûte ténébreuse des tonnerres affreux firent entendre leurs éclats. Des pluies épouvantables tombèrent du ciel. Des torrents d'écume se précipitèrent en bondissant des hauteurs qui dominent Alger et remplirent en peu d'instants les ravines qui bordaient le camp. Enfin il éclata une tempête si furieuse qu'il semblait que tous les éléments confondus ensemble concourussent pour faire périr l'armée chrétienne. Les vents déchaînés fondirent sur la mer et la bouleversèrent jusque dans ses abîmes. En un clin d'œil la plupart des vaisseaux furent arrachés par la violence de l'aquilon de dessus leurs ancres. Alors, ils étaient élevés par les vagues écumantes à de très-grandes hauteurs, et un moment après ils retombaient jusqu'au fond de la mer. Ceux que leurs cables retenaient encore, étaient secoués et agités avec une telle violence que les flancs venant à se déjoindre, ils coulèrent bas laissant à la surface des hommes et des chevaux qui s'efforçaient en vain de gagner le rivage. On voyait une masse de débris qui s'entrecho-

augmentoient tousjours, et non obstant ce, sa dite Majesté, tous les princes, seigneurs, gentils hommes et aultres estoient armez à la campaigne et y demeurarent tout le jour, endurant la dite pluye et froid.

Journal cité.

quant brisaient les membres des malheureux naufragés. D'autres vaisseaux, sans que les pilotes et les matelots puissent les gouverner, se brisaient avec des craquements épouvantables les uns contre les autres; d'autres enfin poussés par l'effort de la tempête le long de la côte, échouaient contre des rochers et des falaises qui les mettaient en pièces. De lamentables cris sortaient de cette mer en fureur. Tout le camp les yeux fixés sur l'élément qui engloutissait toutes les ressources, toutes les espérances était muet de stupeur à la vue de cette épouvantable catastrophe.

Dans cette extrémité, quelques officiers de galère qui voyaient leur perte inévitable, par un coup de désespoir tâchaient d'échouer le long de la côte, dans la vue que la tempête les jetterait dans quelqu'endroit plus près de la terre d'où les plus heureux pourroient se sauver, soit à la nage ou sur les débris de leurs vaisseaux. Plusieurs prirent ce parti et périrent misérablement ou furent tués par les Arabes qui bordaient le rivage et qui, sans vouloir faire d'esclaves, égorgeaient impitoyablement ces malheureux. Au rapport d'Ulloa, historien espagnol, dont le père s'était trouvé à cette funeste expédition, le vaisseau de Don Antonio Carriero chef d'escadre ayant été mis en pièces, une jeune castillane d'une rare beauté qui était dans ce vaisseau et qui servait à ses plaisirs ayant été jetée par les flots sur le rivage, un Arabe à la vue de la richesse de ses vêtements et des pierreries dont elle était couverte, accourut aussitôt pour en faire sa proie, et sans se laisser toucher aux prières de cette jeune personne, il la massacra inhumainement.

La galère de Jean Doria, neveu du grand amiral, ayant voulu échouer contre terre s'engrava au bord de la mer, et il allait y périr sous le fer des Arabes, si l'Empereur triste spectateur de ce naufrage n'y eut envoyé Don Antonio d'Arragon avec quelques compagnies italiennes qui le sauvèrent des mains des Arabes. On dit que l'amiral ayant appris le péril qu'il avait couru, s'écria les larmes aux yeux : « il fallait que mon neveu fût exposé à cette « disgrâce, pour m'apprendre avant de mourir à pleurer sur mer ! »

Lui-même perdit toutes ses galères, au nombre de treize, qui étaient sa propriété. Charles pour le dédommager de cette perte, lui donna treize galères qui se trouvaient à Barcelone, tout équipées et l'office de proto-notaire de Naples qui valait 3,000 ducats par an.

Les matelots d'une galère de Malte appelée la Batarde ayant tenté de se faire échouer contre quelque plage où ils pussent se sauver, le chevalier François d'Assevédo qui la commandait, s'étant aperçu de leur dessein, s'y opposa avec une fermeté invincible. Et sur ce que les mariniers devenus plus hardis par le péril commun représentèrent que l'Ordre ne perdrait pas beaucoup en perdant ce cadavre de galère qui servait depuis plus de vingt ans et qui avait été plusieurs fois radoubé, le commandant, mettant la main à l'épée leur dit : « cette galère m'a été confiée par la Reli-« gion ; je tuerai le premier qui se mettra en état de la détruire. Il faut périr ici ou la sauver ! » Une résolution si héroïque, le courage et la fermeté de ce chevalier en inspirèrent à son équipage. A son exemple tout le monde met la main à la pompe, et malgré la grande quantité d'eau qui y entrait, il conserva son vaisseau.

L'infortune n'était point à son terme. Comme si ces désastres n'eussent pas suffi pour apaiser la colère de l'ennemi le plus féroce, les Arabes unissant leurs efforts et leur rage à celle des éléments, vinrent en augmenter encore l'horreur et l'immensité. A la vue de ce terrible naufrage, bien fait pour glacer tous les cœurs d'épouvante, ces barbares accoururent en très-grand nombre au rivage pour massacrer les malheureux échappés à la fureur de la mer; de sorte qu'on ne savait plus s'il était préférable d'être jeté sur ses bords que de périr au fond de ses abîmes. Placés entre les horreurs du naufrage et le fer des Barbaresques qui les attendait au rivage, les Chrétiens ne voyaient partout que la mort !

Mais les efforts de la tempête ne peuvent ébranler leur chef. Il en soutient le choc avec cette fermeté d'âme qui ne se démentit jamais. Charles assistait à cette poignante scène du haut de son camp retranché. Son cœur profondément ému vole vers ces infortunés. Il part (1) en toute hâte avec deux mille Espagnols pour protéger les malheureux naufragés. Son arrivée en sauve un grand nombre. Mais cette mesure même toute de prudence et d'humanité amène les plus grands désastres. Épuisés par de mortels efforts, et sans cesse menacés d'être engloutis, les marins croyant alors qu'il y avait plus de sécurité pour leur vie d'être jetés sur le rivage que de chercher à tenir la mer, cessent de lutter contre la violence des éléments et poussent leurs vaisseaux vers la terre pour s'y faire échouer. Il en résulta une épouvantable destruction. En moins d'une demi-heure cent seize vaisseaux et quatorze galères disparurent de la plaine liquide où, la veille encore, ils se balançaient dans une attitude fière et menaçante. Aussitôt toute la mer fut couverte de débris de navires, de provisions, d'armes, d'hommes et de munitions. Pour comble de malheur on perdit avec ces bâtiments d'immenses provisions de blé, de farine, de biscuit, de vin, de chair salée, beaucoup de pièces de canon qui servaient à la défense des navires et tout le matériel de siége, qu'au retour de la sérénité, les Infi-

---

(1) Et voyant sa dite majesté la perdicion de tant d'âmes lesquelz lesditz Arabes tuaient sans deffense quelconque, il envoya sur le vespre aulcune compaignie d'Espaignols et Italiens et luy-mesmes y fut en personne.

Ms VAN DEN ES.

dèles pouvaient repêcher pour s'en servir contre les Chrétiens. Ces pertes irréparables dans un pays ennemi et désert, frappèrent de stupeur toute l'armée. Elle demeura comme anéantie dans la plus profonde consternation et effrayée par la vision de l'avenir. Car la perte de la flotte compromettait son retour en Europe, et en perdant les vivres et les munitions, l'armée perdait encore l'espoir de pouvoir subsister et de se défendre au milieu de ces barbares qui triomphaient de ces terribles infortunes.

Il faut savoir que les soldats débarqués avaient laissé leurs bagages dans les vaisseaux pour être plus légers dans leur marche à travers les montagnes. Ils n'avaient aussi apporté de vivres que pour quelques jours, et ces faibles provisions étaient épuisées. Sans matériel de guerre pour faire le siège de la ville, qui, seule eût pu leur fournir de quoi subsister, ils craignaient que, si ce qu'il restait encore de navires en mer venait à faire naufrage, perdant par là tout moyen de transport pour gagner la rive européenne, il leur faudrait tous mourir de faim sur cette plage perfide et inhospitalière. Car ils voyaient comme un abîme la distance qui les séparait de tout secours. Pendant plusieurs nuits, qui furent sans sommeil, ces tristes et douloureuses pensées accablèrent tous les esprits. Franchissant en idée l'espace qui les séparait de leur famille et de la patrie, les soldats leur adressaient déjà un dernier adieu! C'était dans de mortelles angoisses que les jours et les nuits se passaient. Déjà la faim aiguillonnait ces robustes poitrines, et on parlait de se nourrir des cadavres égorgés sur le rivage! Des racines de palmier, des cenelles, des oignons et d'autres plantes semblables étaient les seuls aliments des soldats et des officiers. A la troisième aurore la mer se calma un peu. Mais comme elle ne permettait pas encore de se rendre à rames aux navires pour y prendre des vivres et que à la disette allait succéder la famine,

Charles ordonna qu'on abattît les chevaux qui avaient été débarqués et les fit distribuer à ses soldats. Ce fut toute leur nourriture pendant trois jours.

Le camp était dans le plus affreux dénuement. On manquait de tout; même des remèdes nécessaires pour panser les blessés. Les soldats mouraient sous quelque débris de voile de navire posé sur des piques. L'auteur d'une relation envoyée au pape Paul III dit : « Je puis assurer votre Sainteté que j'ai vu cinq chevaliers de » Malte et plus de trente gentilshommes volontaires languir et » perdre tout leur sang dans la boue, sans qu'on pût leur ordon- » ner aucun secours. »

La situation de Charles était des plus difficile et ses embarras très-graves. Tous ceux qui l'entouraient étaient plongés dans les plus cruelles perplexités. Néanmoins il soutint le courage de son armée par l'ascendant d'une grande âme qu'il exerçait au milieu d'elle, et par son attitude impassible en présence des plus grandes souffrances physiques et morales. Il encourageait ceux qui étaient abattus, visitait les malades et les blessés, et ranimait partout les espérances par ses discours et son exemple. Dans ces conjonctures, et à la vue des pertes qu'il avait essuyées, il résolut de lever le siège d'Alger et de ramener ses troupes en Europe. C'était le seul moyen de salut que la Providence lui réservât. Ce n'était point l'avis de Fernand Cortez. Le conquérant du Nouveau-Monde trouvait du déshonneur à partir sans avoir rien fait. Il s'engagea même à s'emparer d'Alger, si l'Empereur voulait lui laisser les troupes qu'il avait amenées; mais Charles ne jugea point à propos d'accepter son dévouement. En conséquence il ordonna le 26 de gagner la partie du rivage où l'atterrage était le plus facile. Il tint, au départ du camp, le même ordre et la même route qu'il avait suivis après son débarquement. Les chevaliers de Malte quoique la plupart blessés occupèrent le poste d'honneur et furent mis à l'arrière-garde, avec les soldats de la Religion et ceux de l'armée qui avaient les meilleures armes défensives. Les Chrétiens furent harcelés pendant leur marche par le gouverneur d'Alger qui, à la tête de sa cavalerie, faisait des charges continuelles. C'était un bien triste spectacle que de voir ces troupes naguères encore si florissantes et si pleines d'ardeur, aujourd'hui abattues et épuisées de besoins et de blessures se traîner du camp au rivage ! Ce fut moins une retraite qu'un convoi funèbre. Un grand nombre de soldats tombaient morts ou défaillants et leurs camarades ne voulant point les abandonner, les emportaient sur des piques en guise de brancards.

Après une marche semée de mille écueils et des plus pénible à travers un sol boueux, ils gagnèrent enfin vers le soir le bord d'un torrent appelé Alcaras. Grossi par la pluie, ce torrent ne se trouva point guéable. Il fallut camper et passer la nuit en cet endroit. Les pionniers de l'armée l'employèrent à dresser un pont avec des débris de vaisseau qui se trouvaient sur la plage, et sur lequel l'armée passa le lendemain. Là, la terre était tellement détrempée qu'il était impossible de s'y reposer et pour prendre quelque repos, il fallait fixer la pique profondément dans le sol, et s'appuyer sur elle pour se délasser. Les Chrétiens durent encore passer à gué trois torrents avec de l'eau jusqu'aux épaules. Néanmoins ils eurent la force de surmonter tant de difficultés. Ils endurèrent ces horribles souffrances avec une patience admirable ; et après une marche ou plutôt un supplice de trois jours et d'autant de nuits, ils arrivèrent enfin le samedi 29, vers le soir, près du promontoire de Matafuz où les malheureux restes de la flotte qui les avaient devancés, les attendaient !...

Le mardi, jour de la Toussaint, Charles fit rembarquer les Italiens et les Allemands. Comme il avait une haute opinion de la valeur des Espagnols, il leur ordonna de rester en armes au bord de la mer, pendant que ceux-ci monteraient dans les chaloupes. Charles demeura avec eux. Ils remplirent ce devoir périlleux avec une admirable constance, exposés qu'ils étaient au gros temps et aux attaques des Bérébères qui rôdaient dans les environs.

Charles poussa l'embarquement de tout son pouvoir, de crainte que si la mer venait encore à grossir, il devint impossible de faire manœuvrer les chaloupes vers la flotte. Mais, comme la tempête avait englouti un grand nombre d'esquifs, le transbordement des troupes ne se fit qu'avec une extrême lenteur. Deux jours y furent employés. Le troisième jour la flotte avait recueilli à bord à peu près la moitié des Espagnols restés sur le rivage pour protéger le rembarquement, quand le vent commença de souffler. La mer s'émut, s'agita de nouveau, et ce ne fut qu'à l'aide des plus grands efforts qu'on parvint à embarquer le reste. Les plus sinistres présages annonçaient le retour prochain de la tempête. Aussi les navires n'avaient pas plutôt pris leur chargement que les capitaines ordonnaient aux matelots de gagner la haute mer pour s'éloigner de la côte. Ce fut à cette mesure que les premiers embarqués furent redevables de leur salut. Car leurs bâtiments ayant pu lever l'ancre avant l'ouragan, avaient gagné le large. Les autres navires furent retenus à la côte par le mauvais temps. Il y avait à peine trois heures que les premiers voguaient à la voile quand la tempête éclata de nouveau. Un des bâtiments de Malte ayant perdu ses câbles d'ancre pensa se briser contre les écueils. Heureusement l'équipage, par des efforts inouïs et surnaturels, parvint à l'en retirer. Le voyant arraché au péril, le capitaine et sa chiourme jugèrent qu'il valait mieux s'aventurer en pleine mer que de lutter contre les flots le long de la côte, et s'abandonnant à Dieu et aux vents, ils eurent le bonheur de se sauver à Bugie, dont les Espagnols étaient maîtres depuis la conquête qu'on avait faite don Pedre de Navarre général des rois catholiques. Il fut suivi par trois autres navires. Tous ne parvinrent à Bugie qu'à travers les plus grands dangers.

L'un d'eux faillit périr. C'était un vaisseau de la Religion appelé *La Catarinetta*, commandé par Jean Barientos. Son timon ayant été rompu par un violent coup de mer, le vaisseau sans gouvernail et porté par la tempête courait droit se briser contre des rochers. Mais deux hardis matelots, attachés par des cordes, se firent descendre tout nus dans la mer, remirent un autre timon qu'on avait de réserve et sans d'autres outils que leurs mains ils firent entrer l'aiguille dans l'œil du timon et le sauvèrent.

Le véritable grand homme est surtout fait pour briller dans l'infortune. Charles demeuré le dernier sur le rivage, demeure aussi le dernier à la côte pour protéger par sa présence et ses ordres les restes infortunés de cette armée, sur laquelle il avait compté pour triompher des Bérébères. Se défendre ainsi en se retirant, c'était être digne de la victoire. Comme il n'y avait plus de quoi fournir à l'embarquement à cause de la perte des navires, il commanda de jeter à la mer tous les chevaux de son écurie. Ce fut encore un triste spectacle que de voir ces pauvres bêtes nager vers les navires pour leur demander du secours.

Charles espérait que le vent s'abaissant permettrait de remorquer en haute mer les vaisseaux de charge, mais il ne parvint qu'à en retirer une partie. Craignant alors que la tourmente, qui devenait de plus en plus furieuse, ne brisât aussi la Réale, il fit lever l'ancre, et suivant les navires de la Religion il cingla vers l'orient et arriva le vendredi matin au port de Bugie (1). A son départ il laissa

(1) Voyant sa dite Majesté la tourmente qui recommenceoit, se partit, ayant remolqué plusieurs naves hors de la plaige dudit Arger et mit en mer,

cinq galères pour secourir le reste de la flotte qui avait dû demeurer en vue d'Alger dans un extrême péril. Deux jours après son arrivée à Bugie elles lui apportèrent la triste nouvelle que les vaisseaux de charge n'avaient pu tenir contre la tempête, qu'ils avaient été brisés et leurs débris jetés et disséminés sur les récifs. Impuissantes à les secourir, les galères les avaient abandonnés à la volonté et miséricorde de Dieu. Un grand nombre de soldats avaient trouvé la mort dans les flots. Les autres qui avaient échappé au naufrage arrivés sur le rivage, s'étaient formés en carré, pour mourir noblement les armes à la main et ajouter le dévouement patriotique aux belles actions de leur vie guerrière. Mais là leur affaissement avait trahi leur courage. Exténués de souffrances et affaiblis par les privations de tous genres, ils avaient dû mettre bas les armes dans l'espoir de conserver la vie. Mais victimes de la foi punique ces braves Espagnols avaient été mis à mort dans la traversée du rivage à la ville. Ainsi finit l'expédition d'Alger commencée sous les plus heureux auspices et naufragée dans l'Océan! Tel fut le martyre qui la termina!

Les navires qui avaient quitté le mouillage d'Alger, partirent les uns pour le royaume de Minorque, les autres pour la Sardaigne et le royaume de Valence, les autres furent disséminés en haute mer, de sorte que tous furent séparés sans connaître le sort de chacun d'eux.

A leur arrivée à Bugie, les débris de la flotte chré'enne eussent bien désiré se reposer de tant d'agitation et d'efforts. L'excès de leurs malheurs, leurs souffrances les y conviaient, mais le gros

---

laissant cinq galères d'Espaigne pour tirer hors la reste des naves qui demeuroient. Sa dite Majesté avec grande tourmente, navigea toute la nuit, vint par l'aide de Dieu, le vendredy matin, au port devant Bougie, où il désembarqua.

VAN DER ES, cité.

temps et le lieu ne le leur permirent point. Ce port, qui n'est pas abrité contre les vents du nord, n'offrait qu'une rade peu sûre. La flotte n'y courut pas moins de danger que sous Alger, car la tempête la suivit sur ces parages. Elle régnait depuis deux jours avec une force épouvantable, quand à l'entrée de la nuit elle redoubla de fureur. Sa violence alla croissant avec les ténèbres et devint enfin telle que la flotte fut dispersée de nouveau, et que pendant plusieurs heures elle désespéra entièrement de son salut : la surface des abîmes, balancée par d'éternelles secousses, menaçant à chaque moment de l'engloutir.

Ce ne fut qu'à la naissance du jour que la tempête s'apaisa un peu. Un bâtiment chargé de provisions de bouche, et qu'un bonheur providentiel semblait y avoir conduit, périt sous les yeux de la flotte ainsi qu'un autre vaisseau qui portait mille Espagnols, sans qu'on pût les secourir. Des faits étonnants signalèrent là encore la fureur des éléments. La galère Capitane de Sicile perdit son grand mât et ses vergues enlevés par un coup de vent. Dans un autre vaisseau sicilien un matelot était enchaîné ; son tronc fut jeté hors du navire, et il ne resta que ses pieds aux ceps. Ainsi la mort entrait de toutes parts dans les vaisseaux. Ceux de la Religion et de Naples n'eurent pas moins à souffrir de la tempête. Elle arracha de l'un d'eux la chaloupe, l'enleva au-dessus d'un autre navire à une telle hauteur qu'elle tomba sur le grand mât, et dans sa chûte tua plusieurs rameurs sur leurs bancs. Enfin, et comme si aucun des navires qui avaient été épargnés à Alger ne dut plus l'être, elle brisa la poupe de celui que montait le comte d'Aguilar et précipita à la mer le St.-André qui s'y trouvait, et une caraque à l'ancre fut fendue par le milieu et coula au fond.

La flotte ne dut son salut qu'à une circonstance qui ailleurs n'eut pas manqué de lui être fatale. Son retour en Europe se fit d'une manière presque miraculeuse. On sait qu'à l'endroit où l'Océan entre dans la Méditerranée, l'Afrique n'est séparée de l'Europe que par un détroit, celui de Gibraltar. Coulant au milieu de deux côtes rapprochées, son courant est très-rapide jusqu'à ce qu'il rencontre un plus large espace où il coule avec plus de liberté. Il acquiert plus de rapidité à mesure qu'il approche des terres. Ensuite plus on est proche de la pleine lune, plus l'Océan est gros, et ses eaux plus grandes se jettent dans la Méditerranée avec plus de vitesse. Le contraire a lieu au décroissant de la lune. Le *courant de la Méditerranée*, comme on le nomme, ne s'arrête que lorsqu'il est refoulé par les terres qu'il rencontre. C'est alors que l'Océan subit un changement de flux et que les eaux reviennent de l'Europe en Afrique. Quand la flotte était à Bugie la mer était très-agitée et le courant égalait la rapidité des vents. Mais comme c'était alors pleine lune, époque où les eaux de l'Océan sont plus grosses et le courant plus rapide, la violence des vents y ajoutait encore. C'est pourquoi la mer quoique horriblement soulevée courait dans un long espace et arrivait plus vite à terre. Ensuite elle était repoussée avec d'autant plus de force qu'elle était chassée avec plus d'impétuosité, ce qui en arrêtant le courant réprimait sa force et faisait que les navires étaient moins exposés à être battus. S'il n'en avait point été ainsi, les plus solides n'eussent point pu tenir six heures en mer.

Échappée à la tempête la flotte expéditionnaire pensa périr de faim. Quoique possession impériale, par la conquête qu'en avait fait le fameux cardinal Ximenès, Bugie est une si petite localité qu'elle n'aurait pu fournir des vivres pour quelques jours. La ville est assise sur le penchant de très-hautes montagnes que le brûlant soleil de la Lybie frappe de stérilité. La plaine d'au-delà est occupée par les Arabes avec lesquels on est toujours en guerre. Ce rocher

ne s'alimente que par la mer et le peu de blé qu'on y trouve vient d'Espagne. On a construit pour sa défense trois forts occupés, ainsi que la ville, par deux cents soldats. Charles-Quint pendant son court séjour en cette place mit à profit les bras de ses soldats pour la fortifier d'un boulevard triangulaire. Il y avait longtemps qu'aucun navire d'Espagne n'y était abordé. Il n'y avait donc point d'espoir d'en recevoir quelques secours, et puis l'armée était si nombreuse que les subsistances qu'on aurait pu y trouver, eussent à peine suffi pour quelques heures. Dans ces circonstances solennelles où le cœur même des rois se trouve sous la main de Dieu, Charles, dont la piété était si exemplaire qu'on a dit de lui *qu'il parlait plus souvent à Dieu qu'aux hommes*, s'abandonna entièrement à la Divine Providence et ordonna des prières publiques de trois jours. Le troisième jour il se confessa et communia ainsi que toute sa cour dans l'espoir de fléchir le courroux du ciel. « Sa ma-
» jesté, dit Van Den Es, voyant le temps être tout contraire et la
» grosse nécessité qu'il y avait de vivres, le remède principal fut
» de recourir à la miséricorde de Dieu, et le vendredy, sambedy
» et dimenche, que furent le 11º 12º et 13º de novembre se fei-
» rent processions générales où sa dite majesté fut en personne
» estant chacun confessé et ayant receu son créateur, luy deman-
» dant miséricorde et le priant de vouloir envoyer le temps pro-
» pice pour pouvoir partir dudit lieu, afin d'éviter l'évident péril
» et nécessité de quoy l'on pouvait encourir audit Bougie, tant
» par tourmente de mer que de vivres et remédier aux Chrestiens
» dans leur nécessité. »

Au décroissant de la lune le vent fléchit et la mer redevint calme. On se hâta d'en profiter pour regagner l'Europe où le bruit de la mort de Charles-Quint était généralement répandu. Le mardi 15, le commandant de l'escadre de l'Ordre obtint de l'Empereur la permission de mettre à la voile et partit pour les eaux de Tunis ainsi que Ferdinand de Gonzague, vice-roi de Sicile. Ils n'y arrivèrent qu'après une navigation à rames de quatre jours. Ils abordèrent quelque temps après à Biserte où le roi de Tunis se rendit avec des vivres et des rafraîchissements pour la flotte. De là les galères de Malte cinglèrent, par un temps favorable, vers Trepano en Sicile. Elles y demeurèrent deux jours, afin de laisser aux chevaliers le loisir de s'acquitter des vœux qu'ils avaient faits à la Vierge de l'Annonciation. De Trepano elles passèrent à Palerme où elles laissèrent la flotte sicilienne pour gagner Messine. Avant leur départ de Bugie, Charles avait congédié avec de grands témoignages de satisfaction le bailli d'Allemagne et tous les chevaliers de la Religion, qui sur trois galères à demi-brisées regagnèrent avec beaucoup de peine l'île de Malte.

L'amiral Doria ne trouvant pas encore le temps assez favorable pour se confier à la mer, attendit à Bugie un ciel meilleur. Le jeudi 17 le temps étant clair et la mer un peu apaisée, Charles s'embarqua vers une heure après-midi et partit à rames hors du port. Mais arrivé en haute mer, comme les eaux devenaient fort houleuses et le vent contraire, il fut contraint de regagner Bugie. Il en repartit à minuit. Déjà il avait fait quatre-vingt milles et allait atteindre l'île de Majorque, quand il fut encore forcé de retourner au port où il arriva le samedi matin. Il y demeura sans débarquer jusqu'au mercredi 23. Ce jour-là vers dix heures du soir, il fit mettre de nouveau à la rame et arriva le 26 au déclin du jour devant la cité de Majorque. Le lendemain dimanche il congédia Doria qui prit la route de Gênes avec ses galères, celles d'Antoine Doria et du comte d'Aguilar. Le 29, Charles aborda au port Saint-Antoine dans l'île d'Iviça, et le jeudi 1ᵉʳ jour de décembre, passant le matin devant Alicante, il arriva heureusement sur le soir au port de Carthagène dans le royaume de Murcie.

Son arrivée causa une joie universelle en Espagne. Philippe son fils accompagné du cardinal de Tolède vint le féliciter à Occana sur son heureux retour. Charles descendit au palais des Infantes ses filles qui vinrent aussi jeter avec effusion leurs tendres bras au cou de leur père si miraculeusement échappé à la fureur des éléments. Charles les pressa sur son cœur; leurs voix furent quelque temps muettes et de larmes inondèrent leurs joues. Il eut été difficile de dire qui du père ou des enfants éprouvait plus de bonheur à se revoir!

Si cette entreprise de Charles-Quint contre les Bérébères montra son entêtement ou sa trop grande confiance dans son bonheur, elle servit aussi à faire développer de nouvelles qualités qui ne pouvaient guère briller que dans une occasion de cette nature. Il se distingua dans cette campagne par sa fermeté, sa générosité et en même temps par son humanité et sa compassion. D'une constance héroïque, la trempe que son cœur avait acquise ne fut nullement altérée par ce coup de l'adversité. Il n'en parut que plus grand et plus auguste. Ses soldats publièrent partout que si l'Empereur avait triomphé ailleurs d'armées nombreuses, à Alger il avait su vaincre et lui-même et les éléments. Il fit plus, il ne perdit point l'espoir d'être plus heureux une autre fois, et retourna en Espagne dans le dessein de s'opposer avec autant d'ardeur qu'auparavant à des ennemis, auxquels ses malheurs auraient pu inspirer du courage, de la joie et de l'orgueil. Charles n'avait jamais trouvé la victoire plus infidèle à ses armes que dans cette expédition. Ses pertes furent considérables. Outre sa flotte, il laissa en Afrique huit mille soldats, matelots et plus de trois cents colonels, capitaines de vaisseau et officiers de terre et de mer. C'était la fleur de la noblesse et l'élite des troupes d'Espagne, d'Allemagne et des Pays-Bas. Plein de respect pour les décrets de la Providence, quand il dut abandonner son camp pour opérer sa retraite, il ne dit à ses officiers que ces paroles d'une résignation sublime et vraiment royale : *Dieu le veut! que sa volonté soit faite en toutes choses! Partons!* et ce grand prince s'achemina vers le rivage de Matafuz non vaincu, mais soumis.

EXPÉDITION CONTRE AFRIQUE.
(1550.)

Per mare, per terras victricia signa ferentes
Caroli Austriaci.

Situation de la cité d'Afrique appelée par les Maures Mahédia. Sa fondation par Mahgdi, premier évêque de Cairavan. Prise sur les Chrétiens par Abdulmenès, roi de Maroc, elle passe sous la puissance d'Assa-Gerbin, puis sous celle de Dragut, pirate turc, qui s'y érige en souverain. Origine et élévation de Dragut. Il tente une expédition infructueuse contre l'île de Corse. Il perd treize galères et tombe au pouvoir de Jean Doria, amiral de la flotte chrétienne. Il rachète sa liberté, ravage de nouveau les côtes de Naples. Ses succès. Il fortifie Afrique. Charles-Quint prend la résolution de l'en chasser. Apprêts et armement de l'expédition contre Afrique. Arrivée de Doria à Palerme. Il y rallie les escadres, débarque au cap Bon, s'empare du fort de Calibie et de Monaster. Dragut pille Cullera et St.-Jean au royaume de Valence. Il essuie un terrible échec à Iviça. Doria passe avec sa flotte aux îles Cumllières pour bloquer Afrique. Dragut ravitaille cette ville. La flotte chrétienne cingle vers Favagnana ancienne Ægusa. Elle arrive en vue d'Afrique. Débarquement. L'armée est campée. Raïs-Essé, neveu de Dragut, commande la place. Afrique est assiégée. Cidiarfès, roi de Cairavan, conclut une alliance avec les troupes de Charles-Quint par l'intermédiaire de Muley-Assan, arrivé au siège. Mort de Muley-Assan. Le siège est poussé avec vigueur. Dragut attaque les lignes chrétiennes. Mort de Vargas commandant de la Goulette. Le vice-roi de Naples repousse les assiégés dans une sortie. Arrivée d'Alphonse de Cueva qui remplace Vargas. Escarmouches avec les Maures. L'armée se dispose à monter à l'assaut. Afrique attaquée par terre et par mer est enfin emportée d'assaut. Belle conduite des chevaliers de Malte. Courage héroïque de trois frères Espagnols. Sac de la cité d'Afrique, horrible massacre de ses habitants. Les Chrétiens font 10,000 esclaves et un butin considérable. Retour de la flotte expéditionnaire à Gênes où elle arrive le 12 novembre 1550.

La ville d'Afrique connue du temps des Romains sous le nom d'Adrumette, et que les naturels appellent Mahédia, est située sur la côte d'Afrique aux confins du royaume de Tunis. Bâtie sur une langue de terre qui s'avance dans la mer, elle en était baignée de tous côtés excepté vers l'occident. Les flots de la mer battaient le pied de ses fortifications. Ce qui ajoutait à leur force, c'étaient les basses et les écueils dont la mer était parsemée en cet endroit. L'entrée de la ville était défendue par deux murailles très-élevées, terrassées en dedans, d'une épaisseur extraordinaire et flanquées d'un grand nombre de tours, ouvrage admirable de force et de solidité. Entre ces deux murailles se trouvaient de profonds fossés. Ses diverses portes étaient d'airain. Quand on avait passé les portes on entrait dans un souterrain obscur et long de soixante-dix pas, qui ressemblait plutôt à l'entrée de l'Averne qu'à celle d'une forteresse. La nature et l'art avaient donc beaucoup fait pour sa défense. Aussi les Maures avaient une telle confiance dans ces fortifications et surtout dans la protection de Mahomet leur prophète qu'ils croyaient cette ville inexpugnable.

Dans l'intérieur de la ville, à six cents pas de la porte d'entrée, s'élevait un monticule. A cent pas de là, au nord, se trouvait l'arsenal ou port, remarquable par son étendue et la magnificence de ses ouvrages; il était de plus à l'abri de tous vents et situé dans un endroit sûr. Son entrée était si étroite qu'à peine une galère sans rames pouvait s'y introduire. Il en contenait plus de cinquante, qui pouvaient y hiverner en toute sécurité quand la barrière de fer était fermée.

On rapporte, ce qui est aussi conforme aux annales des Maures, que cette ville fut construite par Mahgdi, premier évêque de Cairavan cité située dans le golfe de Hamamet et qu'elle en prit le nom de Mahédia. Occupée plus tard par les Chrétiens, elle fut prise sur eux par Abdulmenès, roi de Maroc ville de la Mauritanie Tangérienne. On voit encore non loin d'Afrique les vestiges d'une petite ville que l'on croit avoir été Aphrodisium. D'autres prétendent que ce fut Ruspina ou la petite Leptis; tant il y a d'incertitude et d'opinions diverses chez les écrivains qui parlent de choses et de lieux anciens. Quoiqu'il en soit, la ville d'Afrique fut placée sous la puissance des Tunisiens, jusqu'au règne d'Assa-Gerbin, proche parent de Barberousse, dont elle secoua le joug. Il aurait pu s'y maintenir longtemps avec les forces qu'il y avait introduites, si Dragut, célèbre pirate turc, faisant suppléer l'artifice à la force ne la lui avait enlevée. Ce corsaire parti de Meninge, qu'on appelle aujourd'hui les Gerbes (Zerbi) île qui se trouve dans la petite Syrte, vis-à-vis du promontoire de Zotha, vint à Afrique dans le dessein de s'en rendre maître. Il avait, à cet effet, envoyé des troupes turques de terre qui devaient se jeter dans la place, pendant que lui ferait mine d'attaquer du côté de la mer où les habitants ne manqueraient point d'accourir. Le succès couronna son audacieuse entreprise; après la prise d'Afrique, Dragut s'y érigea en souverain. Il se mit ensuite en possession des côtes des États Barbaresques, dévasta les royaumes de Naples et de Sicile, et l'on ne sait où sa puissance se fut arrêtée, si l'Espagne n'avait point opposé une digue à ses envahissements la même année qu'il s'empara d'Afrique, c'est-à-dire l'an 1550.

Voici par quels moyens cet homme d'une naissance obscure parvint à un si haut degré de puissance. Dragut était né en Turquie dans une petite ville de la Natolie. Ses parents étaient mahométans, gens pauvres qui ne subsistaient que de la culture des terres et du travail de leurs mains. Cette vie pénible ne convenait point à l'humeur vive et inquiète du jeune Dragut, il quitta le chaume paternel à l'âge de douze ans pour aller servir sur les galères du Grand-Seigneur. De simple matelot devenu pilote, il monta en cette qualité sur différents vaisseaux. Puis s'étant amassé un peu d'or, fruit de ses pirateries, il prit part dans un brigantin de corsaires. Peu après, il acquit une galiote qu'il pourvut d'hommes à sa solde et, courant les aventures, fit avec elle des prises considérables. Alors son armement augmentant de jour en jour, il devint la terreur de tout le Levant. Parmi les Infidèles, personne plus que lui n'avait la connaissance parfaite des îles, des ports et des rades de la Méditerrannée. Il en était parvenu à ce degré d'élévation, quand il offrit ses services à Barberousse, amiral du Grand-Seigneur.

La réputation du corsaire l'avait précédé à Constantinople. Barberousse était instruit de sa valeur et de son expérience dans la conduite des vaisseaux. Il n'eut rien de plus empressé que de s'attacher un homme de ce mérite. Pendant plusieurs années il le chargea de différentes expéditions dont le Natolien s'acquitta avec un plein succès. C'est alors que le Bacha en fit son lieutenant et lui donna le commandement d'une escadre de douze galères.

Dragut fit avec cette escadre une expédition contre l'île de Corse qui appartenait alors aux Génois. Mais ses efforts échouèrent. Il parvint néanmoins à dévaster et incendier quelques places maritimes. Mais dans un combat qu'il eut près de cette île avec la flotte impériale, il perdit treize galères et lui-même tomba au pouvoir de Jean Doria amiral de la flotte chrétienne. Dragut jeté dans les fers ne perdit point courage et supporta avec assez de force le sort qu'il avait fait souffrir à tant d'autres. Si, à l'exemple de nos ancêtres, on lui avait fait subir le dernier supplice, il n'eut point dans la suite tant infesté la mer, ni exercé tant de cruautés contre les Chrétiens. En effet, après avoir obtenu sa liberté à prix d'or, il gagna Meninge. Là, grâce à l'autorité qu'il exerçait sur les Barbaresques et aux puissants secours de ses alliés, il équipa une flotte de vingt grands navires, avec laquelle il se dirigea sur l'Italie. Il courut toutes les côtes du royaume de Naples, saccagea Castellamare en Ligurie, s'empara de plusieurs vaisseaux de charge et d'une trirème du vicomte de Cigala, et après avoir fait un grand nombre de captifs et un énorme butin, il regagna Meninge couvert de gloire et ayant acquis un grand nom parmi les Turcs.

Peu de temps après, il fait sortir ses navires des ports, ordonne des armements considérables, et la construction de trois trirèmes qu'il arme de canons et emplit d'archers. Il quitte avec cette flotte l'île de Meninge et vole de nouveau en Ligurie et en Espagne. Le souvenir d'avoir été le prisonnier des Chrétiens ajoute encore à sa fureur. Outre un grand nombre d'esclaves qu'il fait, il s'empare d'une galère de Malte chargée de grandes richesses, que la tempête avait jetée dans le mouillage d'Ischia, où lui-même était venu exercer ses piraties. Tant la fortune souriait à toutes ses entreprises! A la nouvelle de son audacieuse incursion, André Doria se hâte de sortir du port de Gênes, parcourt la mer avec vingt galères, cherche le corsaire pour lui livrer combat. Mais atteint et poursuivi par la flotte chrétienne, Dragut a le bonheur de gagner la haute mer à la faveur des ténèbres et se réfugie à Meninge avec toutes ses prises. Il y passe l'hiver. Au printemps prochain, il se prépare à de plus grands exploits et s'empare d'Afrique, comme on l'a dit. Pendant son séjour dans cette ville, il fait curer l'arsenal ou port, ajoute aux fortifications de nouveaux travaux de défense, et y établit pour sa défense une garnison de trois cents Turcs, auxquels il joint, outre les habitants de la ville, quatre cents Maures qu'il fait venir de la plaine et des montagnes. Il leur donne pour chefs un Turc le Rais-Essé son neveu et Halès, guerrier de grand renom, qui avait tout à la fois changé de nom et de religion.

Après avoir pris toutes les mesures nécessaires au maintien de sa conquête, Dragut, dont l'ambition allait croissant avec sa puissance, met à la voile pour l'Espagne. Sa flotte se composait de quarante-sept voiles : frégates, corvettes, galères, trirèmes et brigantins. On ne doutait point qu'avec de telles forces il ne portât grand dommage aux îles et cités impériales. Mais Doria informé de ses desseins se hâta de prendre toutes les mesures capables de les annihiler. Cet amiral comprit qu'il y allait de sa dignité de comprimer les transports de ce terrible corsaire et qu'il ne devait point souffrir que, sous les yeux même de celui qui avait la haute mission d'empêcher ces excès, il emmenât en esclavage enfants et femmes, semât l'incendie au sein des villes et des campagnes, coulant à fond ou capturant les navires chrétiens.

Charles-Quint conçut beaucoup d'inquiétude de cette conquête. Il voyait tout le danger qu'il y avait pour ses royaumes de Naples et de Sicile d'avoir aux marches de leur territoire un pirate tel que Dragut ; car la ville d'Afrique où il allait régner en souverain est située vis-à-vis de l'Italie. Il prévit que le corsaire allait faire de cette ville sa place d'armes et que le port lui servirait à l'avenir de retraite pour sa flotte, quand la chance des combats ne lui serait plus favorable. Pour prévenir ses desseins et avant que sa domination fût plus affermie, il résolut de l'en chasser. L'affaire ayant été mise en délibération, son conseil fut d'avis de reprendre Suse et Monaster et autres places d'où Dragut aurait pu tirer du secours, afin de trouver moins de difficulté dans le siège d'Afrique.

Tels sont les motifs qui déterminèrent cette expédition. Doria, par ordre de l'Empereur, fit mettre en mer sa flotte, rappela de la Lombardie et du duché de Milan les légions espagnoles avec lesquelles il avait fait la guerre l'été précédent. Elles avaient l'ordre de se rendre toutes dans l'État de Gênes au port de Specia, en Ligurie, situé dans le golfe du même nom. C'étaient les troupes que Fernand Morerela, Loderic Payen et Amédée de Navarre avaient levées sur les rives du Guadalquivir en Espagne, et d'autres venues de Belgique.

Tout étant prêt pour mettre à la voile, Doria partit du port de Gênes pour Specia avec une flottille de 20 galères à trois rangs de rames. Il y trouva les troupes qu'il y avait fait venir ainsi que les colonels qu'on vient de nommer sous le commandement de Fernand Lupo, général portugais. L'embarquement effectué, il partit le 24 avril de Specia. A son arrivée au port de Livourne en Toscane, il y trouva trois galères de Cosme de Médicis, chef de la république de Florence, et quatre du Pape Jules III. Le quatre mai, il était à Naples. Garcias de Tolède et Antoine Doria, commandant de l'escadre napolitaine à la solde de l'Empereur, se joignirent à lui. Huit cents Espagnols tirés des garnisons du royaume de Naples avaient été répartis en treize galères. Doria aborda le 7 mai à Palerme. Il rallia dans ce mouillage dix vaisseaux de Sicile aux ordres de Béranger de Requésens et quatre de la Religion de Malte sous le commandement du Bailli de La Sangle. Ces derniers avaient à bord cent cinquante chevaliers et un bataillon de quatre cents hommes de troupes que la Religion entretenait à sa solde. Toutes ces forces étant réunies, il sortit peu après du port de cette ville avec une belle flotte composée de cinquante-quatre navires cherchant partout Dragut. Mais ne le trouvant pas, il dirige la proue vers les côtes de Mauritanie, et rangeant le littoral barbaresque il examine en passant la situation d'Afrique. Il débarque ce qu'il avait de troupes au cap Bon, s'empare du fort de Calibie, ancienne Clupée, et de là s'avance jusqu'aux portes de Monaster.

Cette place était gardée par une garnison turque et mauresque. A la vue des troupes chrétiennes qui ne paraissaient pas en grand nombre, les Turcs et les habitants firent une sortie, moins pour combattre que pour reconnaître les forces des ennemis. Les chevaliers de Malte qui avaient la tête de l'attaque, aidés de quelques bataillons espagnols, engagèrent le combat malgré les Maures, en firent un grand carnage et les poursuivirent jusque dans la ville dont ils se rendirent maîtres. Ceux des habitants qui n'avaient point pris part à cette sortie, et ce qui échappa aux coups des Chrétiens, se réfugièrent dans le château avec le gouverneur. Doria fit alors dresser ses batteries contre le fort qui fut bientôt foudroyé par l'artillerie. Quand la brèche fut assez large, l'amiral ordonna qu'on se préparât à l'assaut. Les habitants eussent bien voulu capituler, mais le commandant du château en rejeta la proposition. On donna l'assaut. Il durait déjà depuis une heure, sans qu'on pût juger quel en serait le succès, quand le gouverneur fut tué sur la brèche. La mort du chef fit perdre courage à la garnison. Elle arbora le drapeau blanc. Le château et la ville furent livrés au pillage. Les Turcs perdirent six cents morts et mille deux cents prisonniers. Les impériaux ne comptèrent que cent-cinquante soldats et marins tués ou blessés. La Religion perdit la plupart de ses chevaliers. Parmi les blessés se trouva le colonel Morcreto. La flotte éprouva des dommages assez notables. Plusieurs galères eurent leurs flancs percés sous œuvre, et la Capitane de Charles d'Arragon, marquis de Terranuova, fut coulée bas. On ne put sauver que l'équipage et l'artillerie.

Pendant que ces événements se passaient en Afrique, Dragut parcourant la côte de la mer d'Espagne avait pillé Cullera et Saint-Jean, non loin d'Alicante au royaume de Valence. Son invasion avait été si subite qu'il avait emmené en esclavage un grand nombre d'habitants surpris par sa descente. De là il s'était dirigé sur Iviça et les Îles Baléares. Mais ayant attaqué au milieu de la nuit Polence, ville de l'île Majorque, les insulaires qui n'avaient point eu le temps de se vêtir, s'étaient jetés sur leurs armes et se rappelant leur antique valeur, avaient chassé les corsaires de la ville en les poursuivant jusque dans leurs vaisseaux où ils en avaient fait une horrible boucherie. Ils accablèrent Dragut sous le poids d'une si grande perte, que les autres corsaires, qui écumaient les mers sous ses ordres, consternés par cette défaite, se dispersèrent et abandonnèrent son parti.

Charles-Quint tirant un bon augure de la prise de Monaster, ordonna à Doria de disposer tout pour le siège d'Afrique, et lui fit connaître que les vice-rois de Naples et de Sicile avaient ordre de lui fournir tous les secours de troupes et de munitions dont il aurait besoin.

Doria partit pour la Goulette où il convoqua un conseil des généraux et commandants, parmi lesquels se trouvait le fameux Louis Perez Vargas commandant de ce fort. C'était un officier de grande réputation et plein de valeur. La majorité du conseil ayant goûté son avis, il le congédia. L'amiral dépêcha aussitôt Ferdinand Vega, illustre chevalier qui avait donné au siège de Monaster des preuves d'une rare bravoure, en Sicile, près de son père Don Juan, vice-roi de ce royaume, pour l'engager à l'aider de sa personne dans cette entreprise et à lui envoyer le plus tôt ce qu'il avait de galères et de vaisseaux chargés de provisions de bouche et de guerre et de troupes de débarquement.

En attendant et pour empêcher qu'on ne fît entrer des troupes dans Afrique, il alla se poster aux îles Cumilières. Le vice-roi de Naples lui fit savoir qu'il lui préparait un puissant secours qui serait commandé par Don Garcias son fils. Doria reçut les mêmes assurances de celui de Sicile qui devait venir de sa personne commander ses troupes. Mais comme le secours qu'il lui destinait n'était point encore prêt et que, d'un autre côté, Dragut avec ses escadres courait ces mers pour surprendre les vaisseaux chrétiens et traverser l'entreprise; le vice-roi de Sicile exigea de l'amiral qu'il fixât le rendez-vous général de toute la flotte expéditionnaire à Trapano, afin de mettre en sûreté les côtes de ce royaume. C'est là que son escadre devait venir joindre celle de Doria pour se diriger ensuite sur Afrique.

L'amiral qui des îles Cumillères bloquait en quelque sorte cette place, prévit que s'il quittait son poste, Dragut ne manquerait point d'y jeter du secours; mais comme il lui était venu des ordres secrets de n'agir dans la conduite du siége que par les avis du vice-roi, général habile et de grande expérience, Doria fut obligé de venir le joindre à Palerme. De là ils se rendirent à Trapano où ils trouvèrent les galères et les troupes de Naples et de Malte.

Les secours de Naples consistaient en vingt-quatre galères et plusieurs bâtiments chargés de troupes. C'étaient sept légions de vétérans espagnols, fameux par le grand nombre de batailles où ils avaient fixé la victoire. Leurs colonels étaient Jean Menlocio, Martin Corduba, Melchior Zumarraga, de Ségovie, Alphonse Pimentelle, Béléazar et Brizennius. A ces troupes s'étaient jointes celles qui avaient servi sous les ordres du célèbre Ferdinand Lupo. Alvarès Véga fils du vice-roi et Bernardin de Solère commandaient deux cohortes qui s'étaient trouvées à la prise de Monaster. Deux autres cohortes étaient placées sous le commandement de Ferdinand Sylva et de Don Pèdre Acunia. Outre ces troupes espagnoles, il se trouvait encore une centurie grecque composée d'hommes d'élite et commandée par un capitaine de renom. Le grand maître de Malte, qui n'ignorait point la perte que la Religion avait faite à la prise de Monaster, avait envoyé pour remplacer les morts une recrue de chevaliers et deux cents soldats. Cette puissante escadre était commandée par Don Garcias de Tolède.

Sur ces entrefaites Dragut, que ses revers n'avaient pu abattre, profitant de départ de Doria des îles Cumillières, avait fait passer d'Alexandrie trois navires qui entrèrent dans Afrique et y introduisirent un puissant renfort d'hommes, de vivres et de munitions de guerre. Il y avait envoyé ses meilleurs officiers. En même temps il tenait la mer pour traverser les convois envoyés à l'armée chrétienne.

Avant le départ de la flotte, il fut convenu, pour éviter les effets de la jalousie, que les ordres seraient donnés au nom de l'Empereur comme si lui-même commandait en personne au siège ; que Don Garcias de Tolède et le vice-roi de Naples auraient sur terre une égale autorité et que chacun commanderait les troupes amenées par lui au siège. Le conseil de guerre, à la pluralité des voix, devait décider des attaques. Ce point étant réglé et le temps favorable, toute la flotte mit à la voile cinglant vers Favagnana, anciennement Ægusa. Trois jours après elle arriva en vue d'Afrique. C'était le 26 juin. On arrêta le débarquement pour le lendemain. Ce qui eut lieu. Les troupes s'avancèrent en deux corps sur la ville, pour y asseoir le camp. Pendant ce temps l'amiral Doria garda la mer. Le vice-roi de Naples marchait à l'aile gauche avec les vétérans venus des garnisons de ce royaume ; à l'aile droite le vice-roi de Sicile avec les cohortes qui avaient été rappelées du Milanais, de la Lombardie et de la Sicile ; les chevaliers de Malte à l'arrière-garde (1).

(1) De Aphrodisio commentarius. Antw. 1555, p. 102.

Après une petite marche, les colonnes chrétiennes firent halte et se mirent à retrancher un endroit destiné à recevoir les provisions, l'artillerie et le matériel de siége. Ces travaux furent achevés dans l'espace de quatre heures, tant les soldats y travaillaient de bon cœur et avec courage. Bernardin de Solère fut laissé à la garde de ce parc avec deux cohortes, et le gros de l'armée se mit de nouveau en marche pour gagner un mamelon qui se trouvait vis-à-vis à huit cents pas de l'endroit où l'on avait débarqué. Pendant cette marche une multitude considérable de Maures sortirent de la ville cherchant à empêcher les Espagnols d'occuper ce mamelon et d'y asseoir leur camp. Les ennemis eurent un vif engagement avec les arquebusiers de l'avant-garde; ce qui n'empêcha point l'armée de gagner le monticule. Déjà elle n'en était plus éloignée que d'une portée d'arquebuse, quand Vega voyant que le combat devenait plus sérieux et que les Maures faisaient de grands efforts pour gagner le mamelon, y envoya, au pas de course, Morerela et Osorius avec deux cents arquebusiers qui s'en emparèrent. L'ennemi rentra alors dans ses murs. On s'occupa aussitôt d'asseoir le camp. Garcias de Tolède prit son quartier sous la ville, où il s'établit malgré le feu des remparts. Le jour suivant fut entièrement occupé aux travaux de circonvallation, puis on ouvrit les tranchées et on éleva les retranchements. L'armée déploya une telle activité que ces travaux furent terminés en trois jours. Ensuite Don Vargas, commandant de la Goulette, officier du génie du plus grand mérite qui devait diriger le siége, explora la place et indiqua les endroits où devaient se dresser les batteries. Comme il était occupé à ces travaux, les assiégés firent une sortie vigoureuse où il courut le plus grand danger. Mais Véga et Tolède, dont les quartiers étaient voisins, arrivèrent à son secours, et il put regagner le camp après avoir essuyé une perte assez considérable. Le capitaine Bélidazar fut blessé dans cette rencontre et succomba peu de temps après à sa blessure. Le lendemain à la tombée de la nuit, Véga fit dresser dix-neuf grosses pièces en un lieu élevé, à la distance d'environ quatre cents pas de la place, et huit autres, de moindre calibre, à trois cents pas. Le zèle que les soldats déployèrent dans ces circonstances est au-dessus de tout éloge. Malgré la pénurie de valets et d'esclaves, qu'ordinairement on charge de ces sortes de travaux, il les poussèrent avec une activité incroyable jour et nuit. Ces travaux achevés, les impériaux ne se trouvaient plus qu'à cent pas des murailles, et en sûreté contre le feu de la place où les arquebusiers paraissaient en très-grand nombre aux murailles. Les sorties se succédaient. On rapporte que dans une de ces sorties qui avait vu périr un chef turc de haute naissance et renommé par ses exploits, un soldat espagnol signala sa bravoure et son audace par un fait d'armes bien remarquable. Son arquebuse lui ayant crevé dans la main, ce brave tire son glaive et saisissant de la main gauche une corbeille dont il se fait un bouclier, il s'élance des retranchements au milieu des ennemis avec tant d'impétuosité, qu'après en avoir étendu plusieurs à ses pieds, il force les autres à rentrer dans la place. Après ce brillant exploit il rentre au camp couvert de sang. Véga loua sa valeur et la récompensa en lui donnant double solde pour toute la campagne et une grosse somme d'or.

Cependant les magistrats et les principaux habitants de la ville, tous bons négociants, voyant une armée si redoutable au pied de leurs murailles, détestaient les brigandages de Dragut qui leur avait attiré cette guerre; ils parlaient même tout haut de traiter avec les Chrétiens; mais le Raïs-Essé, gouverneur de la place, soldat déterminé, les menaça, s'il entendait parler de capitulation, de les faire poignarder tous les uns après les autres, et de mettre ensuite le feu à la ville. Après leur avoir reproché leur lâcheté, il leur demanda avec plus de douceur, si, en se livrant aux Chrétiens ils étaient assez dupes pour croire que leurs ennemis mortels, devenus leurs maîtres, leur laisseraient l'exercice de leur religion et la possession de leurs biens; qu'ils songeassent que dans cette guerre il s'agissait de ce que les hommes ont de plus cher, et qu'ils avaient à défendre leur vie, leur liberté, leur religion, leurs femmes et leurs enfants. En même temps, pour les rassurer, il leur représenta la force de la place, son artillerie nombreuse, ses armes et ses munitions. Il ajouta qu'il avait sous ses ordres, dix-sept cents hommes d'infanterie et six cents cavaliers que son oncle avait choisis parmi ses meilleures troupes, et tous résolus comme lui de s'ensevelir sous les ruines de la place plutôt que de se rendre. Les magistrats, moins rassurés par ses promesses qu'intimidés par ses menaces, se disposèrent à soutenir malgré eux un siège qu'ils ne pouvaient empêcher. Mais le petit peuple, furieux de zèle et d'autant plus jaloux de sa religion qu'il ne la connaissait guère, ne répondit au discours du gouverneur que par des imprécations contre les Chrétiens. Tous à l'envie s'exhortaient à mourir pour leur religion, en sorte que le préjugé et l'entêtement leur tinrent lieu de fermeté, de courage (1).

Pendant ce temps-là le canon avait commencé à battre la place. Dans leurs excursions en plaine, les Chrétiens ne cessèrent d'avoir à soutenir des combats avec les Arabes, jusqu'au jour où il s'est agi de faire un traité avec Cidiarfès. Son père qui résidait à Cairavan, siège des prêtres arabes, avait apporté des changements et introduit des innovations dans la religion mahométane, dans le dessein d'occuper le rang suprême dans cette ville. Il avait réussi, et après avoir

(1) Histoire de l'Ordre de Malte, vol. IV, p. 167.

soustrait Cairavan à la domination Tunisienne, sous laquelle elle était placée, il s'était rendu indépendant. Après la mort de son père, Cidiarfès devenu encore plus puissant que lui, s'était fait nommer roi de ce petit état. Il comptait sous ses drapeaux jusqu'à quinze cents Arabes à l'époque du siège d'Afrique. L'arrivée de Muley-Assan, roi de Tunis, ne contribua pas peu à faire conclure une alliance avec ce prince. Assan, à qui son cruel fils Hamida avait fait crever les yeux, se voyant de nouveau chassé de son trône s'était retiré en Allemagne près de Charles-Quint. Envoyé à la cour du vice-roi de Sicile Véga, il s'était rendu avec lui au siège d'Afrique. Vargas, commandant de la Goulette était aussi venu avec un autre fils de Muley-Assan, Hamet-Assan et le Maure Xarief, recommandable dans son pays par sa bonne foi et l'autorité de son nom. Ce fut lui qui dans ses entretiens avec Cidiarfès, en obtint des vivres pour l'armée chrétienne. Car huit jours après le débarquement des troupes à Afrique, deux mille cinq cents Arabes, sujets du roi de Cairavan, amenèrent au camp des troupeaux de bétail et d'autres provisions de bouche. Véga leur remit en échange une grande quantité de blé.

C'était dans une épaisse forêt d'oliviers située à un mille du camp que l'armée allait faire ses provisions de bois; et chaque fois que les impériaux s'y rendaient pour y couper des fascines, ils avaient avec les Maures qui couraient la plaine, de sérieuses escarmouches.

Vers ce temps-là Muley-Assan tomba malade et mourut. Cidiarfès demanda son corps pour lui donner la sépulture. Véga l'envoya à Cairavan où il fut élevé, par les ordres de ce prince, dans un mausolée avec toute la pompe due à son rang et placé dans une mosquée selon l'antique usage.

Sur ces entrefaites les cinq galères dont on a parlé revinrent de

Naples avec quatre cents soldats espagnols commandés par Oribeta de Valence et tout ce qui était nécessaire pour faire de la poudre à canon (1). Cigala de Gênes amena aussi de la Goulette quatre pièces d'artillerie de siège et une grande quantité de poudre et de projectiles. Ce qui fit que le siège fut poussé avec plus de vigueur. Mais bien que l'artillerie n'eût cessé, l'espace de huit jours, de battre continuellement les murailles de la place, le siège n'avançait pas, parce que les murailles étaient bien plus solides et plus épaisses qu'on ne se l'était imaginé au commencement du siège ; et l'on auroit peine à croire combien leur destruction était difficile.

Le canon avait commencé par battre la fausse-braie et le pan de mur qui fermait cette langue de terre dont on a parlé. Un transfuge arrivé au camp (c'était un rénégat d'Andalousie) avait appris que, derrière ce mur, se trouvaient de profonds fossés ; que les habitants de tout âge et de tout sexe étaient sans cesse occupés à réparer les brèches ; que tout ce que les Chrétiens jetaient bas le jour, était rétabli la nuit ; qu'enfin dans le Pomœrium, espace qui se trouvait entre la fausse-braie et la ville, il y avait une garde de cent-cinquante Maures et Turcs qui veillait sous les armes nuit et jour à sa sûreté. Ce qui rendait l'escalade en cet endroit très-difficile et périlleux. Comme on n'avait point grande confiance dans ce rapport du transfuge, on envoya quelques officiers pour reconnaître la brèche. A leur retour, ils rapportèrent qu'ils avaient, en effet, remarqué derrière la fausse-braie de profonds retranchements bien flanqués, dont le fond était garni de pointes de fer, et qu'on perdrait infailliblement toutes les troupes qu'on y enverrait.

Vega convoqua son conseil. Les avis y furent partagés, et l'as-

(1) Il est bien d'attirer l'attention sur cette assertion : que la poudre en ce temps-là se faisait quelquefois au camp même.

seut résolu au vendredi suivant. Dans l'intervalle on redoubla la batterie afin d'élargir la brèche. Le vendredi, deux heures avant le jour, le vice-roi de Sicile, qui voulait avoir tout l'honneur de cette entreprise, fit avancer ses troupes au pied de la muraille. Trois porte-enseignes avec trois cents soldats montèrent sur la fausse-braie, pour de là se jeter dans le Pomœrium et y massacrer la garde, pendant que Zumarraga, capitaine aussi agile qu'intrépide, reconnaîtrait avec cinquante hommes la muraille où le canon avait fait brèche. Pimentelle avec sa cohorte approcha les échelles de la tour du bastion de gauche vers l'occident qu'on croyait avoir été abandonnée par ses défenseurs. Tout cela fut exécuté avec beaucoup d'ensemble, mais sans succès.

Les Siciliens trouvèrent la brèche de la fausse-braie bordée d'ennemis, qui firent une furieuse décharge et tuèrent un grand nombre de Chrétiens. Sans s'épouvanter et peut-être sans connaître le péril, les assaillants gagnèrent le haut de la brèche, et les plus braves se jetèrent à corps perdu dans les fossés qui étaient entre la fausse-braie et le fort. Mais ils y périrent tous, à l'exception d'un seul que les ennemis épargnèrent pour tirer quelque connaissance des desseins des Chrétiens. D'autres troupes furent lancées pour les soutenir et ne furent pas plus heureuses. Tout ce qui paraissait était foudroyé par le canon des assiégés. Cet assaut coûta aux généraux leurs plus braves soldats et pour ne pas perdre plus de monde, on fit sonner la retraite. A ce signal officiers et soldats rebutés d'une attaque si périlleuse regagnèrent avec précipitation leurs tranchées.

Tel était l'état des fortifications de cette place que rien ne semblait pouvoir en triompher. Les Maures coupèrent la tête à leurs prisonniers et les exposèrent au bout de longues piques sur les remparts du côté du camp des Chrétiens.

Ce mauvais succès ne laissa pas que de ralentir la bouillante ardeur des assiégeants. Pour surcroît de disgrâces, les vivres et les munitions venues de Naples, de Sicile et de la Goulette étaient épuisées. Véga fit partir en toute hâte Antoine Doria pour la Sicile avec dix vaisseaux. Un édit l'y avait précédé et il devait charger sur ses bâtiments des vivres et des munitions de guerre préparés dans les villes et citadelles de ce royaume pour les apporter en Afrique. Doria ne mit pas moins de soins que de prudence dans l'acquittement de cette mission. Outre les munitions, il amena une cohorte espagnole que Jean Guzman avait levée par ordre du vice-roi.

L'amiral Doria envoya le capitaine Marcus avec dix autres vaisseaux à Gênes pour recueillir d'autres renforts dans la Lombardie et le duché de Milan.

Informé par la correspondance de l'amiral de l'extrême besoin où se trouvait l'armée expéditionnaire, Ferdinand de Gonzague, prince de Molfetta, qui commandait en chef dans le reste de l'Italie, (c'était un homme aussi illustre par sa naissance que fameux par ses exploits) mit à sa disposition trois cohortes qui avaient pour chefs Jérôme Manrie, Solizius et Antoine Moreno. Il partit aussi pour Afrique de Gênes, de Lucques et de Florence une grande quantité de poudre et d'autres munitions de guerre. La Sicile envoya des vivres et le bois nécessaire à la confection des machines de siège.

Toutes ces provisions arrivèrent fort à propos, car les vivres commençaient à manquer; et ensuite les maladies contagieuses, causées par la fatigue et la mauvaise nourriture, avaient attaqué l'officier comme le soldat. Le Bailli de La Sangle, qui comptait pour le premier de ses devoirs celui de l'hospitalité, dressa sous ses tentes une espèce d'hôpital et d'infirmerie où il fit traiter avec grand soin les soldats malades. Les chevaliers par son ordre les servaient tour à tour, joignant ainsi à l'exemple de la valeur la plus exquise l'exemple de la charité la plus vive et la plus fraternelle.

Après le départ d'Antoine Doria, Véga apprit de Ckliarfès que Dragut, toujours attentif à la défense d'une place qui lui était si importante, faisait tous ses efforts afin d'y introduire du secours. C'est pourquoi il rétrécit son camp et le fortifia de nouvelles redoutes et de bastions qu'il arma de pièces de campagne. En outre il fit creuser un fossé de la longueur de six cents pas du côté de la montagne vers l'occident, et à la tête du camp, un autre fossé qui, ayant un peu plus de deux cents pas, allait de l'un à l'autre rivage de la mer.

Garcias et Tolède avaient leur quartier à quatre cents pas au plus de la place, Gusman tenait le sien sur le derrière du camp vers le septentrion, Solerius au midi.

Afin de ravitailler la place, Dragut avait débarqué environ mille hommes de ses troupes et s'enfonça dans la forêt des oliviers dont on a parlé, avec ce renfort et trois mille Maures bons arquebusiers qu'il avait levés. Son dessein était d'attaquer les lignes chrétiennes le jour de St.-Jacques, patron de l'Espagne, dans l'espérance d'en trouver les soldats moins en garde. Le gouverneur informé de ses desseins devait les seconder, en faisant de son côté une vigoureuse sortie contre le camp. Les choses étaient ainsi combinées, quand le hasard fit découvrir son embuche et avança le combat. On avait vu, dans la plaine aux environs de la forêt, plus de cavalerie et d'infanterie turque que de coutume. Informé de cette circonstance, le vice-roi de Sicile laisse à la garde du camp Garcias de Tolède, prend avec lui trois cohortes, et accompagné du Bailli de la Sangle, du gouverneur de la Goulette et des chevaliers de Malte, il dirige sa troupe vers la forêt. A peine il s'en approchait que Dragut qui s'y tenait caché, se lève tout d'un coup avec sa troupe, fait une terrible décharge et fond ensuite, furieux comme l'ouragan, sur les chevaliers. Véga donne aussitôt le signal du combat. Le Bailli, quoique surpris, tient tête avec ses chevaliers. On se battit toute la journée avec différents succès. Les impériaux inférieurs en nombre restèrent vainqueurs mais éprouvèrent des pertes considérables. Le vice-roi fut blessé. Palomar, porte-enseigne de Fernand Lupo, y trouva une mort honorable en défendant son drapeau, ainsi que sept autres camarades qui lui avaient porté secours. On regretta surtout Louis Perez de Vargas, commandant de la Goulette, général de haut mérite, qui tomba percé d'une balle. Sa mort affligea profondément l'armée. Son corps fut rapporté au camp par ses soldats en pleurs. Beaucoup de chevaliers de Malte restèrent aussi sur le champ de bataille. Ce ne fut pas sans peine que le vice-roi débarrassa sa troupe de la forêt des oliviers et regagna la plaine. Dragut fut enfin forcé à la retraite, ses gens se jetèrent dans la forêt et ne se rallièrent qu'auprès de Faques qui était le lieu de leur rendez-vous.

Pendant cette attaque dans la plaine, les assiégés firent aussi une sortie et vinrent attaquer le camp. Mais Tolède, accouru aux retranchements, dirigea sur eux tout le feu de son artillerie; et en fit un tel carnage, que depuis ce jour ils ne se hasardèrent plus de quitter leurs murailles. Jamais les Espagnols ne s'étaient mieux comportés. Quant à Dragut, sa dignité et son honneur ne furent pas peu ébréchés par cet échec. Il se retira à Meninge et, dans sa retraite, il fut pillé par ceux-là mêmes qu'il avait appelés à son secours, par les Rhuspiens. Il perdit beaucoup de sa considération surtout près de Cidiarfès. Celui-ci n'eut pas plutôt appris sa défaite, qu'il s'empressa d'envoyer des ambassadeurs au camp des Chrétiens pour faire une alliance avec eux. Il n'eut point de peine à obtenir cette faveur qui faisait aussi l'objet des désirs des Chrétiens, et le traité conclu, il fit parvenir à l'armée le bétail et les vivres dont elle manquait.

En attendant l'arrivée de l'escadre qu'il avait envoyée en Sicile, Véga ne négligea rien pour déloger les Turcs de la fausse-braie. Il fit faire des mines et des mantelets. Déjà Ferramolin, ingénieur de grand talent, les avait poussés fort loin, quand la mort en le frappant, vint en arrêter le cours. L'eau d'ailleurs qui surgissait de toutes parts, n'eut point permis de les continuer. On tint conseil, et il fut décidé qu'on continuerait à battre la place. Mais les murailles étaient si épaisses et si bien terrassées, que le canon ne faisait pour ainsi dire que les effleurer. Les brèches, au bout de quelques jours de nouvelle batterie, parurent encore si petites et couvertes par des retranchements si formidables qu'on n'osa hasarder un nouvel assaut. On commençait même à croire qu'on serait obligé de lever le siége, vu l'inutilité des travaux de Ferramolin. Mais le vice-roi de Sicile toujours en feu, toujours en action, crut qu'il fallait tenter de s'emparer de la place du côté de la mer, et forma un dessein qui lui procura beaucoup d'honneur. Son avis fut goûté de Tolède et de Doria; néanmoins l'entreprise leur parut difficile, par la raison que les basses ne permettraient point de faire avancer la flotte assez près de la muraille pour la battre en brèche. En supposant même que cette approche fût possible, le feu des assiégés devait faire beaucoup de mal aux Chrétiens. Enfin on doutait qu'une batterie flottante eût pu ouvrir une brèche suffisante pour s'emparer de la place. On sortit néanmoins de l'embarras où on était. Garcias de Tolède se rappela la machine qu'il avait fait jouer un jour à Messine au combat naval dans des fêtes publiques. Il prit donc le corps de deux vieilles galères qu'on attacha étroitement l'une à l'autre, et sur lesquelles fut dressée une batterie de huit pièces du plus gros calibre, avec ses parapets et ses embrasures. Il y avait un endroit des murailles battu par les eaux de la mer qui était faible et même négligé par les assiégés. Car ils ne pensaient pas que les gros vaisseaux en pussent approcher à cause des bancs de sable qui s'y trouvaient cachés sous les eaux. Ce fut vis-à-vis de cette endroit que la batterie flottante fut remorquée, à la faveur de la nuit, par des esquifs et des chaloupes; et les deux galères furent assurées avec quatre ancres, pour empêcher qu'elles ne fussent soulevées par les flots. Cette invention fit beaucoup d'honneur à Don Garcias qui ne cessa d'ailleurs pendant tout le siège de se distinguer par son activité, son courage et sa profonde intelligence dans l'art de la guerre. Le lendemain au point du jour, les Africains furent saisis d'étonnement en se voyant attaquer du côté de la mer.

Dans le temps que ces événements se passaient, Antonio Doria revint de Sicile avec une grande quantité de vivres et de munitions. Véga n'attendait que son retour pour bombarder la place. Les nouveaux ouvrages étant achevés au bout de huit jours, il fit dresser une batterie de vingt-deux grosses pièces d'artillerie à la distance de deux cents pas du mur, et une autre batterie un peu plus loin, pour débusquer les habitants des remparts. Ces dispositions prises, il confia la manœuvre des batteries à Audronic Spinosa officier d'artillerie qu'il avait appelé de Sicile et il lui adjoignit François Biver, qui jusqu'alors avait été revêtu du même commandement. Le 28 août on commença de nouveau à canonner la place et par terre et par mer. Les assiégés, travaillant nuit et jour, réparaient les brèches que faisaient les Chrétiens tout en les accablant du haut des remparts des épithètes les plus injurieuses. Le troisième jour qu'on battait la place, on annonça le retour du capitaine Marcus, dont l'escadre amenait de Toscagne Alphonse de Cueva, chevalier de distinction et renommé par sa bravoure et ses talents militaires. Il devait remplacer Vargas. Il avait aussi avec lui mille Espagnols et beaucoup de provisions de bouche et de guerre. Cette nouvelle causa une grande joie.

On a vu que les impériaux avaient continuellement des escarmouches avec les ennemis, quand ils allaient à la forêt des oliviers pour faire des fascines. Il y avait, parmi les Maures, un cheik dont le territoire touchait à la ville d'Afrique. C'était un guerrier d'une audace et d'une valeur peu communes. Il montait un cheval blanc dont la queue et la crinière étaient de diverses couleurs. Il avait à sa suite une garde de trente hommes et de huit cavaliers. Il attaquait d'ordinaire avec sa garde les Chrétiens qui se rendaient à la forêt et souvent avec succès. Il advint qu'un jour Jourdan Des Ursins, commandant de l'escadre de Florence, qui se trouvait à l'armée près de Tolède, accompagna les Chrétiens dans la forêt. Il était à cheval et suivi de quatre chevaliers florentins. A leur retour, le cheik maure qui était en embuscade, tombe à l'improviste sur Des Ursins, lui perce le bras avec une force extraordinaire et avec tant de promptitude que cet officier n'a point le temps de faire usage de son arme à feu, et qu'avant que les siens pussent venir à son secours, il était tombé de cheval et avait trouvé la mort. On ne rapporte ce fait que pour faire voir que ce n'est point avec une nation lâche qu'on faisait la guerre, et que l'Afrique nourrit dans son sein des hommes de cœur.

Au bout de neuf jours de batterie, la brèche parut assez considérable pour pouvoir s'introduire dans la place. Tolède fit avancer encore la batterie flottante, afin de battre de plus près la plateforme. Mais les assiégés voyant le dégât qu'elle causait, firent tous leurs efforts pour l'anéantir. Ils y fussent parvenus si Tolède et Vega ne l'avaient fait retirer. Déjà la moitié des pièces d'artillerie était démontée et les marins effrayés du péril ne voulaient plus rester si près des murailles. Il fallut qu'Orihela y courût avec cinquante canonniers pour remplacer les premiers, mis tous hors de combat.

On était alors arrivé au 9 septembre. La place avait commencé à être canonnée de nouveau le 28 août. Sur la plate forme qui regarde la mer on avait lancé quatre mille huit cents boulets, et le double sur les autres tours et murailles. La brèche paraissait praticable. On demandait l'assaut à grands cris. Véga seul fut d'avis de le remettre au jour suivant et son avis prévalut.

Le canon de la flotte, à causes des basses qui la tenaient à distance, n'aurait su atteindre la place, tandis qu'elle souffrait beaucoup de l'artillerie des assiégeants. La galère Capitane de Tolède et celle de Cigala furent presque coulées bas. Le lendemain matin Doria convoqua son conseil de guerre, défendit aux capitaines de vaisseau de laisser aller à terre aucun homme de leurs équipages et ordonna qu'à l'instant où le signal serait donné par le vaisseau amiral, toute la flotte fit un mouvement et ceignit la place de toutes parts.

Le 10 septembre Véga rangea ainsi ses troupes pour monter à l'assaut. Fernand de Tolède, avec trois cohortes venues des garnisons du royaume de Naples et les troupes commandées par Didacus, Morerela, Moreno et Alvar Vega fut posté vis-à-vis de la muraille qui avait été battue par terre les derniers jours.

Du côté de la mer Fernand Lupo devait s'élancer sur la plateforme que la batterie flottante avait détruite. Il avait sous ses ordres Solizius et Jérôme Manrique. Gaspar Guzman et Amédée de Navarre devaient escalader la tour près de l'entrée principale. Les cohortes de Fernand Sylva, de Roderic Payen et de Pierre d'Acunia étaient préparées à tout événement et gardaient l'artillerie avec les Siciliens. Enfin Jean Guzman et Solerius étaient restés à la garde du camp avec les troupes albanaises.

Alvar Véga reçut l'ordre de disposer ses sentinelles et de veiller à ce qu'aucun secours venant de la plaine n'entrât dans la place. Les batteries des tranchées et du camp étaient bien gardées, et prêtes à repousser l'ennemi s'il se présentait.

Les chevaliers de Malte pouvaient porter leur étendard où ils voulaient. Le Bailli de la Sangle régla leur marche et l'ordre de l'attaque. Il ordonna que le Commandeur De Giou escorté par deux files des plus anciens chevaliers porterait à leur tête l'étendard de la Religion. Le chevalier de Guimeran, et en cas qu'il fut tué, le chevalier Copier devait soutenir le premier choc avec toute la jeunesse de l'Ordre et plusieurs volontaires de différentes nations qui avaient demandé la faveur de pouvoir combattre sous la bannière de St.-Jean. On avait mis à la queue quatre compagnies de soldats de Malte, chacune commandée par des officiers de l'Ordre. Le Bailli avec quelques officiers qu'il avait retenus auprès de lui devait fermer la marche, pour se porter ensuite aux endroits qui auraient le plus besoin de sa présence et de son secours.

Le vice-roi de Sicile et don Garcias de Tolède, qui aspiraient l'un et l'autre à la gloire d'arborer le premier son enseigne sur la brèche, avaient promis à leurs soldats des récompenses considédérables.

Les choses étant ainsi ordonnées, Véga adressa une chaleureuse allocution aux soldats. La place était battue avec furie depuis le point du jour. A midi les ingénieurs jugèrent la brèche praticable. Les trompes sonnent le signal à terre, Doria le répète du haut du vaisseau amiral. Alors les galères font mine de vouloir jeter leurs hommes à terre pour envahir la ville, mais c'est pour éparpiller çà et là les ennemis accourus aux endroits menacés. Au signal de l'assaut, les impériaux s'élancent avec tant d'impétuosité, qu'on eut dit qu'ils allaient tout franchir, d'un seul bond, murailles, tours et boulevards. Mais l'escalade était des plus périlleuse. Derrière la fausse-braie venaient de profonds fossés, de nouveaux remparts, de sorte qu'il était encore plus difficile d'en descendre que d'y monter, sans courir danger de mort. Malgré ce danger Ferdinand de Tolède parut le premier au haut de la brèche, et y trouvant par hasard une grosse solive qui servait aux Maures pour communiquer des murailles aux boulevards, il s'élance dans la place avec sept hommes seulement, quoique déjà blessé. Gaspard Guzman et Amédée de Navarre parviennent aussi sur le sommet de la muraille que flanquait la tour de gauche. Là l'intrépide Guzman perd un bras, et le vaillant Richelme, son porte-enseigne, la vie.

D'un autre côté, les chevaliers de Malte, ces terribles guerriers, entrés dans des esquifs et de légères chaloupes s'avançaient à rames vers les remparts. Mais se voyant arrêtés à tout moment par des bancs de sable, ils se jettent dans la mer l'épée à la main, ayant de l'eau jusqu'aux épaules et gagnent le pied de la muraille sous une pluie de feu. Les Infidèles, pour les empêcher d'approcher de la brèche, emploient tout à la fois le feu du canon, la mousqueterie, les flèches, les pierres, le feu artificiel, l'huile bouillante!... C'est en vain. Rien n'arrête les chevaliers. Sans s'étonner du nombre de leurs morts, ils surmontent tous les obstacles et gagnent le haut de la brèche du côté d'une tour ruinée. Le Commandeur de Giou arbore aussitôt l'enseigne de la Religion, mais au même instant il tombe, percé d'un coup mortel. Copier relève l'enseigne, et pendant toute l'action et au milieu du feu il la tient toujours élevée. Cependant le canon d'une tour voisine et la mousqueterie qui partait des retranchements foudroyaient les soldats de Malte, sans qu'ils pussent avancer, ni faire reculer les Infidèles. Beaucoup de chevaliers, de soldats de Malte et de volontaires qui combattaient sous leur enseigne gissaient morts ou blessés. Le commandant de Guimeran, qui était resté à la tête de l'attaque, était au désespoir de voir tuer ses frères à ses côtés, et cependant il ne pouvait se résoudre à abandonner son poste. Heureusement en jetant les yeux de tous côtés, il découvrit sur la gauche et au travers des ruines, un petit sentier qui conduisait dans le corps de la place. On a aussi prétendu que c'était une galerie de communication. Quoiqu'il en soit, le commandeur à la tête de ses camarades fait un effort, culbute tout ce qui se présente devant lui, s'ouvre un passage, se jette dans cette galerie et pénètre jusque dans la place !

Du côté de la terre, le combat avait été encore plus terrible. Après des efforts inouïs, les Espagnols s'étaient logés au nombre de deux mille dans le Pomœrium, puis chassant les ennemis de cette position, ils les avaient poursuivis de rue en rue, sans leur donner le temps de se rallier. Ce ne fut que lorsqu'ils furent arrivés au forum et dans les places adjacentes que les Turcs se formèrent en carré. Ainsi formés, ils se défendent avec la dernière fureur et le plus affreux désespoir. Chaque Maure, chaque Turc tombe à la place où il combat. Enfin les impériaux triomphent partout, mais la victoire leur coûte cher. Le colonel Lupo et le capitaine Melchior Zumarraga trouvent la mort au milieu du triomphe. On vit en cette occasion une action qui mérite bien d'être rapportée, car elle fait trop d'honneur au courage des soldats de Charles-Quint pour la passer sous silence. Dans ces sanglants combats, les enseignes étaient relevées à chaque instant. Il y allait de l'honneur militaire qu'elles flottassent sans cesse ; car un drapeau, c'est pour le soldat le génie du dieu Mars qui plane au-dessus de sa tête. Déjà le porte-enseigne de Pimentelle avait mordu la poussière. Lui-même ainsi qu'Orihela et les porte-enseignes de Solizius et d'Alvar Véga étaient aussi mis hors de combat. Le porte-enseigne du capitaine Morerela (c'était son frère) tombe mortellement blessé. Un troisième frère plus jeune combattait près de lui. Le voyant terrassé, il saisit l'enseigne, s'élance dans les rangs ennemis et reçoit au même instant le coup mortel. Le capitaine Morerela quoique criblé de blessures, s'empare à son tour du drapeau et ne cesse de l'agiter que lorsque la troupe qu'il commande a chassé les ennemis. Mais ce brave militaire et son frère descendirent tous deux dans la tombe peu de jours après cette action héroïque. Ainsi la défense de cette enseigne coûta la vie à trois frères, tous trois remarquables par leur intrépidité et leur valeur!

Les impériaux étaient entrés dans la place par deux endroits à la fois. Toute la ville était remplie de tumulte et de gémissements. A la vue des malheurs qui allaient fondre sur leur ville, et se croyant sous les coups de la colère divine, femmes, filles, enfants, couraient les rues, les cheveux et les vêtements en désordre, tendant les mains au ciel. Elles fuyaient dans les mosquées, et s'y roulant sur les parvis, imploraient vainement le secours de Mahomet contre la rage des Chrétiens. Excités par leurs cris, les Turcs et les Maures se barricadent, résistent de maison en maison. Chaque habitation, chaque mosquée devient une forteresse d'où ils font un feu plongeant sur les impériaux. Chassés enfin de leurs derniers asiles, ils cherchent leur salut dans la fuite et gagnent par des poternes secrètes la plaine et les forêts. D'autres veulent se sauver dans des nacelles et sont capturés ou massacrés par les marins. On en vit qui par désespoir se précipitèrent au fond de la mer. Un groupe nombreux de soldats de Dragut qui craignaient plus ses reproches que la mort même, la fut chercher dans la pointe des armes chrétiennes. Aucun ne voulut crier merci, et ils furent tous massacrés.

Les Espagnols qui combattaient sous les yeux de Véga de Tolède et de Doria déployèrent un courage indicible. Ils ne cessèrent de combattre que quand ils ne trouvèrent plus d'ennemi !... Le carnage fut affreux dans cette lutte d'extermination qui dura depuis midi jusqu'à la tombée de la nuit. La plupart des généraux turcs ou maures furent blessés ou tués. Parmi ces derniers fut Halès. Quant à l'intrépide neveu de Dragut, le Rais-Essé, ne pouvant fuir de la ville, il se retira avec trois cents hommes dans deux tours où après une résistance désespérée, il fut forcé de se rendre à Véga. Celui-ci donna soixante et dix prisonniers aux soldats blessés qui gardaient le camp, et le Rais-Essé à Cigala de Gênes, afin que cet officier pût l'échanger contre son propre fils que Dragut tenait dans les fers. Les autres prisonniers furent la récompense des soldats qui s'étaient le plus distingués. Il n'en voulut retenir aucun pour lui ; persuadé que pour un prince la plus douce récompense c'est la gloire. Cette action généreuse fit beaucoup d'honneur à Véga et le rendit encore plus cher à ses soldats.

Les impériaux se mirent donc en possession d'Afrique, vastes ruines fumantes et ensanglantées. On trouva dans le port les navires qui avaient apporté d'Alexandrie les vivres, les soldats et les munitions de guerre ; quatorze grosses pièces de bronze et un grand nombre d'autres canons de fer. On fit dix mille esclaves et un butin considérable d'or, d'argent et de pierres précieuses. Car cette ville était l'entrepôt du commerce du Levant et de toute l'Afrique. Mais le plus riche butin fut, sans contredit, la place même la plus forte qu'il y eût sur les côtes de ce royaume.

Cette conquête coûta cher à Charles-Quint. La Religion de

Malte perdit à ce siége un grand nombre de chevaliers dont le courage fut sublime. La plupart des blessés moururent peu après de leurs blessures, car les traits étaient empoisonnés. De ce nombre fut Fernand de Tolède.

Véga ayant fait purifier et bénir la grande mosquée, ordonna que des actions de grâces pour cette conquête brillante y fussent célébrées; et l'on y enterra les chevaliers et les principaux officiers qui avaient été tués au siège. Charles-Quint ayant été obligé, plus tard, d'abandonner cette place, leurs restes furent transportés en Sicile et déposés dans la cathédrale de Montréal par ordre du vice-roi, qui fit graver sur leur mausolée cette épitaphe : « La » mort a pu mettre fin à la vie de ceux dont les cendres reposent » sous ce marbre; mais le souvenir de leur rare valeur ne finira » jamais. La foi de ces héros leur a donné place dans le ciel et » leur courage a rempli la terre de leur gloire; de manière que le » sang qui est sorti de leurs blessures, pour une vie passagère, » leur a procuré deux vies immortelles (1). »

Le vice-roi de Sicile ayant fait mettre en état les fortifications de la place, y établit pour gouverneur avec 1,200 hommes de troupes, son fils Alvar, jusqu'à ce qu'il plût à l'empereur d'en disposer autrement.

Pendant que ces glorieux événements s'accomplissaient en Afrique, des captifs grecs échappés de Meninge rapportèrent à l'amiral Doria qu'Ottoman l'aveugle, partisan des Turcs, avait été mis à mort par l'autre commandant de cette île. Que celui-ci avait soulevé les insulaires contre Dragut; que ce pirate, aux premiers symptômes de l'insurrection, s'était jeté dans ses vaisseaux avec sa famille et ses trésors et errait à l'aventure sur mer, sans avoir en

---

(1) Histoire des chevaliers de Malte tom. 4, p. 180.

sa possession de port où il pût se réfugier. A cette heureuse nouvelle, Doria convoqua son conseil et cingla aussitôt vers Meninge avec vingt navires. Déjà il avait dépassé Rhuspas et n'était plus qu'à trente milles de Querquenez, sur la côte de Tripoli, où s'était réfugié le corsaire, quand une tempête des plus furieuse éclata. Dans l'impossibilité de tenir la mer, il fallut renoncer à le poursuivre, et l'amiral regagna le parage où il avait mis à la voile.

La flotte qui portait l'armée expéditionnaire, les captifs et le butin partit du port d'Afrique le 25 septembre, mais aussitôt assaillie par les vents contraires, elle dut rentrer au port. Elle le quitta quelques jours après et quoique dispersée par un gros temps, elle eut le bonheur d'atteindre Trapano en Sicile. Le viceroi y fut reçu en triomphe et avec de grandes démonstrations de joie par ses sujets. De là l'amiral Doria partit pour Naples et Don Garcias de Tolède, pour Gênes où il arriva, après une heureuse navigation, le 12 novembre.

Tel fut le brillant résultat de l'expédition contre la cité d'Afrique. La nouvelle de la conquête de Charles-Quint frappa de terreur les États Barbaresques. Car les Maures avaient placé toute leur confiance dans cette forteresse, et ils la voyaient au pouvoir des Espagnols. Sa perte faisait craindre que tout le royaume ne subît le même sort. C'était la destinée que lui prédisaient les Alfachs ou devins. Ils disaient avoir préconnu par les oracles et les prophéties la chute d'Afrique. C'est ce qui fit qu'un grand nombre de captifs abandonnèrent la religion de Mahomet pour embrasser le christianisme. Une chose qui était bien propre à leur faire prendre cette résolution, c'est que jusqu'alors cette place avait toujours été assiégée en vain. Parmi ceux qui tentèrent de s'en emparer, nous ne citerons qu'Alphonse d'Arragon roi de Sicile, illustre et valeureux guerrier. Après la victoire remportée près de Meninge sur le roi de Tunis qu'il rendit tributaire, il conçut le projet de prendre Afrique. Mais après avoir bien examiné sa situation, désespérant d'en venir à bout, il s'était contenté d'incendier les navires capturés près de son port, et avait cinglé vers Naples sans avoir même tenté d'en faire le siége.

Cette gloire n'était réservée qu'aux troupes de Charles-Quint. Il n'était donné qu'à leur valeur de délivrer du joug du plus cruel pirate les royaumes de Naples, de Sicile, de Sardaigne et de soumettre aux armes impériales la ville qui était considérée alors comme le plus fort boulevard des États-Barbaresques.

Dans l'intérêt de son trésor et de la chétienté, Charles-Quint en fit raser les fortifications.

OBSÈQUES DE CHARLES-QUINT.

Obsèques que le roi Philippe II fit faire à l'empereur Charles-Quint, son père, dans l'église de Sainte-Gudule, à Bruxelles, les jeudi et vendredi 29 et 30 décembre de l'an 1558.

Le roi Philippe II venait de lever le camp et le siége de Douriens en Picardie. Il se trouvait à Arras quand, vers la fin du mois d'octobre, il reçut l'affligeante nouvelle du décès de son père. Charles-Quint avait rempli les deux mondes du bruit de sa gloire. Après un règne de près de quarante ans, il était encore l'arbitre de l'Europe, lorsque dégoûté des grandeurs et fatigué, sans doute, du poids des couronnes qu'il portait depuis si longtemps, il avait remis entre les mains de son fils Philippe II les rênes de ses états héréditaires et à son frère Ferdinand, le sceptre impérial. Puis il s'était retiré au couvent des Hiéronimites dans la belle vallée d'Estramadure en Espagne.

Dans cette paisible retraite, placée entre le trône et le tombeau, son âme se livrait toute entière aux grandes méditations, seules dignes d'une intelligence immortelle. Après un repos de deux ans traversé par les plus cuisantes douleurs, la mort vint le frapper à l'âge de 58 ans, six mois et vingt-cinq jours.

Philippe II envoya un message au comte d'Olivarès pour se rendre en toute hâte à Bruxelles, afin d'ordonner tous les apprêts de la pompe funèbre. Puis il partit de sa personne pour l'abbaye de Groenendael, située à deux lieues de cette ville, où il séjourna jusqu'au 28 du mois de décembre. Ce jour-là tous les préparatifs étant terminés, il entra de nuit en la ville de Bruxelles. Il avait ordonné que dans cette ville, comme dans toutes les villes, bourgs et villages de ses États les cloches de toutes les églises et de tous les monastères sonnassent pendant les quarante jours qui précéderaient les obsèques, trois fois le jour, à six heures du matin, à midi et à six heures du soir; que dans toutes les églises et couvents se célébrassent des obsèques particulières auxquelles étaient tenus d'assister les gouverneurs, les seigneurs fonciers et toutes les autorités. Ce qui fut fait. Ensuite une ordonnance qui défendait toute espèce de déguisement et de travail, fut publiée à Bruxelles, et les magasins furent fermés comme dans un jour férié.

On vêtit de longs manteaux noirs et de chapeaux de deuil à larges bords deux cents pauvres de Bruxelles qui devaient assister aux offices funèbres; et comme un grand nombre de conquêtes de l'Empereur défunt avaient eu lieu au-delà des mers, on jugea convenable de faire figurer au cortège un navire qui rappelât le souvenir de toutes les victoires impériales. On voyait devant ce navire les colonnes d'Hercule avec la devise de l'Empereur. On avait aussi préparé un grand nombre d'enseignes, d'étendards, de caparaçons et autres insignes qui furent portés dans cette cérémonie avec les devises et dans l'ordre dont on va parler.

Nous allons rapporter dans tous leurs détails les cérémonies de la pompe funèbre dont on honora les cendres de Charles-Quint. Nous les avons puisés dans le manuscrit de Von den Es, n° 11,581 de la bibliothèque de Bourgogne, dans un autre Ms flamand n° 16,400 de ladite bibliothèque intitulé *Uytvaert Van den Keyser Kaerle*, et enfin dans la brillante relation qu'en a laissée don Prudentio de Sandoval dans son *Historia del vida y echos del imperador don Carlos Quinto*. M. Leabroussart a donné un extrait de cette pompe funèbre d'après le manuscrit du contrôleur de Charles-Quint, Van den Es, cité plus haut. On le trouve au tome I⁰ʳ, pages 265 et suivantes des nouveaux Mémoires de l'Académie Royale des sciences et belles-lettres de Bruxelles. Mais, outre son extrême concision, ce travail laisse beaucoup à désirer. L'auteur n'a pas toujours compris le texte de Van den Es. C'est ainsi qu'il prend pour les fenêtres du temple, la croisée ou transept de l'église, et qu'il donne pour chapeaux *brochés*, des chapeaux de deuil à larges bords.

La nef de l'église de Sainte-Gudule jusqu'au chœur fut fermée d'une balustrade de six pieds de haut. Sur un gradin de vingt-cinq pieds carrés, s'élevait à l'extrémité de la nef un autel adossé contre la porte du chœur. A la droite du gradin avait été placée une banquette pour les évêques, de l'autre côté une autre banquette pour les prélats et abbés qui assistèrent à l'office au nombre de vingt-et-une mitres. Ils étaient tous revêtus de leurs habits pontificaux. Ce gradin avait quatre marches. Depuis la dernière marche jusqu'aux premiers pilliers de la nef, il y avait vingt-deux pieds de distance. C'était entre ces deux premiers pilliers qu'avait été dressée la chapelle ardente, longue de vingt-deux pieds et haute de soixante et douze pieds. Cette chapelle avait quatre étages carrés et trois ronds ; ce qui lui donnait la forme d'une couronne pyramidale. Son sommet atteignait presque la coupole du temple. Le premier étage avait vingt pieds de haut. A son sommet se trouvait un gradin de quatre marches qui portait le cénotaphe. Chacun des trois étages ronds se terminait en couronne. Le faite de la chapelle ardente portait la couronne impériale ur laquelle était le monde ou globe d'or surmonté de sa croix. Ce qui faisait un fort bel effet. Cette chapelle était parsemée de croix recroisetées de plusieurs manières, et éclairée de trois mille cierges chacun du poids d'une livre. Au premier étage, on en voyait quatre de seize livres chacun, au deuxième, quatre de douze livres, au troisième, quatre de huit livres. A ces douze cierges étaient attachés les écussons des douze principaux royaumes de l'illustre défunt. On remarquait cinq grands candelabres en bronze, trois dans la nef et deux dans la croisée, garnis d'une grande quantité de cierges. Le premier étage carré de cette magnifique chapelle ardente était tendu par en bas d'un drap noir, recouvert de velours noir, le tout chargé d'écussons aux armes impériales.

Le premier des étages ronds était tendu de la hauteur de deux toiles d'or, figurées de rouge, le deuxième d'une toile d'or et demie figurée de blanc, et le troisième d'un drap d'or de hauteur, le tout chargé d'écussons.

Le gradin d'en bas était couvert de drap noir, et le cénotaphe d'un poêle de drap d'or frisé, grand de trois hauteurs et long de sept largeurs, traînant de tous côtés. On y voyait une grande croix de velours cramoisi aussi longue et aussi large que le poêle.

Sur le cénotaphe était placée avec la cotte d'armes du défunt la couronne impériale, enrichie de perles et de pierreries et estimée cent mille écus. Sur des coussins de drap d'or posés sur de hautes escabelles recouvertes de velours noir, reposait à droite du cénotaphe, le sceptre impérial ; à gauche, le globe terrestre tous deux enrichis de perles et de pierreries. L'épée fut appendue à l'autel. C'étaient le globe, le sceptre et la couronne qui avaient servi au couronnement pontifical de Charles-Quint à Bologne.

La chapelle ardente environnée d'un grand nombre de torches

allumées était chargée d'écus aux pleines armes, de heaumes, de bannières et de tous les autres attributs de la puissance souveraine. La nef et la vaste croisée de l'église étaient tendues de drap recouvert de velours noir. Il y régnait tout à l'entour une lambourde où étaient appendus des blasons aux armes du défunt. Cinq cents cierges éclairaient cette lugubre tenture. Au-dessus de la porte de l'église, à l'intérieur comme en dehors, on voyait un grand écusson aux armes du défunt placé au milieu d'une large tenture de velours noir.

Vis-à-vis de la chapelle ardente au côté droit de la nef avait été préparé le siége du roi, de trois marches de haut tout tendu de noir. Derrière et à la distance de trois pieds était un siége de deux marches de haut, réservé au Duc de Savoie comme prince du sang. Derrière celui-ci, et à la même distance, était la place, élevée de deux marches, des dames et princes résidant en la cour de Philippe II avec des banquettes par devant. Derrière, à une égale distance, étaient les banquettes destinées aux officiers du Conseil des Finances des royaumes d'Espagne, de Naples et des Pays-Bas.

A gauche de la chapelle ardente, vis-à-vis du siége du Duc de Savoie, se dressaient les banquettes, hautes d'une marche, des ambassadeurs de l'Empereur Ferdinand, de ceux du Portugal et de Venise, qui sans prendre part au cortége, étaient invités à attendre le roi dans l'église : puis celles des chevaliers de l'Ordre de la Toison d'Or, au nombre de vingt environ, et celles des marquis, comtes, seigneurs et autres personnes de noblesse invitées à ces obsèques. Sous une arche de la nef fermée de tous côtés, se trouvait la Duchesse de Savoie avec ses dames d'honneur. Tel était le pompeux et funèbre agencement de l'église de Sainte-Gudule.

Depuis l'église jusqu'à la Cour on avait élevé deux rangs de bailles ou barrières pour tenir libres les rues que devait parcourir le cortége, composé des jurés des métiers et des plus notables bourgeois de la ville jusqu'au nombre de deux mille, tenant tous un cierge ardent du poids de huit livres et ornée des écussons de l'Empereur.

Au-dessus de la porte d'entrée du Palais et au-dessus de celle de la grande salle, on voyait, au milieu de vastes tentures de drap et de velours noir, un grand écu aux armes impériales.

Tel fut l'ordre de la marche aux obsèques de Charles-Quint, quand le cortége se rendit de la Cour à l'église pour les vigiles le jeudi 29 après-midi.

Tout le clergé de la ville s'étant assemblé dans l'église de Sainte-Gudule, il en sortit à l'heure fixée avec croix et bannières à confanons pour se rendre processionnellement au Palais où le cortége l'attendait.

Les enfants de chœur en grand nombre et revêtus de surplis ouvraient la marche. Puis venaient les religieux, les chapelains, curés d'église, les chanoines réguliers de Goudenberg, ceux de la collégiale de Sainte-Gudule, tous revêtus de chappes de drap d'or, marchant deux à deux et portant à la main des flambeaux de cire blanche. Lorsque le clergé fut arrivé au palais, il reprit le chemin de l'église, et ce fut lui qui ouvrit la marche. Il était suivi :

1°. Du clergé de la Cour composé des chapelains et musiciens de la chapelle du roi, tous vêtus par dessus leur robe de deuil de chappes de drap d'or, et marchant deux à deux.

2°. De vingt-un abbés mitrés, de trois suffragants et des évêques de Liége et d'Arras, tous en habits pontificaux.

Des gens de la loi tels que gouverneurs, échevins de Bruxelles, députés des États, avocats et personnes de lettres.

4°. Du Prévot de l'Hôtel et du Drossart de Brabant.

5°. De la Chambre des Comptes de Brabant et de Luxembourg.

6°. Du Conseil de la Chancellerie de Brabant.

La marche était fermée par les deux cents pauvres vêtus de manteaux noirs et de chaperons de deuil qu'ils portaient sur la tête, tenant à la main un flambeau de cire ardent du poids de six livres, auquel étaient attachés deux blasons aux armes impériales.

Ordre de la marche de la maison du roi.

La maison du roi marcha dans l'ordre suivant :

En tête tous les officiers tant d'écurie que de main, tels que armuriers, selliers garnisseurs, ouvriers en soie, charpentiers, peintres, sculpteurs, horlogers, maréchaux et autres. Les aides, prévôts et grands prévôts desdits offices ; les sergents de la maison et du conseil de Sa Majesté impériale, les huissiers de la cour avec leurs grandes masses noires en la main ; les maréchaux de logis, les greffiers des offices et les greffiers pensionnaires du défunt Empereur. Les sujets de la maison du roi, les chirurgiens, médecins, apothicaires et barbiers ; puis les aides des officiers de la garde-robe, du cabinet et les pages avec leurs gouverneurs et chapelains, et aides-chapelains ; enfin les familiers de la maison du roi et leur suite. Derrière eux venaient quatre tambours portés chacun par deux hommes habillés de taffetas, couvert d'or, sur lequel se dessinait en noir l'aigle impériale, les trompettes avec leurs trompes renversées et leurs bannières baissées ; puis un roi d'armes de l'Empereur, ayant à sa droite un héraut d'armes avec la cotte d'armes du Hainaut et à sa gauche un autre héraut d'armes avec la cotte d'armes d'Artois. On voyait venir après cela un étendard de taffetas qu'on appelle cornette où était brodée en or la devise *Plus ultra*, avec ses deux colonnes d'Hercule, la croix de Bourgogne et les insignes de l'ordre de la toison d'or. C'était Don Pedro de la Cerda, gentilhomme de la maison du roi, qui portait la cornette aux pleines armes du seigneur défunt. Alors s'avançait un autre étendard de taffetas noir, qu'on appelle guidon de guerre, aux armes impériales. Il était tout couvert d'or à l'exception de l'aigle impériale qui était noire. Le seigneur de Castro, gentilhomme de la maison du roi, le portait. Après lui marchaient deux gentilshommes, à droite Prosper de La Laing portant le heaume de joûte, à gauche Don Juan de Castille avec la targe des couleurs du monarque défunt.

Ce lugubre et pompeux cortége était suivi d'un navire artistement travaillé, richement peint et orné des bannières de tous les royaumes et provinces de Sa Majesté. Il était large et en forme de galère.

On voyait à la poupe la CHARITÉ vêtue de satin cramoisi. Elle portait le cœur avec une flamme; au grand mât, la FOI vêtue de blanc, tenant à la main gauche un calice, à la droite une croix rouge. A la proue du navire était debout l'ESPÉRANCE vêtue de violet, la main appuyée sur une ancre.

On remarquait parmi les bannières, 1°. la bannière de Frise portant d'azur; 2°. la bannière de Hambourg d'argent au lion de gueules, la queue fourchue, couronné, lampassé et armé d'or; 3°. la bannière de Luxembourg biché d'argent et d'azur en douze pièces et sur le tout le lion de Limbourg; 4°. la bannière de Hainaut, d'or, au lion de Gueules armé et lampassé d'azur; 5°. la bannière de Zélande d'argent et d'azur en six pièces en chef d'or, un demi lion de gueules armé et lampassé d'azur; 6°. la bannière d'Artois, d'azur semé de fleurs de lis d'or, un lambel de gueules semé de neuf castels d'or; 7°. la bannière du comté de Bourgogne portant d'azur à lion d'or, billeté de même, armé et lampassé d'or; 8°. la bannière de Namur au lion de sable couronné, lampassé et armé de gueules et un bâton endenté de même; 9°. la bannière de

Zutphen portant d'or une croix encrénée de gueules, un chef d'azur et un passement d'or armé et lampassé de gueules ; 10°. la bannière de Roussillon portant cappes d'argent de gueules, fichés l'un dans l'autre ; 11°. La bannière de Charolais d'or à un lion de gueules, la tête renversée, lampassé, armé d'azur ; 12°. la bannière du Marquisat de Salins de gueules à une bande d'or ; 13°. la bannière de la seigneurie de Malines, d'or à trois pals de gueules.

Du haut des gabies ou hunes pendaient trois grands guidons aux armes impériales qui allaient jusqu'en la mer. Les flancs du navire représentaient les victoires suivantes, peintes par d'habiles pinceaux : la conquête du Nouveau-Monde, la conversion de ce pays à la foi chrétienne, la destruction de la tyrannie à Gênes, la conquête du Duché de Milan, l'expulsion des Turcs de l'Autriche, la conquête de Tunis et la restitution de ce royaume à son roi légitime Muley-Assan, devenu vassal de l'Empire ; les vingt mille esclaves chrétiens dont Charles-Quint brisa les fers, la défaite de Barberousse près des ruines de Carthage, la prise de la Goulette, de Modon et de Coron en Grèce, deux victoires remportées sur mer sur Soliman-le-Magnifique, la soumission du Duché de Gueldre, le passage de l'Elbe par l'Empereur, la pacification de l'Allemagne et de la Bohème, la conquête d'Afrique et de Monaster, villes du royaume de Tunis, et la conquête de Trémécen et sa soumission au roi Muley-Assan.

Toutes les voiles du navire étaient de taffetas noir. Elles étaient chargées d'inscriptions analogues aux brillantes conquêtes du monarque et qui expliquaient les différents sujets peints sur ses flancs.

On lisait :

IMPERATORI CAES KAROLO. MAX. P. F. AUG. GAL. INDICO. TURC. APHRICO. SAXO. VICTORI. TRIUMPHATORIQUE MUL-

TARUM GENTIUM. TAMETSI RES AB EO TERRA MARIQUE GESTÆ, SINGULARIS HUMANITAS, INCOMPARABILIS PRUDENTIA, ARDENTISSIMA RELIGIO, SATIS TERRARUM ORBI CONSPICUÆ SUNT ; RESPUBLICA TAMEN CHRISTIANA OB MEMORIAM JUSTITIÆ, PIETATIS, VIRTUTISQUE EJUS, VICTORIAM NAVIM, QUÆ MUNDUM CIRCUMJECIT, QUEM SUIS IPSE VICTORIIS ILLUSTRAVIT,

P. D. S. B. P.

Prætereà, quod novum orbi nostro orbem patefecerit, exteris gentibus christiano nomine additis, multisque regnis, provinciisque aucto Hispaniarum imperio.

1519.

Quòd pristinam Genuensium Reipublicæ libertatem restituerit.

1530.

Quòd Ducatum Mediolanensem sex exercitibus hostium repulsis, tribusque magnis præliis deductis, Imperio Romano bis, duci semel restituerit.

1530.

Quòd Solimanum Turcarum Imperatorem cum CCC. EQQ. M. Peditumque Germaniæ impendentem, ruptis in fugâ pontibus, amissisque XX. M. EQQ in suos fines compulerit, Germaniâ servatâ.

1532.

Quòd classe Peloponesum invadens civitates Turcarum Metonem et Coronem vi ceperit.

1532.

Quòd Barbaroxam tyrannum cum CC. M. peditum XVI. M. EQQ prælio ad Carthaginem superatum, arce Goleta, LX. triremibus, multis piraticis navibus, omni nautrio, bellicoque apparatu, ipsâ Tuneto, Hippone, novo Hippone Regio civitatibus captis regno Tunetano, imperioque Lybiæ spoliaverit, restituto vectigalique facto veteri legitimoque rege.

Quòd undevigenti Christianorum millia eo bello liberata in patriam reduxerit.

Quòd regnum Tremecen de justo prælio Mauritaniæ regi restituerit.

1535.

Quòd incredilibi celeritate Ducatum Geldrensem armis suæ ditioni restituerit.

Quòd præclaro rei militaris peritiæ exemplo, primùm cunctando, mox longis difficilibusque itineribus celerrimè confectis, Albique transmisso, tumultuantis Germaniæ motus, pacatâ insuper Bohemiâ victor sedaverit.

Quòd plures Germanorum principes et provincias tumultuantes compresserit, præsidia, civitatesque vi ceperit, ducibus copiarum fusis et pacatâ Germaniâ.

1543.

Quòd Romanorum Imperator Albin trajecerit, atque hostibus prælio victis, civitatibusque in ditionem acceptis, urbibus captis ducibusque, victor indè redierit.

Quòd contrà Christi nominis hostes sponte, contrà Christianos non nisi lacessitus et injuriam propulsans, arma sumpserit.

1547.

Quòd Aphrodisium Lybiæ nobilissimum emporium, Sussam, Monasterium et Clupeam classe ceperit, maritimasque Lybiæ civitates, principesque vectigales fecerit.

Quòd duas Turcarum classes nostrum mare infestantes, duobus præliis, altero ad littus Mauritaniæ, altero ad Siculum deleverit.

Quòd assiduis piratarum rapinis mare infestantùm navigantibus securum reddiderit.

1550.

FORTISSIMO CATHOLICO, OPTIMOQUE PRINCIPI TITULOS, TROPHEAQUE, ADDITIS TUMULO REGNORUM SIGNIS, DEVICTARUMQUE GENTIUM IMAGINIBUS, EADEM CHRISTIANA RESPUBLICA MUNIVIT, MAJESTATIQUE EJUS DEVOTISSIMA. P.

A l'entour du navire on lisait les vers suivants :

AD INDIAS.

Non auri sitis, aut famæ ambitiosa cupido,
Non sceptri persuasit amor tot adire labores,
Humani sed te generis pia cura coegit,
Navibus ignotas investigare per oras,
Queis sacra inferres, populos Christoque dicares,
Membra salutiferæ lustrans aspergine limphæ.

AD INDOS.

Successus neque te, Cæsar, spes certa petiti
Destituit, donec de littore solvit Ibero,
Neptuno sternente viam, et Tritonibus undas

Auspiciis veneranda tuis, transque æquora recta
Relligio tandem auriferis allabitur oris,
Luce novâ irradians mersas caligine mentes.

———

Domino nostro imperatori Cæsari *Carolo* Pio, Felici, Augusto Regi multorum regnorum, triumphatori multarum gentium, victori Indorum, victori Lybiæ, victori Maurorum, victori Turcarum, victori piratarum, liberatori Germaniæ, liberatori Italiæ, liberatori maris, liberatori captivorum, pacatori Germaniæ, pacatori Italiæ, pacatori Hispaniæ, pacatori maris, restitutori multorum principum, arbitrio multorum principum, gloriosissimo Catholicorum principi, Respublica Christiana exemplum justitiæ, clementiæ, fortitudinis ejus sapientissimo filio præponens devotissimè dicavit.

Deus optime, maxime, Trinus et Unus hos tibi titulos tropheaque populus Christianus consecrat, ob memoriam rerum gestarum *Caroli Cæs. Aug.* quem Romanorum imperatorem, Regemque multorum regnorum tu fecisti ; cujus pietatem, justitiam, clementiam, prudentiam, magnanimitatem, fortitudinem orbis miratui, imperium ipse regnaque tuis auspiciis auxit, illud fratri, hæc filio vivens relinquit cum exemplo virtutum, quas mortuus secum ad te defert.

Ce navire était porté sur une mer, sans qu'on vît comment elle-même était portée. Dans cette mer, il y avait plusieurs îles faites de terre qui figuraient les conquêtes de l'Empereur dans les Indes, en Barbarie, dans le Pérou et la nouvelle Espagne. Et sur ces îles il y avait quelques étendards abattus. Devant le navire on voyait deux monstres marins qui semblaient sortir du sein des flots et le guider ; derrière deux rochers sur lesquel étaient assises les colonnes d'Hercule avec ces mots *Plus ultra*, et le distique suivant :

Jure tibi Herculeas sumpsisti signa columnas
Monstrorum domitor temporis ipse tui.

Deux couronnes impériales étaient placées au sommet des colonnes.

Alors venait le cheval de joûte couvert jusqu'à terre d'une barde ou caparaçon aux couleurs impériales qui sont : jaune-pâle, violet et gris d'argent. Sur ce caparaçon était peint un Saint-Jacques à cheval et la devise de l'Espagne : on y voyait aussi la croix de Saint-André de sa majesté défunte et les insignes de l'ordre de la Toison d'Or. Le cheval était mené en bride par François Marles de Mâle et Antoine de Borselen, gentilshommes de la maison du roi. Suivait le grand étendard aux mêmes armes et couleurs, tout couvert d'or et d'argent porté par Etienne Doria gentilhomme de la bouche du roi. Après lui venaient les gentilshommes de la chambre du roi et de l'Empereur, les seigneurs titrés, comtes, marquis et barons et derrière eux un roi d'armes vêtu de la cotte d'armes impériale. Il avait à sa droite, un roi d'armes vêtu de la cotte d'armes de Brabant et à sa gauche un autre roi d'armes portant la cotte d'armes de Flandre. On voyait ensuite marcher vingt-deux bannières et autant de chevaux des principales provinces héréditaires de la maison d'Autriche, dans l'ordre suivant : Un cheval couvert d'un caparaçon de taffetas où étaient peintes les armes du comté de Flandre d'or et d'argent, et au sommet de la têtière du cheval s'agitait un panache de grandes plumes aux mêmes couleurs. Il était mené à droite par Don Juan Maurino, à gauche par Gueri de Breth, gentilshommes de la maison du roi. Puis venait la bannière de la Flandre, avec les armes du comté des deux côtés, portée par Philippe De Lannoi, officier de la bouche du roi, celui de Gueldres portant sur son caparaçon les armes de ce duché, conduit à droite par Pierre de Rheinoso, à gauche par Jacques de Villet, gentilshommes de la maison du roi. La bannière était portée par le seigneur de Champigni, officier de la bouche du roi. Le cheval de Brabant portant sur son caparaçon des deux côtés les armes de ce duché, était mené à droite par Don Juan de Portugal et à gauche par le sieur de Charrani, gentilshommes de la chambre du roi. Garcias Sarmiento, officier de la bouche du roi, portait la bannière. On voyait ensuite le cheval aux armes de Bourgogne conduit par Jean-Baptiste Suarez et Charles d'Amersfort, gentilshommes de la maison du roi. La bannière aux armes de ce duché était portée par Hector Spinula, officier de la bouche du roi. Suivait un cheval caparaçonné aux armes d'Autriche mené par Martin Gori et André de Wassenaar gentilshommes de la maison du roi. La bannière était portée par Don Juan de Tabera, officier de la bouche du roi.

On voyait venir ensuite un roi d'armes vêtu de la cotte d'armes de l'empire, ayant à ses côtés deux autres rois d'armes, portant celles d'Autriche et de Bourgogne. Derrière eux venait un cheval caparaçonné aux armes du royaume de Corse, conduit par Don Philippe de Silva et Jason, gentilshommes de la maison du roi. La bannière ou étaient représentées des deux côtés les armes de ce royaume était portée par Louis Doria, officier de la bouche du roi. Un autre cheval avec les armes du royaume de Sardaigne conduit par Charles Avellano et Charles Van der Noot, gentilshommes de la maison du roi. Don Pierre Manuel, officier de la bouche du roi, portait la bannière de ce royaume. Les armes du royaume de Sicile étaient représentées sur le caparaçon d'un autre cheval conduit par Mos de Mol et le seigneur Marinin gentilshommes. Le comte de Salm, officier de la bouche du roi, portait la bannière de Sicile. Après celui-ci s'avançait un cheval caparaçonné aux armes du royaume de Majorque conduit par Don Diégo de Roxas et le seigneur de Bransion, gentilshommes de la maison du roi. La bannière était portée par Don Gonçalo Chacon officier de la bouche du roi. Puis un autre cheval avec les armes du royaume de Galice conduit par Don Pierre de Velasco et Godefroi de Bourbourg gentilshommes de la maison du roi. La bannière de ce royaume était portée par Don Juan Avalos d'Arragon, officier de la bouche du roi. Un cheval aux armes du royaume de Valence conduit par Don Joseph de Acuna et Philippe Vaisencourt, gentilshommes de la maison du roi. La bannière était portée par Don Rodrigue de Moscoso. Un autre cheval bardé et caparaçonné aux armes du royaume de Tolède conduit par Don François Manrique écuyer et Charles de Longastie gentilhomme. Le seigneur de Maingoval portait la bannière du royaume. On voyait ensuite s'avancer un cheval caparaçonné, portant les armes du royaume de Grenade, conduit par Gomez Perez de Las Marinas et Jérôme de Mol gentilshommes. La bannière était portée par Don Antonio de Velasco, officier de la bouche du roi. Un autre cheval portait les armes du royaume de Navarre, il était conduit par Louis de la Cerda et Jean de Vega gentilshommes. Le chevalier de Peten portait la bannière. Puis venait un cheval portant les armes de Jérusalem conduit par Arnould de Gruninghem et Philippe Bandromère gentilshommes. Don Louis de Ayala officier de la bouche du roi portait la bannière de ce royaume. Un autre cheval portant les armes du royaume de Sicile conduit par Don Philippe Manrique et Jacques de Querrey gentilshommes. Le seigneur de Soubrenon officier de la bouche du roi portait la bannière. Un autre cheval également caparaçonné portait les armes du royaume de Naples. Il était conduit par Don Louis Vique et Philippe de Esconva gentilshommes. La bannière de ce royaume était portée par Garcilas Puertocarrero officier de

la bouche du roi. Puis un autre cheval portant les armes du royaume
d'Arragon conduit par Juan de Herrera et Guillaume de Henchath,
gentilshommes, et la bannière de ce royaume était portée par un
officier maure. Venait un autre cheval aux armes du royaume de
Léon conduit par Don Pierre Vacan et Philippe de Cortavilla.
François de Mendoça officier de la bouche du roi portait la bannière. Don Juan de Bibero et Pierre de Morberque gentilshommes
conduisaient le cheval aux armes du royaume de Castille. La bannière était portée par de Rassenghien officier de la bouche du roi.
On voyait ensuite s'avancer les rois d'armes vêtus des cottes d'armes de l'illustre défunt. Le comte de Fuensalida portait la bannière aux armes de l'Empereur en or et l'aigle noir. Le vicomte
de Gand le guidon de guerre. On voyait alors s'avancer un cheval
caparaçonné aux armes impériales, conduit par Don Pedro Ulloa et
le seigneur de Vertain, officiers de la bouche du roi. Le comte de
Policastro portait le grand étendard aux armes impériales. Un
autre cheval couvert d'un caparaçon de drap d'or qui pendait jusqu'à terre portait sur la têtière un panache aux armes et aux couleurs impériales. Il étoit conduit par Don Pedro de La Roeles et Camille de Correjo, officiers de la bouche du roi. Le comte de Cas-
tellar portait le grand étendard carré aux mêmes armes et aux
mêmes couleurs. Puis venaient quatre chevaux avec les écus des
quatre quartiers du lignage de l'Empereur défunt. Les deux premiers conduits par le comte de Rœulx et le comte de Rivadavia, les
autres par le comte de Coruna et le marquis de Ceralve. On voyait
alors s'avancer avec la heaume et le timbre funèbre le duc de
Simonera et, à la main droite, le duc de Aries avec l'écu double et
sa couronne. Le prince d'Ascoli portait l'épée de guerre par la
pointe du fourreau. Après cela marchaient les massiers de la mai-

19

son du roi suivis de trois rois d'armes. Derrière eux venait un cheval, couvert d'une grande housse de velours noir qui pendait jusqu'à terre. Il portait sur la têtière une croix rouge. Il était conduit par Don Manrique de Lara et Don Charles de Ventiville gentilshommes. Le comte de Luxembourg portait sur un coussin de drap d'or noir le grand collier de l'Ordre de la Toison d'Or.

Le marquis d'Aguilar portait le sceptre impérial, le duc de Villahermosa, l'épée ; le prince d'Orange le monde ou globe terrestre. La couronne impériale était portée par Don Antonio de Tolède, grand prieur de l'ordre de Malte pour les royaumes de Léon et de Galice et grand écuyer du roi.

Les grands seigneurs et la cour venaient ensuite rangés en bel ordre. On voyait le comte d'Olivarès et le marquis de Las Navas, le duc d'Albe grand maître d'hôtel avec sa toison et un grand bâton de commandement, vêtu d'une cotte d'armes de drap d'or aux armes impériales, et portant le collier d'or des cérémonies solennelles.

Le roi Philippe II marchait la tête couverte d'un large chapeau de deuil. Le duc de Brunswick tenait le pan de sa robe de la main droite, le duc d'Arschot de la main gauche. La queue qui avait six aunes de longueur, était tenue par le comte de Melito Ruigomez de Silva, grand camerier du roi. Le duc de Savoie allait seul la tête couverte, en sa qualité de prince du sang.

Les chevaliers de l'Ordre de la Toison d'Or marchaient deux à deux. Ils étaient suivis des trois officiers de l'Ordre qui étaient le trésorier, le chancellier et le greffier ; du duc de Francavilla, président des conseils d'Italie, d'Arragon et d'Espagne, de tous les gouverneurs des états de Sa Majesté et des conseillers des finances et des villes.

Le capitaine des archers avec les archers et les gardes du corps

Allemands et Espagnols bordaient le cortége des deux côtés.

Dans les rues que le roi dut traverser pour se rendre de son palais à l'église de Sainte-Gudule, on avait élevé de chaque côté des tréteaux, sur lesquels étaient montés des hommes du peuple en très-grand nombre tenant à la main des torches flambantes. On comptait jusqu'à deux mille cinq cents torches. Parti à deux heures après-midi de son palais le roi n'arriva que vers quatre heures à l'église. La nef principale de Sainte-Gudule était fermée sur les deux flancs de manière qu'on ne pouvait entrer dans cette église que par une de ses trois portes, qui était la principale.

Les étendards et les bannières furent plantés dans le milieu de la grande nef. Le navire et les chevaux se tinrent à la porte de l'église.

Le vendredi vers neuf heures le roi se rendit du palais à l'église dans le même ordre que la veille. Le clergé et les prélats seulement ne firent plus partie du cortège. Ils attendirent le deuil à la porte de l'église. Le roi y entra à onze heures. Ce fut l'évêque de Liége qui officia.

A l'offrande, les chevaliers de l'Ordre de la Toison d'Or se mirent en double rang. Le roi descendant de son siége et passant au milieu d'eux alla offrir or et cire pour le repos de l'âme de son père. Alors les chevaux, les gentilshommes qui les conduisaient et les bannières entrèrent dans l'église, et se présentèrent aussi à l'offrande. Quand le cheval de deuil, qui était le dernier, passa vis-à-vis des chevaliers de la Toison d'Or, le comte de Boussu, chevalier et grand écuyer de Sa Majesté défunte, se mit à genoux et, à mi-prosterné, demeura pleurant pendant un quart-d'heure.

Après l'offrande le suffragant de l'évêque d'Arras, Richardot, prononça l'oraison funèbre; et le service fini, tout le cortège regagna le palais.

Si Charles-Quint se montra toujours pendant sa vie le premier souverain par le faste et l'opulence qu'il sut étaler en toutes circonstances, on voit, par le cérémonial pompeux que nous venons de donner de ses obsèques, que son fils lui assura encore cette prééminence au-delà du tombeau.

Qu'on nous permette en terminant de rapporter ici les paroles d'un illustre historien. « Depuis les funérailles d'Alexandre, on ne vit rien de plus superbe que les obsèques de Charles-Quint dans toutes les principales villes de ses États. Il en coûta soixante et dix mille ducats à Bruxelles, dépenses nobles qui, en illustrant la mémoire d'un grand homme, emploient et encouragent les arts. Il vaudrait encore mieux élever des monuments durables. Une ostentation passagère est trop peu de chose. Il faut, autant qu'on le peut, agir pour l'immortalité. »

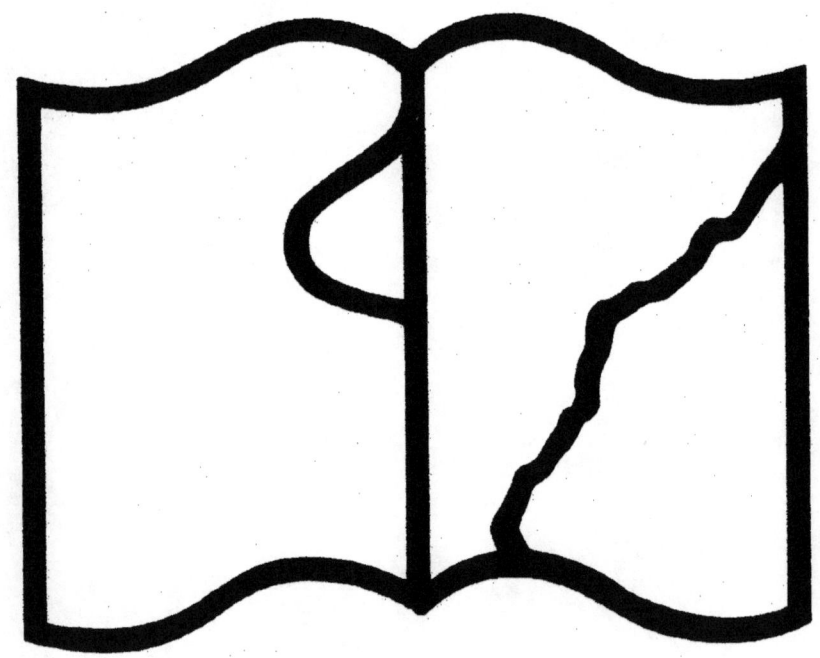

Texte détérioré — reliure défectueuse

NF Z 43-120-11

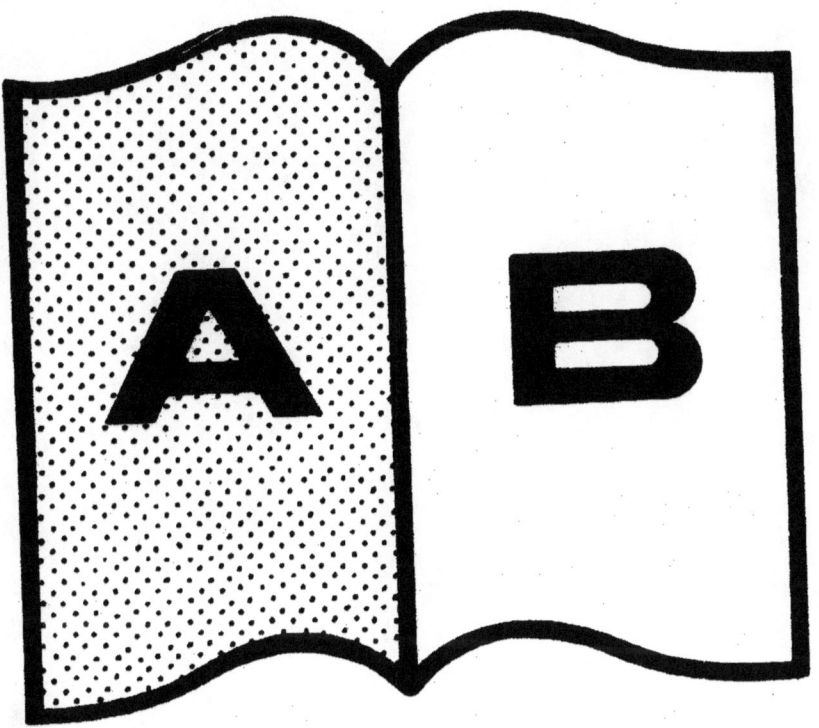

Contraste insuffisant

NF Z 43-120-14

www.ingramcontent.com/pod-product-compliance
Lightning Source LLC
Chambersburg PA
CBHW070749170426
43200CB00007B/703